STUDIA
ETYMOLOGICA
CRACOVIENSIA

S T U D I A
ETYMOLOGICA
CRACOVIENSIA

15 (2010)

CONDIDIT ET MODERATUR
MAREK STACHOWSKI

KRAKÓW 2010

This volume has appeared thanks to the financial support of the Jagiellonian University's Faculty of Philology and the Institute of Oriental Philology at the Jagiellonian University.

We would ask for all references to be encompassed by the abbreviation *SEC*.

The contents and style of the articles remain the sole responsibility of the authors themselves.

All unpublished non-commissioned works will not be returned.

On editorial matters please contact the Chief Editor: Prof. Dr. Marek Stachowski, ul. Barska 1/4, PL – 30-307 Kraków; e-mail: stachowski.marek@gmail.com; fax: (+48) 12 422 67 93.
Books for review and contributions for publication should be sent to the Editor.

ISBN 978-83-233-2919-0
ISSN 1427-8219

Jagiellonian University Press
ul. Wrocławska 53, 30-011 Kraków, Poland
tel. 12 631 01 97, fax 12 631 01 98
mobile 506 006 674
e-mail: sprzedaz@wuj.pl
http://www.wuj.pl
Bank account: Pekao SA, 80 1240 4722 1111 0000 4856 3325

CONTENTS

Position and needs of etymology

Other articles

Polemics

Reprint

Studia Etymologica Cracoviensia
vol. 15   Kraków 2010

Kirsti AAPALA / Eino KOPONEN / Klaas RUPPEL (Helsinki)

ÜBERBLICK ÜBER DIE GESCHICHTE,
DEN GEGENWÄRTIGEN STAND
UND DIE ZUKUNFTSPERSPEKTIVEN
DER ETYMOLOGISCHEN FORSCHUNG
DES SAAMISCHEN (LAPPISCHEN) IN FINNLAND

In *Lapponia*, einem Werk, das 1673 von dem deutschstämmigen und in Schweden wirkenden Gelehrten Johannes Schefferus herausgegeben wurde, ist ein ganzes Kapitel der saamischen Sprache gewidmet. Das Werk kann als der Ausgangspunkt der Erforschung der Saamen (Lappen), ihrer Geschichte, ihres Ursprungs und ihrer Sprache angesehen werden. Zunächst setzt sich Schefferus mit den Auffassungen seiner Vorgänger und Zeitgenossen auseinander und kommt dann zu dem – auch dem heutigen Forschungsstand entsprechenden – Schluss, dass die Sprache der Saamen, soweit man von den von außen eingebrachten Wörtern absieht und nur die aus den ursprünglichen Erbwörtern bestehende Sprache berücksichtigt, weder eine Mischung von Latein, Deutsch, Schwedisch u.Ä. noch eine eigenartige von allen anderen abgesonderte Sprache sei, sondern ein alter Spross der finnischen Sprache, der auch den Finnen selbst wegen der altertümlichen Formen schwer verständlich ist. Als Beweismaterial führt Schefferus ca. 30 saamisch-finnische Wortvergleichungen an, die größtenteils (u.a. *jiekŋa* ~ *jää* 'Eis', *čalbmi* ~ *silmä* 'Auge', *luossa* ~ *lohi* 'Lachs') immer noch als richtig gelten.

Über die dialektalen Unterschiede des Saamischen weiß Schefferus zu berichten, dass die Sprecher verschiedener Mundarten sich gegenseitig kaum verstehen. Die dialektale Spaltung erkläre sich durch den Einfluss der Nachbarsprachen. So sei die Sprache in den Torne- und Kemi-Lappmarken dem Finnischen näher als anderswo. Entsprechend sei der schwedische und norwegische Einfluss in den Ume- und Pite-Lappmarken stärker. Es sei durchaus verständlich, dass im Saamischen auch schwedische Wörter begegnen (u.a. *sáluk* 'selig', *nijbbe* 'Messer', *fiello* 'Brett', vgl. *salig, kniv, fjäl*): wenn ein Volk bisher unbekannte Dinge von anderen übernimmt, könne es nicht ausbleiben, dass auch die entsprechenden Namen entlehnt werden. Allerdings gebe es im Saamischen auch Wörter (u.a. *čáhci* 'Wasser', *njálbmi* 'Mund', *gáibi* 'Kinn'), die zwar den

Eindruck eines Erbwortes machen, mit dem Finnischen aber nicht übereinstimmen. Daran sei jedoch nichts Verwunderliches: durch die zunehmenden Kontakte mit ihren Nachbarn hätten die Finnen ihre alte Redeweise in großem Umfang aufgegeben, während die Saamen, da sie abgelegener gewohnt haben, ihre
alte Sprache wahrscheinlich besser bewahrt hätten.

        Schon im 17. Jahrhundert wurde das Saamische im Schwedischen Reich
auch in gedruckter Form benutzt. Trotz der Schwierigkeiten, die die Bundheit
der Dialekte verursachte, erreichte die sog. schwedischlappische Schriftsprache
im folgenden Jahrhundert eine normierte Form, die sich in der *Grammatica
Lapponica* von Petrus Fjellström (1738) und im *Lexicon Lapponicum* von Eri-
cus Lindahl und Johannes Öhrling (1780 LL) manifestierte.[1] Neben den Bedeutungen auf Lateinisch und Schwedisch enthält das *Lexicon* zahlreiche Verglei-
chungen der saamischen Stichwörter mit lautlich ähnlichen finnischen Wörtern.

        Die historisch-vergleichende finnisch-ugrische (uralische) Sprachforschung
entstand und entwickelte sich im 19. Jahrhundert im Fahrwasser der Indoeuro-
päistik. Das Hauptinteresse richtete sich auf die in Russland gesprochenen
finnisch-ugrischen Sprachen, die bis dahin fast unerforscht geblieben waren. Im
Bereich des Saamischen ist hier zunächst das Wörterbuch der Kola-saamischen
Mundarten von Arvid Genetz (1891 KLpS) zu erwähnen, in dem die Wörter
nach ihren Grundstämmen in Wortfamilien angeordnet sind. Die Entsprechungen jedes Wortes in den östlichen Hauptmundarten (oder nach heutiger Terminologie der ostsaamischen Sprachen: Skoltsaamisch, Akkalasaamisch, Kildin-
saamisch, Tersaamisch) werden so aufgeführt, dass die Verbreitung der Wörter
und die dialektalen Unterschiede ersichtlich werden.

        T. I. Itkonen setzte die lexikalischen Sammlungen im Kolasaamischen An-
fang des 20. Jahrhunderts fort, bis die Arbeit finnischer Wissenschaftler unter
den auf der sowjetrussischen Seite wohnenden Saamen durch die Oktoberrevo-
lution unterbrochen wurde.[2] Die Resultate seiner Feldarbeiten veröffentlichte
T. I. Itkonen im *Wörterbuch des Kolta- und Kolalappischen* (1958 KLpS), das

---

[1]   Diese Schriftsprache basierte auf dem Umesaamischen. Berücksichtigt wurden auch
        die südsaamischen sowie pite- und lulesaamischen Dialekte, während die im Gebiet
        des heutigen Finnland gesprochenen nördlichen und östlichen Mundarten ausge-
        klammert wurden. Im Laufe des 19. Jahrhunderts löste sich diese Schriftsprache auf,
        und heute verfügen die Saamen in Schweden (sowie in Norwegen) über drei Schrift-
        sprachen: Südsaamisch, Lulesaamisch und Nordsaamisch.

[2]   Das Hauptwohngebiet der Skoltsaamen (Petsamo) kam zwar 1920 zu Finnland,
        wurde aber nach dem zweiten Weltkrieg wieder an die Sowjetunion abgetreten. Die
        skoltsaamische Bevölkerung wurde dabei ins finnische Inari umgesiedelt. Gegen-
        wärtig bilden die Skoltsaamen neben den Inarisaamen und den Nordsaamen die
        dritte saamische Bevölkerungsgruppe (alle mit eigener Schriftsprache) in Finnland.
        – In der Sowjetunion gab es in den 30er Jahren eine kildinsaamische Schriftsprache,
        die in den 80er Jahren wiederbelebt wurde.

Ergänzungs- und Registerband mitgerechnet über 1200 Seiten umfasst. Auch in diesem Werk ist das Wortmaterial dem etymologischen Prinzip folgend in Wortfamilien und Entsprechungsreihen angeordnet. Außerdem werden die Originale der aus den Nachbarsprachen (Russisch, Karelisch und Finnisch) entlehnten Wörter sowie die Entsprechungen im Nordsaamischen[3] angegeben. Ein etymologisch geordnetes Wörterbuch der westsaamischen[4] Sprachen, gleichfalls auf den Feldarbeiten des Autors basierend, stammt von Eliel Lagercrantz (1939 LpWsch). Ein drittes Wörterbuch mit ähnlichem Aufbau und Umfang über das Inarisaamische wurde von Erkki Itkonen (1986-89 InLpW) herausgegeben.

Die ersten finnisch-ugrischen etymologischen Wörterbücher wurden von dem Ungarn József Budenz (*Magyar-ugor összehasonlító szótár* 1873-81) und von dem Finnen Otto Donner (*Vergleichendes Wörterbuch der Finnisch-Ugrischen Sprachen* 1874-1888) verfasst. Schon damals war ersichtlich, dass das Saamische in seinem Lautbestand (vor allem im Konsonantismus) einen beträchtlichen Konservativismus aufweist und deshalb neben dem Ostseefinnischen als eine Schlüsselsprache der finnisch-ugrischen Lautgeschichte anzusehen ist. Diese Auffassung wurde von der späteren Forschung bestätigt, was auch aus den etymologischen Wörterbüchern des 20. Jahrhunderts hervorgeht.[5]

---

[3] Diese vor allem in Norwegen (aber auch in Schweden und Finnland) gesprochene und in der früheren Literatur Norwegischlappisch genannte Sprachform verfügt über ein umfangreiches Wörterbuch (Konrad Nielsen 1932-62 LpD). Obgleich es keine etymologischen Angaben enthält, ist es dank seiner historisierenden "supradialektalen" Orthografie immer noch eine zentrale Referenzquelle der saamischen etymologischen Forschung. – Der bedeutendste norwegische Forscher auf dem Gebiet der saamischen Etymologie war K. J. Qvigstad mit seinen bahnbrechenden Abhandlungen über den verwandten Wortvorrat der saamischen und der finnischen Sprache (1881 Beiträge) und über die nordischen Lehnwörter im Saamischen (1893 NL).

[4] Neben dem Nordsaamischen bilden folgende Sprachen, die in der früheren Literatur oft unter der Bezeichnung Schwedischlappisch zusammengefasst wurden, die westsaamischen Sprachen: Lulesaamisch, Pitesaamisch, Umesaamisch und Südsaamisch. Lulesaamisch und Südsaamisch verfügen über umfangreiche in Schweden verfasste Wörterbücher (Grundström 1946-54 LuLpW und Hasselbrink 1981-85 SüdLpW; außerdem das *Lulelappische Wörterbuch* von K. B. Wiklund 1890 SUST 1 mit vielen skandinavischen Lehnetymologien). Das aus dem Pite- und Umesaamischen von schwedischen Forschern angesammelte Wortmaterial ist vorläufig unpubliziert. In gedruckter Form existieren ein pitesaamisches Wörterverzeichnis von Ignácz Halász (1896 PiLpSz) und ein kleines Wörterbuch von Wolfgang Schlachter (1958 MalåLpW).

[5] *Finno-Ugric Vocabulary* (FUV 1977) von Björn Collinder und *Uralisches Etymologisches Wörterbuch* (UEW 1988-91) von Károly Rédei. – Wie sich später vor allem durch die Arbeiten von Juha Janhunen (1982 SUSA 77) und Pekka Sammallahti (1988 UrLangS) erwiesen hat, ist das Samojedische als der dritte Schlüsselsprachzweig der uralischen Sprachfamilie anzusehen.

Die Stellung des Saamischen gegenüber den übrigen finnisch-ugrischen Sprachen (und der Saamen gegenüber den übrigen Finnougriern) hat besonders in der Vergangenheit viel Diskussion erregt. Der sog. Protolappentheorie zufolge hätten die Vorfahren der heutigen Saamen in irgendeiner Phase ihrer Vorgeschichte ihre urspüngliche "protolappische" Sprache gegen die Sprache ihrer finnisch-ugrischen (genauer: vorostseefinnischen) Nachbarn ausgetauscht. Das "Protolappische" wäre demnach eine paläoeuropäische oder – nach einer Modifikation der Theorie – eine samojedische Sprache gewesen. Heute ist die communis opinio (Sammallahti 1998 SaL, 1999 Poluilla; Kulonen 1994 TL 131) zur oben zitierten Auffassung Schefferus' zurückgekehrt: das Saamische ist eine finnisch-ugrische Sprache und geht zusammen mit dem Ostseefinnischen auf eine gemeinsame Zwischenursprache, die ostseefinnisch-saamische Ursprache zurück, die besonders in der früheren Literatur Frühurfinnisch genannt wird. Offensichtlich ist aber auch, dass die Saamen sowohl in ihrer Sprache (vor allem im Wortschatz) als auch in ihren Genen ein Erbteil der Urbevölkerung des nördlichen Fennoskandien tragen.

Zu den zentralen Fragen der saamischen Etymologie gehört die Unterscheidung von einerseits den Wörtern, die dem Saamischen und Ostseefinnischen gemein, also in beiden Sprachen Erbwörter aus finnisch-ugrischer bis ostseefinnisch-saamischer Zeit sind, von andererseits den Wörtern, die das Resultat von späteren gegenseitigen Lehnkontakten sind. Ein unaufhörlicher Strom von Lehnwörtern ist besonders aus dem Ostseefinnischen ins Saamische zu beobachten, wobei mehrere Hundert schon aus dem Urostseefinnischen ins Ursaamische entlehnt wurden (Sammallahti 1998 SaL 129). Wörter wurden auch in entgegengesetzter Richtung entlehnt. Die aus dem Saamischen ins Finnische (und Karelische) entlehnten Wörter gehören hauptsächlich einer jungen Schicht an, darunter sind aber auch Wörter, deren Entlehnung aufgrund ihrer dialektalen Verbreitung auf einen früheren Zeitpunkt, als auch noch im Süden Finnlands Saamen wohnten, zu verlegen ist. Die Anzahl saamischer Lehnwörter in dieser älteren Schicht scheint größer zu sein, als früher vermutet.

Die Kontakte der Saamen und ihrer finnisch-ugrischen Vorfahren mit indoeuropäischen Bevölkerungsgruppen begannen schon vor der Herausbildung des saamischen Sprachzweigs. Somit ist die Erforschung der ältesten indoeuropäischen Lehnwörter im Saamischen mit der der ältesten Lehnwörter im Finnisch-Ugrischen verflochten. Am längsten und intensivsten sind die Kontakte mit dem Germanischen. Sie spiegeln sich wider in mehreren aufeinanderfolgenden Lehnwortschichten; die ältesten Lehnwörter sind schon vor und die jüngeren erst nach der Auflösung der ostseefinnisch-saamischen Ursprache eingedrungen. Mit diesem Thema beschäftigt sich seit Jahrzehnten Jorma Koivulehto, aus dessen Feder eine (ältere oder jüngere) indoeuropäische Etymologie für eine zunehmende Anzahl (auch) saamischer Wörter stammt. Für mehrere saamische Wörter sind auch von Pekka Sammallahti uralte indoeuropäische Lehnetymologien aufgestellt worden.

Die Geschichte der saamischen Sprachen und ihres Wortschatzes kann zwar in den Hauptzügen als geklärt gelten, Einzelfragen aber werden die Forscher noch auf lange Zeit beschäftigen. Für eine große Anzahl (nach Sammallahti 1998 SaL 125 ca. 550) von Wortstämmen, die im Saamischen weit verbreitet sind, fehlt immer noch eine zufriedenstellende Etymologie. Ein Teil von ihnen – ebenso wie eine viel größere Anzahl von Wortstämmen mit geringerer Verbreitung – wird von der zukünftigen Forschung entweder als (finnisch-ugrische) Erbwörter oder (indoeuropäische) Lehnwörter erklärt werden. Ein anderer Teil könnte sich wiederum als Substratwörter aus der Sprache der fennoskandischen Urbevölkerung (vgl. Aikio 2004 MSNPh 63) oder als neue autochthone Wörter der ursaamischen (oder ostseefinnisch-saamischen) Periode (vgl. Koponen 2005 VerSUA 65) erweisen.

Die Erforschung des saamischen Wortschatzes und seines Ursprungs nimmt seit ihrer Anfangsphase eine zentrale Stelle in der finnischen Finnougristik ein. Die längste Tradition in der finnisch-ugrischen historisch-vergleichenden Laut- und Wortlehre sowie in der Lehre der saamischen Sprache hat das Finnisch-ugrische Institut der Universität Helsinki. Angefangen beim ersten Professor (Arvid Genetz) bis zur gegenwärtigen Professorin (Ulla-Maija Kulonen) waren alle Professoren für finnisch-ugrische Sprachforschung Spezialisten wenigstens eines der genannten zwei Forschungszweige. Dasselbe gilt weitgehend auch für die Inhaber des Lehrstuhls für finnische Sprache. Neben den Professoren haben zahlreiche Dozenten und seit den 1970ern eine muttersprachliche Lektorin Lehre in der saamischen Sprache erteilt. Die neueste akademische Abhandlung im Bereich der (auch saamischen) Etymologie am Finnisch-ugrischen Institut in Helsinki ist Saarikivi 2006.

Am intensivsten wird die saamische Sprache gegenwärtig an der Universität Oulu im Giellagas-Institut erforscht und gelehrt. Es handelt sich hierbei um ein Institut, das die saamische Sprache und Kultur aus verschiedenen Perspektiven betrachtet, darunter auch aus der Sicht der traditionellen Finnougristik (Sprachgeschichte und Etymologie). Zu den jüngsten Dissertationen des Giellagas-Instituts gehören zwei von saamischen Muttersprachlern verfasste Arbeiten, die die saamische Etymologie zum Thema haben (Olthuis 2007 Lajinnimet und Aikio 2009). Professor Pekka Sammallahti, der Inhaber des Lehrstuhls für Saamisch seit seiner Gründung, tritt gerade in den Ruhestand, aber die etymologische Forschung im Institut wird sicher von seinen Schülern weitergeführt.

Auch die Universität Turku hat ein Finnisch-ugrisches Institut mit einer langen finnisch-ugrischen Sprachforschungstradition. In den 1930er Jahren wurde auf die Initiative E. N. Setäläs hin, des damaligen Kanzlers der Universität Turku, das Forschungsinstitut Suomen Suku gegründet, das die Erstellung eines

finnischen etymologischen Wörterbuchs zur Aufgabe hatte. Als der Institutslei-
ter Y. H. Toivonen zum Professor für Finnougristik an der Universität Helsinki
ernannt wurde, wurde auch Suomen Suku nach Helsinki verlegt. Nach dem
Tode Y. H. Toivonens liefen die Arbeiten an dem etymologischen Wörterbuch
unter Leitung von Professor Erkki Itkonen in enger Zusammenarbeit mit dem
Finnisch-ugrischen Institut der Universität Helsinki weiter. 1976 wurde Suomen
Suku dem neu gegründeten Forschungszentrum für die Landessprachen Finnlands (Kotus) einverleibt. Das etymologische Wörterbuch (*Suomen kielen ety-
mologinen sanakirja*, SKES) erschien in 7 Bänden in den Jahren 1955-81.

Nachdem die Arbeiten am SKES abgeschlossen waren, wurde am Forschungszentrum sogleich ein neues finnisches etymologisches Wörterbuch in
Angriff genommen. Zum einen war das Ziel, die ersten Bände des SKES auf
den neuesten Forschungsstand zu bringen, zum anderen die Ergebnisse der etymologischen Forschung einem weiteren Publikumskreis zugänglich zu machen.
Das finnische etymologische Wörterbuch der 2. Generation *Suomen sanojen
alkuperä* (SSA) erschien in 3 Bänden 1992-2000, zunächst unter der Leitung
Erkki Itkonens, später unter der von Ulla-Maija Kulonen. – In Turku setzte
Kaisa Häkkinen (heute Professorin für Finnisch an der Universität Turku) die
etymologische Forschungstradition fort. Von ihr stammt *Nykysuomen etymo-
loginen sanakirja*, das finnische etymologische Wörterbuch der 3. Generation
(2004).

Die etymologische Erforschung der saamischen Sprachen litt bisher daran,
dass kein umfassendes etymologisches Werk zur Verfügung stand, in dem die
im Laufe der Zeit in verschiedenen Zusammenhängen für jedes Wort gegebenen
Erklärungen zusammengestellt und im Licht des aktuellen Forschungsstands
beurteilt sind.[6] Um diesem Mangel abzuhelfen, wurde am Forschungszentrum
für die Landessprachen Finnlands nach Fertigstellung des SSA in Zusammenarbeit mit den Universitäten Helsinki und Oulu das Projekt Álgu, das die Etymologie der saamischen Sprachen zum Gegenstand hat (*álgu* ist nordsaamisch
und bedeutet 'Beginn, Herkunft'), ins Leben gerufen. Mitarbeiter des Projekts
sind Eino Koponen, Klaas Ruppel und bis vor Kurzem Kirsti Aapala, die alle
auch am SSA mitgewirkt haben.

Im Rahmen des Projektes sollen eine etymologische Datenbank der saamischen Sprachen aufgebaut und ein etymologisches Wörterbuch des Nordsaami-

---

[6] Die besten gedruckt vorliegenden Quellen sind zur Zeit die oben genannten etymologischen Wörterbücher des Finnischen und allgemein der finnisch-ugrischen Sprachen sowie der "Gemeinsaamische Wortschatz" *Yhteissaamelainen sanasto* (Lehti-
ranta 1989 SUST 200) und die Darstellung der lexikalen Schichten des saamischen
autochthonen und entlehnten Wortschatzes (S. 117-131) und ein kleineres, ca. 850
der frequentesten nordsaamischen Wörter umfassendes etymologisches Wörterverzeichnis (S. 226-268), beide in Sammallahti 1998 SaL.

schen verfasst werden. Die Verwirklichung des Wörterbuches, das sich in allgemein verständlicher Form an die breite Öffentlichkeit richten soll, ist momentan unsicher, da die benötigten Ressourcen erst noch gefunden werden müssen. Die etymologische Datenbank allerdings konnte im Laufe der letzten Jahre zügig aufgebaut werden und steht seit 2006 im Internet zur freien Verfügung (s. die Adresse am Ende dieses Artikels). Zur Zeit hat die Datenbank eine Benutzeroberfläche auf Finnisch und Nordsaamisch, im Laufe dieses Jahres (2009) sollen aber eine deutsche und eine englische Version dazukommen.

Was bietet die Datenbank? Grundlage der Datenbank sind die Hauptlemmata des nordsaamischen Wörterbuchs von Konrad Nielsen. Die Lemmata sind nach den Angaben Nielsens zu Wortfamilien verbunden. So findet sich Nielsens Verweis [oai'vе] unter dem Lemma **oai'vai** in der Datenbank als die Relation *oaivi* bzw. *oai'vе* ↔ *oaivái* bzw. *oai'vai* wieder. Damit wird nordsaamisch *oaivái* 'eigensinnig' als Ableitung von *oaivi* 'Kopf' identifiziert. Der Doppelpfeil kennzeichnet Ableitungen aber auch allgemeiner Korrelate, bei denen die Derivationsbeziehungen nicht so einfach sind wie in diesem Fall. So entspricht die Struktur der Datenbank der in den oben beschriebenen etymologisch geordneten Wörterbüchern.

Die Schreibweise in Nielsens Wörterbuch ist nicht dieselbe wie die der heutigen nordsaamischen Schriftsprache, ihr wurde im obigen Beispiel die heutige Orthografie zur Seite gestellt. In allen saamischen Sprachen, die heute geschrieben werden, gibt es einen Unterschied zwischen früherer und heutiger Rechtschreibung, zwischen wissenschaftlicher Transkription und Schriftsprache. Aus diesem Grund können in die Datenbank für ein und dasselbe Lexem beliebig viele Schreibweisen eingegeben werden. So wird sichergestellt, das der Benutzer das von ihm gesuchte Lexem, unabhängig davon, wie er es schreibt, findet.

Aus dem ostsaamischen Wörterbuch von T. I. Itkonen und aus dem inarisaamischen Wörterbuch von E. Itkonen sind in die Datenbank alle Wortfamilien eingespeist, die einen Hinweis auf eine nordsaamische Entsprechung oder auf eine (skandinavische, finnische oder russische) Lehnquelle enthalten. So wurde der Hinweis (N oai'vе) im Artikel **oajvi** 'Kopf' bei E. Itkonen als Äquivalenzrelation nordsaamisch *oai'vе* = inarisaamisch *oajvi* in die Datenbank eingegeben. Hinweise auf Entlehnungen haben in der Datenbank die Form nordsaamisch *gussa* 'Kuh' < Skandinavisch. In der Datenbank werden auch alle Wortfamilien angeführt, deren Verbreitung sich nach den Angaben von T. I. Itkonen und E. Lagercrantz über mehrere ost- oder westsaamische Sprachen streckt. Die Einspeisung von Lagercrantz' Wörterbuch ist zwar noch nicht abgeschlossen, und es fehlt z.B. noch das wichtige Werk Qvigstads über die nordischen Lehnwörter im Saamischen, aber die Datenbank präsentiert den heutigen Forschungsstand recht gut, zumal auch neuere Monografien und Artikel bereits ausgewertet wurden.

Da die Datenbank im Laufe vieler Jahre aufgebaut wurde und während des Aufbaus manche Prinzipien verändert und auch die zugrundeliegende Struktur modifiziert wurde, präsentiert sich die Datenbank Álgu nicht in jeder Hinsicht einheitlich. Diese kleinen Unebenheiten erinnern daran, dass es sich bei der Datenbank eben nicht um ein redigiertes Wörterbuch sondern um ein etymologisches Archiv handelt. Durch die Zusammenfassung des etymologischen Wissens über den Wortschatz der saamischen Sprachen leistet Álgu jedoch Pionierarbeit.

Die Datenbank enthält zur Zeit knapp 80 000 saamische Lexeme (der Anteil des Nordsaamischen ist 15 000), mehr als 16 000 Lexeme aus anderen Sprachen und zwischen allen diesen Lexemen bald 200 000 der oben beschriebenen Relationen. Die Datenbank soll weiterhin ergänzt und auf aktuellem Stand gehalten werden, auch soll die Benutzeroberfläche noch verbessert werden, um die Benutzung der Datenbank noch einfacher zu gestalten. Über eine Feedback-Funktion hat jeder Benutzer die Möglichkeit, dem Projekt Álgu Hinweise und Wünsche zu übermitteln.

Die Álgu-Datenbank steht unter der Adresse [kaino.kotus.fi/algu/] zur Verfügung. Statt die in diesem Artikel erwähnte Literatur hier aufzulisten, verweisen wir auf die Bibliografie der Datenbank unter [kaino.kotus.fi/algu/index.php?t=biblio&kirjain=1].

Kirsti Aapala   Eino Koponen   Klaas Ruppel
[kirsti.aapala@kotus.fi]   [eino.koponen@kotus.fi]   [klaas.ruppel@kotus.fi]

Kotimaisten kielten tutkimuskeskus
Vuorikatu 24
FIN – 00100 Helsinki

Studia Etymologica Cracoviensia
vol. 15   Kraków 2010

Tette HOFSTRA (Groningen)

ETYMOLOGISCHE FORSCHUNG IN DEN NIEDERLANDEN

1. Einleitung

Die nachstehende Übersicht nennt nicht alle relevanten Projekte niederländischer Universitäten, Forschungsinstitute oder Privatpersonen, sondern macht auf einige größere Projekte und auf ein paar mit ihren Arbeiten besonders hervortretende ForscherInnen der Gegenwart aufmerksam. Namenkundliche Projekte werden nicht berücksichtigt. Vollständigkeit wird also nicht angestrebt.

Die Erforschung des Wortschatzes des Niederländischen hat eine lange Tradition. An erster Stelle ist der in Duffel (zwischen Antwerpen und Mechelen, im niederländischsprachigen Teil des heutigen Belgiens) geborene Sprachforscher Cornelis Kiel oder Kiliaan (1528 oder 1529-1607)[1] zu nennen. Er hat ab 1574 in Antwerpen im damals berühmten Verlag von Plantin und dessen Schwiegersohn Moretus mehrere Auflagen seines *Dictionarium Teutonico-Latinum* erscheinen lassen, z.B. 1599 *Etymologicum teutonicæ linguæ: sive dictionarium teutonico-latinum, præcipuas teutonicæ linguæ dictiones et phrases Latinè interpretatas, & cum aliis nonnullis linguis obiter collatas complectens.*[2] Allerdings ist das *Dictionarium Teutonico-Latinum* kein etymologisches Wörterbuch im heutigen Sinne.

Im Jahre 1890 veröffentlichte der Belgier Jozef Frederik Vercouillie (1857-1937) sein *Beknopt etymologisch woordenboek der Nederlandsche taal* ('Kurzes etymologisches Wörterbuch der niederländischen Sprache'). Kurz danach, 1892, erschien das umfangreichere *Etymologisch Woordenboek der Nederlandsche Taal* des deutschen Sprachforschers Johannes Franck (1854-1914); die zweite Auflage (1912) wurde vom Slawisten Nicolaas van Wijk (1880-1941) besorgt. Der vielseitige und sehr produktive niederländische Gelehrte Jan de Vries (1890-1964) hat im Verlag Brill in Leiden etymologische Wörterbücher

---

[1] Geboren wurde Kiliaan zwischen Oktober 1528 und Ostern 1529; siehe dazu Claes, s.j. 1972, 6.

[2] Eine Neuausgabe mit einem Vorwort von C. Kruyskamp erschien 1972 in Amsterdam im Verlag Adolf M. Hakkert. Siehe auch die Neuausgabe von Claes, s.j., ebenfalls aus dem Jahre 1972.

des Niederländischen und des Altnordischen veröffentlicht. Die letzten Liefe-
rungen des etymologischen Wörterbuchs des Niederländischen erschienen erst
nach dem Tod von De Vries; Félicien de Tollenaere, ein 1912 in Belgien gebo-
rener, aber in Leiden tätiger Philologe und Linguist, hat das Wörterbuch um
Nachträge und Wortregister ergänzt. De Tollenaere hat auch mehrere Auflagen
des von Jan de Vries für die wissenschaftliche Aula-Taschenbuchreihe geschrie-
benen etymologischen Wörterbuchs erweitert und verbessert. Von einem Ta-
schenbuch ist da aber bei den letzten Auflagen nicht mehr die Rede, denn es hat
beispielsweise die 23. Auflage (2004) einen leinenen Einband und 464 Seiten
auf dickem Papier.

Leiden ist innerhalb der Niederlande nach wie vor wohl der wichtigste Ort,
an dem etymologische Forschung betrieben wird und an dem etymologische
Wörterbücher verlegt werden. Bei Brill sind nicht nur die oben genannten großen etymologischen Wörterbücher von Jan de Vries erschienen; hier ließ Sigmund Feist 1939 die 3. Auflage seines etymologischen Wörterbuchs des Gotischen erscheinen, als ihm die Veröffentlichung in Deutschland nicht mehr möglich war. Lehmanns etymologisches Wörterbuch des Gotischen, das auf Feists
Wörterbuch basiert war, erschien ebenfalls in diesem Verlag.

2. Amsterdam / Niederländisch

Im Bereich des Niederländischen ist gegenwärtig das weitaus auffälligste
etymologische Forschungsprojekt das von Marie-Louise Antoinette Imelda Philippa (*1944) zusammen mit dem Belgier Frans Debrabandere (*1933) und dem
Niederländer Arend Quak (*1946; Amsterdam und Leiden), ab 3. Band auch
zusammen mit Tanneke Schoonheim (*1965) und Nicoline van der Sijs (*1955)
geleitete, nach dem Sprachforscher Kiliaan benannte Kiliaanprojekt, aus dem
das *Etymologisch Woordenboek van het Nederlands* (EWN) hervorgeht. Willy
Pijnenburg (*1942), lange Zeit Direktor des Instituts für niederländische Lexikologie (Instituut voor Nederlandse Lexicologie) in Leiden, hat in der zweiten
Hälfte der achtziger Jahre den Grundstein für das Projekt gelegt. Es beteiligen
sich sowohl niederländische wie auch belgische Forscher. Das Projekt, das zunächst von einer eigens dazu gegründeten Stiftung (De Kiliaanstichting ter be-
vordering van het etymologisch onderzoek in België en Nederland) ermöglicht
wurde, hatte seinen Sitz in Amsterdam, wurde aber im Jahre 2006 beim Institut
für niederländische Lexikologie in Leiden untergebracht.[3] Das EWN wird vier
Bände zählen. Der erste Band erschien 2003; der letzte Band ist für Ende 2009
vorgesehen. Die drei bisher erschienenen Bände stehen auch im Internet zur

---

[3]   Eine ausführliche Beschreibung des Projektes findet sich auf der Webseite [http://
       www.etymologie.nl/e/ewn/ewn_inleiding.html] (zuletzt: 16. 4. 2009).

Verfügung, sind allerdings nur für Lizenznehmer zugänglich (http://www.
etymologie.nl/); die Internetfassung ist gegenüber der gedruckten Ausgabe ak-
tualisiert.

Marlies Philippa ist mit weiteren etymologischen Werken hervorgetreten,
unter anderem mit Werken, die sich auch an ein an sprach- und wortgeschicht-
lichen Fragen interessiertes Laienpublikum richten. Ein Beispiel ist das 1999
erschienene Büchlein *Etymologie*, das auf von ihr verfassten worthistorischen
Beiträgen für den *Taalkalender* ('Sprachkalender'), einen Abreißkalender, beruht. In *Onze Taal* ('Unsere Sprache'), der Zeitschrift einer gleichnamigen Gesellschaft von Freunden der niederländischen Sprache, hat Marlies Philippa eine
lange Reihe wortgeschichtlicher Beiträge veröffentlicht. Der arabische Einfluss
auf den niederländischen Wortschatz wurde 1989 von ihr dargestellt in *Koffie,*
kaffer & katoen ('Kaffee, Kaffer & Kattun'); eine stark erweiterte 2. Auflage erschien 2008.

3. Nicoline van der Sijs

Nicoline van der Sijs (*1955) hatte sich nach ihrem Studium der Slawistik
längst als aktive und produktive Forscherin im Bereich der Etymologie ausge-
wiesen, als sie 2001 mit ihrer Leidener Dissertation *Etymologie in het digitale*
tijdperk. Een chronologisch woordenboek als praktijkvoorbeeld ('Etymologie
im digitalen Zeitalter. Ein chronologisches Wörterbuch als praktisches Beispiel')
den Doktorgrad erwarb. Die Dissertation erschien 2001 im Verlag L. J. Veen
(Amsterdam & Antwerpen) als *Chronologisch woordenboek. De ouderdom en*
herkomst van onze woorden en betekenissen ('Chronologisches Wörterbuch.
Das Alter und die Herkunft unserer Wörter und Bedeutungen'). Das *Chronolo-*
gisch woordenboek ordnet den Wortschatz des Niederländischen nach Herkunft,
nach thematischen Gruppen sowie chronologisch auf der Basis des ersten Be-
legs; ein alphabetisches Wortregister erschließt den reichen Inhalt dieses Buches. Seit 2008 liegt auch eine elektronische Ausgabe vor; sie wurde von der
"Digitale Bibliotheek voor de Nederlandse Letteren" (Leiden) veröffentlicht.[4]

Das im Verlag Van Dale Lexicologie[5] erschienene *Groot woordenboek van*
de Nederlandse taal ('Großes Wörterbuch der niederländischen Sprache'), das
in den Niederlanden als "der dicke Van Dale" bekannt ist, hat in der 13. und in
der 14. Auflage (1999 bzw. 2008) besonders bei den Lehn- und Fremdwörtern

---

[4]   [http://www.dbnl.org/tekst/sijs002chro01_01/] (zuletzt: 16. 4. 2009).
[5]   Van Dale ist jetzt ein geschützter Markenname. Der auf dem Wörterbuchmarkt tätige
      Verlag trägt seinen Namen nach Johan Hendrik van Dale (1828-1872), dem Verfasser
      eines im Jahre 1872 veröffentlichten umfangreichen und erfolgreichen Wörterbuchs:
      Nieuw woordenboek der Nederlandsche taal.

Herkunftsangaben, die von Nicoline van der Sijs beigesteuert wurden. Weitere Werke von ihrer Hand sind *Leenwoordenboek. De invloed van andere talen op het Nederlands* (1996; 'Lehnwörterbuch. Der Einfluss anderer Sprachen auf das Niederländische'), *Geleend en uitgeleend. Nederlandse woorden in andere talen & andersom* (1998; 'Entlehnt und ausgeliehen. Niederländische Wörter in anderen Sprachen & umgekehrt'), *Nota bene. De invloed van het Latijn en Grieks op het Nederlands* (2000; 'Nota bene. Der Einfluss des Lateinischen und des Griechischen auf das Niederländische') und *Hondsdraf. Waar komen onze woorden vandaan?* (2004; 'Gundelrebe. Woher stammen unsere Wörter?'). Nicoline van der Sijs beteiligt sich an der Arbeit am EWN, seit 2006 gehört sie zu den Hauptherausgebern dieses etymologischen Wörterbuchs. Sie publiziert auch in der bereits genannten Zeitschrift *Onze Taal*.

4. Leiden: Das *Indo-European Etymological Dictionary*

Schwerpunkt der etymologischen Forschung in den Niederlanden ist Leiden. Der Verlag Brill und das Institut für niederländische Lexikologie wurden bereits genannt. An der Universität Leiden blüht die etymologische Forschung auch außerhalb des Bereichs der Niederlandistik, insbesondere dank den Vertretern der vergleichenden Sprachwissenschaft auf dem Gebiete der indogermanischen Sprachen. In den letzten zehn Jahrgängen der Zeitschrift *Historische Sprachforschung* erschienene Beiträge aus den Niederlanden sind ausnahmslos Aufsätze von Forschern aus Leiden (Boutkan, Kortlandt, Lubotsky, de Vaan); dies ist ein klares Indiz, dass in den Niederlanden die vergleichende historische Sprachwissenschaft besonders in Leiden ihre Wirkungsstätte hat.

Ein umfangreiches, in Leiden beheimatetes Unternehmen ist das "Project Indo-European Etymological Dictionary", das von Alexander Lubotsky (*1956) und Robert Beekes (*1937) geleitet wird. Beekes war bis 1999 Ordinarius für vergleichende Indoeuropäische Sprachwissenschaft; sein Nachfolger ist Alexander Lubotsky. Das "Project Indo-European Etymological Dictionary" verfolgt mehrere Ziele: 1. Die Erstellung etymologischer Datenbanken, die den Erbwortschatz unterschiedlicher indoeuropäischer Zweige enthalten, und die Bereitstellung dieser Datenbanken im Internet. 2. Das Anlegen einer indoeuropäischen etymologischen Databank im Internet. 3. Die Zusammenstellung eines neuen indoeuropäischen etymologischen Wörterbuchs, das Julius Pokornys *Indogermanisches etymologisches Wörterbuch* (1959) ersetzen wird.

Das Projekt wird auf seiner Webseite (http://www.indo-european.nl) detailliert beschrieben. In einer 1998 gehaltenen Rede hat Beekes begründet, welche neuen Erkenntnisse dazu geführt haben, dass Pokornys Wörterbuch ersetzt werden muss. In dieser Rede und in der 1999 gehaltenen Abschiedsrede spricht Beekes auch das Thema der Substrateinflüsse an.

Als Pokorny sein Wörterbuch schrieb, beherrschte im Bereich der indogermanischen Sprachwissenschaft die Laryngaltheorie das Denken noch nicht so stark wie heutzutage. Die Gruppe von Forschern um Beekes und Lubotsky vertritt den rezenten Forschungsstand und arbeitet auf der Grundlage der Laryngaltheorie. Im Jahre 2008 erschienen als Resultate des Projekts im Verlag Brill in Leiden u.a. etymologische Wörterbücher des Lateinischen (Michiel de Vaan *1973), des slawischen Erbwortschatzes (Rick Derksen *1964) und des Hettitischen (Alwin Kloekhorst *1978). Bereits 2005 erschien Boutkans etymologisches Wörterbuch des Altfriesischen, das unten noch zur Sprache kommt. Ein von Beekes verfasstes, zweibändiges etymologisches Wörterbuch des Griechischen ist für 2009 vorgesehen. Die Reihe umfasst auch Werke, die von ausländischen Spezialisten geschrieben werden. Der Verlag Brill bietet auf seiner Webseite[6] eine Übersicht über die bisher im Druck erschienenen Werke. Alle im Druck erschienenen Wörterbücher werden im Laufe des Jahres 2009 auch als Online-Datei veröffentlicht.

Die Universität Leiden ist auch sonst die Stätte, wo die vergleichende Sprachwissenschaft blüht. Es seien nur einige Namen genannt, nicht um andere auszuschließen, sondern um zu zeigen, wie weit der Blick in Leiden im Bereich der beschreibenden und der vergleichenden Sprachwissenschaft reicht und in welcher anregenden Umgebung die Leidener etymologische Forschung sich entfaltet. Frederik Kortlandt (*1946): Beschreibende und vergleichende Sprachwissenschaft, vor allem auf dem Gebiet der indogermanischen Sprachen; George van Driem (*1957): Sprachen im Himalaya-Gebiet; Maarten Mous (*1955): Sprachen Afrikas; Willem Adelaar (*1948): einheimische Sprachen und Kulturen Amerikas, bes. Sprachen in den Anden.

5. Das Friesische

Für das Friesische, die Muttersprache einer knappen Mehrheit der fast 650.000 Einwohner der Provinz Fryslân (Friesland), existieren keine Werke, die den etymologischen Wörterbüchern des Niederländischen vergleichbar wären. Dirk Boutkan (1964-2002), den bei der Arbeit an seiner Leidener Dissertation *The Germanic 'Auslautgesetze'* (1994) das Fehlen von etymologischen Wörterbüchern des Friesischen gestört hatte, hatte sein Manuskript eines etymologischen Wörterbuchs des Altfriesischen weitgehend fertig gestellt, als er Anfang 2002 unerwartet starb. Sjoerd Michiel Siebinga (*1977), bereits ab Oktober 2001 Mitarbeiter am altfriesischen Wörterbuch, hat das Werk zu Ende geführt. Das Wörterbuch behandelt nicht den ganzen altfriesischen Wortschatz, sondern

---

6   [http://www.brill.nl/default.aspx?partid=227&pid=24131] (zuletzt herangezogen am 16. 4. 2009).

nur den Wortschatz einer einzigen, relativ frühen Handschrift, der um 1300 ent-
standenen Ersten Riustringer Handschrift, die nach der Landschaft Rüstringen
an der Wesermündung benannt ist. Das Wörterbuch ist entsprechend der Tradition der Universität Leiden, an der Boutkan Niederländisch und Vergleichende
Indogermanische Sprachwissenschaft studiert hatte und nachher bis zu seiner
1999 erfolgten Anstellung an der *Fryske Akademy* in Ljouwert (Leeuwarden)
als Forscher tätig war, stark vom Denken der Laryngalisten geprägt. Boutkan
hat auch eine Reihe von Aufsätzen zu etymologischen Themen veröffentlicht
und zusammen mit Arend Quak den etymologischen und anderen Fragen der
historischen Sprachwissenschaft gewidmeten, 244 Seiten starken 54. Band der
Amsterdamer Beiträge zur älteren Germanistik herausgegeben.

6. Groningen / Finnougristik

An der Universität Groningen wird etymologische Forschung vor allem im
Bereich der ostseefinnischen Sprachen betrieben. Andries Dirk Kylstra (*1920),
bis Ende 1985 Lehrstuhlinhaber für Altgermanistik und Finnougristik, hat eine
kleine Gruppe von Sprachwissenschaftlern um sich vereinigt, die sich den alten
germanischen Lehnwörtern in den ostseefinnischen Sprachen widmet: die Fen-
nisten Osmo Nikkilä (1933-2002) und Sirkka-Liisa Hahmo (*1941) und den
Altgermanisten Tette Hofstra (*1943). Das *Lexikon der älteren germanischen
Lehnwörter in den ostseefinnischen Sprachen*, dessen erste zwei Bände bereits
1991 und 1996 erschienen sind, nähert sich jetzt langsam seiner Vollendung.
Von den vier Verfassern des ersten Bandes des Lexikons haben zwei, Osmo
Nikkilä und Sirkka-Liisa Hahmo, seit dem Erscheinen dieses ersten Bandes
auch weitere eigene etymologische Forschungsergebnisse vorgelegt, u.a. eine
relevante Dissertation (Hahmo 1994). Der dritte und letzte Band wird von
Sirkka-Liisa Hahmo (seit 2000 in Greifswald) und Tette Hofstra bearbeitet.
Einige Studenten der Finnougristik wurden von ihren Dozenten Nikkilä
und Hahmo dazu angeregt, ihre Doktorarbeit einem etymologischen Thema zu
widmen: Rogier Blokland (*1971) verteidigte im Jahre 2005 seine Dissertation
über russische Lehnwörter im Estnischen und Paul van Linde (*1968) im Jahre
2007 seine Doktorarbeit über etymologische Probleme im ostseefinnischen
Wortschatz.

7. Etymologie im akademischen Unterricht

An einigen niederländischen Universitäten werden von Zeit zu Zeit Vorle-
sungen und Übungen im Bereich der Etymologie durchgeführt. Auch hier ist in
erster Linie an die Universität Leiden zu denken, wo Vergleichende Indoeuro-

päische Sprachwissenschaft als Hauptfach studiert werden kann und Studenten sich am großen etymologischen Forschungsprojekt *Indo-European Etymological Dictionary* beteiligen können. Das *Institut für niederländische Lexikologie* bildet in Zusammenarbeit mit der Universität Leiden Lexikologen aus.

Marlies Philippa hat, wie aus dem ersten Band des EWN (S. 14) zu ersehen ist, an der Universität Amsterdam in ihrem Unterricht Studenten mit der etymologischen Forschung vertraut gemacht; es werden von ihr mehr als 30 Namen von Studenten aufgeführt, die noch während ihres Studiums Wörterbuchartikel beigesteuert haben. Im 2. Band werden weitere Studenten als Lieferanten von Wörterbuchartikeln genannt.

In Groningen werden besonders in der Abteilung Skandinavistik regelmäßig Seminare über Lehnwörter durchgeführt.

8. Etymologie und breite Öffentlichkeit

Es wurden bereits mehrere Werke genannt, die (auch) für ein Laienpublikum interessant sein können. Für ein breiteres Publikum attraktiv sind noch weitere Bücher, in denen beispielsweise niederländische Wörter griechischer Herkunft (Verheggen 1996) oder aus dem Hebräischen bzw. Jiddischen stammende Wörter (Heikens et alii 2004) behandelt werden. Der Sprachwissenschaftler und Journalist Ewoud Sanders (*1958) publiziert u.a. über etymologische Fragen in der bereits genannten Zeitschrift *Onze Taal* und seit etwa 1990 in der in Rotterdam erscheinenden liberalen Tageszeitung *NRC Handelsblad*.

9. Ausblick

An etymologischer Forschung beteiligen sich auch junge Sprachforscher, wie aus den oben angegebenen Geburtsjahren ersichtlich ist. Man könnte daher bezüglich der Kontinuität zuversichtlich in die Zukunft blicken, zumal offenbar auch außerhalb des Kreises der Sprachhistoriker ein Interesse an den Ergebnissen dieser Sparte der Sprachwissenschaft besteht. Dennoch bleibt eine gewisse Sorge, da wohl kaum vorhersagbar ist, ob und wenn ja, inwieweit in den kommenden Jahren Universitäten und andere wissenschaftliche Institute die für etymologische Forschung erforderlichen Mittel in ausreichendem Maße zur Verfügung stellen werden.

Tette Hofstra
Assumburg 11
NL – 9301 VJ Roden
[t.hofstra@rug.nl], [tette@home.nl]

Literatur

Beekes, R. S. P. 1998: *Een nieuw Indo-Europees etymologisch woordenboek*. Amsterdam: Koninklijke Nederlandse Akademie van Wetenschappen [= Mededelingen van de Afdeling Letterkunde. Nieuwe Reeks 61: 9].

Beekes, R. S. P. 1999: *Indo-Europees en niet-Indo-Europees in het Nederlands*. Leiden: Onderzoekschool CNWS. Rijksuniversiteit Leiden.

Beekes, Robert (voraussichtlich 2009): *Etymological Dictionary of Greek* I-II. Leiden & Boston: Brill [= Leiden Indo-European Etymological Dictionary Series. 10].

Blokland, Rogier Philip Charles Eduard 2005: *Russian loanwords in literary Estonian*. Diss. Groningen.

Boutkan, Dirk 1995: *The Germanic 'Auslautgesetze'*. Amsterdam usw.: Rodopi [= Leiden Studies in Indo-European. 4] [= Diss. Leiden 1994].

Boutkan, Dirk & Arend Quak (Hrsg.) 2000: *Language Contact. Substratum, Superstratum, Adstratum in Germanic Languages*. Amsterdam & Atlanta, GA: Rodopi [= Amsterdamer Beiträge zur älteren Germanistik. 54].

Boutkan, Dirk & Sjoerd Michiel Siebinga 2005: *Old Frisian Etymological Dictionary*. Leiden & Boston: Brill [= Leiden Indo-European Etymological Dictionary Series. 1].

Claes, s.j. F(rans) M. 1972: *Kiliaans Etymologicum van 1599 opnieuw uitgegeven met een inleiding*. 's-Gravenhage: Mouton.

Dale, Johan Hendrik van 1872: *Nieuw Woordenboek der Nederlandsche taal*. 's-Gravenhage usw.: M. Nijhoff usw.

Dale, Johan Hendrik van 1999: *Groot woordenboek van de Nederlandse taal*. 13., revidierte Auflage von Guido Geerts & Ton den Boon. Etymologie von Nicoline van der Sijs. Utrecht & Antwerpen: Van Dale Lexicografie.

Dale, Johan Hendrik van 2005: *Groot woordenboek van de Nederlandse taal*. 14., revidierte Auflage von Ton den Boon & Dirk Geeraerts. Etymologie von Nicoline van der Sijs. Utrecht & Antwerpen: Van Dale Lexicografie.

Derksen, Rick 2008: *Etymological Dictionary of the Slavic Inherited Lexicon*. Leiden & Boston: Brill [= Leiden Indo-European Etymological Dictionary Series. 4].

Feist, Sigmund 1939: *Vergleichendes Wörterbuch der gotischen Sprache mit Einschluss des Krimgotischen und sonstiger zerstreuter Überreste des Gotischen*. 3., neubearbeitete und vermehrte Auflage. Leiden: E. J. Brill.

Franck, Johannes 1892: *Etymologisch woordenboek der Nederlandsche taal*. 's-Gravenhage: Martinus Nijhoff.

Hahmo, Sirkka-Liisa 1994: *Grundlexem oder Ableitung? Die finnischen Nomina der Typen* kämmen *und* pähkinä *und ihre Geschichte*. Helsinki: Suomalaisen kirjallisuuden seura [= Studia fennica linguistica. 5].

Heikens, Henk et alii 2002: *Hebreeuwse en Jiddisje woorden in het Nederlands*. Den Haag: Sdu Uitgevers.

Kilianus, Cornelius Dufflæius 1599: *Etymologicum teutonicæ linguæ: sive dictionarium teutonico-latinum, præcipuas teutonicæ linguæ dictiones et phrases Latinè interpretatas, & cum aliis nonnullis linguis obiter collatas complectens*. Antverpia: Plantin & Ioannes Moretus (Photomechanische Neuauflage: Amsterdam: Adolf M. Hakkert 1972).

Kloekhorst, Alwin 2008: *Etymological Dictionary of the Hittite Inherited Lexicon*. Leiden & Boston: Brill [= Leiden Indo-European Etymological Dictionary Series. 5].

Kylstra, A(ndries) D(irk) et alii 1991-: *Lexikon der älteren germanischen Lehnwörter in den ostseefinnischen Sprachen* I-. Amsterdam usw.: Rodopi.

Lehmann, Winfred P. 1986: *A Gothic Etymological Dictionary*. Leiden: E. J. Brill.

Linde, Paul Alexander van 2007: *The Finnic vocabulary against the background of interference*. Diss. Groningen.

Philippa, Marlies 1989: *Koffie, kaffer & katoen. Arabische leenwoorden in het Nederlands*. Amsterdam: Pantheon (Revidierte und erweiterte Auflage: Amsterdam: Uitgeverij Bulaaq 2008).

Philippa, Marlies 1999: *Etymologie*. Den Haag: Sdu Uitgevers & Antwerpen: Standaard [= Onze Taal taalcahiers. 2].

Sanders, Ewoud 2004: *Woorden met een verhaal*. Amsterdam: Prometheus & Rotterdam: NRC Handelsblad.

Sanders, Ewoud 2008: *Van Dale Modern Eponiemenwoordenboek. Van abracadabra tot zeppelin en 498 andere woorden die afgeleid zijn van eigennamen*. Utrecht & Antwerpen: van Dale.

Sijs, Nicoline van der 1996: *Leenwoordenboek. De invloed van andere talen op het Nederlands*. Den Haag: Sdu Uitgevers & Antwerpen: Standaard Uitgeverij.

Sijs, Nicoline van der 1998: *Geleend en uitgeleend. Nederlandse woorden in andere talen & andersom*. Amsterdam & Antwerpen: Uitgeverij Contact.

Sijs, Nicoline van der & Willem Jacob Engelsman 2000: *Nota bene. De invloed van het Latijn en Grieks op het Nederlands*. 's-Gravenhage: Sdu Uitgevers.

Sijs, Nicoline van der 2001: *Chronologisch woordenboek. De ouderdom en herkomst van onze woorden en betekenissen*. Amsterdam & Antwerpen: Uitgeverij L. J. Veen (2. Aufl. 2002).

Sijs, Nicoline van der 2004: *Hondsdraf. Waar komen onze woorden vandaan?* Den Haag: Sdu Uitgevers.

Sijs, Nicoline van der 2006: *Klein uitleenwoordenboek*. Den Haag: Sdu Uitgevers.

Sijs, Nicoline van der 2008: *Chronologisch woordenboek. De ouderdom en herkomst van onze woorden en betekenissen.* Leiden: Digitale bibliotheek voor de Nederlandse Letteren.

Vaan, Michiel de 2008: *Etymological Dictionary of Latin and the Other Italic Languages.* Leiden & Boston: Brill [= Leiden Indo-European Etymological Dictionary Series. 7].

Veen, P(ieter) A(rie) F(erdinand) van & Nicoline van der Sijs (Hauptherausgeber) 1989: *Etymologisch woordenboek. De herkomst van onze woorden.* Utrecht & Antwerpen: Van Dale Lexicografie (2., völlig revidierte Auflage 1997).

Vercouillie, J(ozef Frederik) 1890: *Beknopt etymologisch woordenboek der Nederlandsche taal.* Gent: Vuylstreke & 's-Gravenhage: Martinus Nijhoff (3., verbesserte und erweiterte Auflage 1925).

Verheggen, Jan 1996: *Heureka. Griekse cultuur in Nederlandse woorden.* Amsterdam & Antwerpen: Uitgeverij Contact.

Vries, Jan de 1958: *Etymologisch woordenboek. Waar komen onze woorden en plaatsnamen vandaan?.* Utrecht & Antwerpen: Het Spectrum [= Aula-boeken. 6].

Vries, Jan de 1962: *Altnordisches etymologisches Wörterbuch.* 2., verbesserte Auflage. Leiden: E. J. Brill (Neuauflage 1977).

Vries, Jan de 1971: *Nederlands etymologisch woordenboek.* Met aanvullingen, verbeteringen en woordregisters door F. de Tollenaere. Leiden: E. J. Brill.

Vries, J(an) de & F(elicien) de Tollenaere 1983: *Etymologisch woordenboek.* Völlig neubearbeitet von F. de Tollenaere. Utrecht & Antwerpen: Het Spectrum.

Vries, J(an) de & F(elicien) de Tollenaere 2004: *Etymologisch woordenboek. Onze woorden, hun oorsprong en ontwikkeling.* 23., ergänzte, verbesserte und mit einer neuen Einleitung versehene Auflage. Utrecht: Het Spectrum.

Wijk, Nicolaas van 1912: *Franck's etymologisch woordenboek der Nederlandsche taal.* 2. Auflage. 's-Gravenhage: Martinus Nijhoff.

Studia Etymologica Cracoviensia
vol. 15   Kraków 2010

Michael KNÜPPEL (Göttingen)

STAND UND BEDÜRFNISSE
DER TUNGUSISCHEN ETYMOLOGIE IN DEUTSCHLAND

Obgleich die Situation der Tungusologie in Deutschland heute als eher "bescheiden" betrachtet werden muß und sich die Frage nach dem gegenwärtigen Stand der tungusischen etymologischen Forschungen in Deutschland – so der Eindruck – gar nicht erst stellt (– scheinen solche in der Wahrnehmung der Vertreter der der Tungusologie benachbarten Disziplinen gegenwärtig überhaupt nicht betrieben zu werden –), möchte der Vf. des vorliegenden kleinen Beitrags (– ungeachtet der scheinbar hoffnungslosen Lage –) doch so etwas wie einen Zustandsbericht liefern.

Tatsächlich hat sich auf dem Gebiet der tungusischen etymologischen Forschungen in Deutschland seit dem Erscheinen von G. Doerfers[1] "Etymologisch-ethnologischem Wörterbuchs tungusischer Dialekte (vornehmlich der Mandschurei)" (EEW)[2] – wenngleich mitnichten gar nichts, so doch – wenig getan. Für den Vf. Grund genug, sich an dieser Stelle noch einmal dem EEW (oder genauer: seiner nahezu völlig unbekannten Vorgeschichte) und dem Wenigen der vergangenen Jahre resp. der Gegenwartslage der tungusischen etymologischen Forschungen in Deutschland zuzuwenden.

Das EEW war letztlich eines der Produkte, die aus dem von G. Doerfer zu Beginn der 70er Jahre initiierten Großunternehmen "Nordasiatische Kulturgeschichte" hervorgegangen sind.[3] Nach den Plänen Doerfers sollte im Rahmen dieses Unternehmens[4] eine Reihe mit dem Titel "Beiträge zur nordasiatischen Kulturgeschichte" herausgebracht werden.[5] Der dritte Band der geplanten Reihe

---

[1] Hier der an dem von ihm selbst ins Leben gerufenen Göttinger Seminar für Turkologie und Zentralasienkunde (vormals Seminar für Turkologie und Altaistik) lehrende Prof. Gerhard Doerfer (8.3.1920 – 27.12.2003).

[2] Doerfer (2004).

[3] Cf. hierzu Doerfer (1973).

[4] Die Leitung des Projektes sollte bei G. Doerfer, W. Brands, U. Johansen und M. Weiers liegen. Als Mitarbeiter G. Doerfers wirkten W. Hesche, H. Lie und R. Service.

[5] Doerfer (1973), p. 269. Ein erster Band der Reihe erschien 1978 unter diesem Titel in einer Reihe "Tungusica" (hier Bd. I).

sollte die tungusischen Dialekte der Mandschurei "vor allem nach Shirokogoroff[6]" zum Gegenstand haben.[7] Zudem war ein tung. Wb. geplant, das etymologisch angelegt sein und "möglichst den gesamten zugänglichen tungusischen
Wortschatz umfassen" sollte. Wie G. Doerfer in seinem Bericht aus dem Jahre
1973 erklärte, sollte "aus alledem schließlich eine Verbindung von etymologischem Wörterbuch und Kulturlexikon entstehen, in dem «Wörter und Sachen»
gleichberechtigt dargestellt sind. Beides ergänzt ja einander: Erst die genaue
Kenntnis der Beschaffenheit eines Objekts führt oft zur korrekten Etymologisierung von dessen Bezeichnung, und erst die genaue Kenntnis der Etymologie
eines Wortes gibt oft Hinweise auf die Eigenart des bezeichneten Objektes".[8]

G. Doerfer selbst hat noch im Jahr des Erscheinens seines Berichts mit der
"Auswertung" – oder genauer der Lesung – von S. M. Širokogorovs[9] TD begon-
nen. Hierbei wurden, die von Š. gegebenen Formen zunächst gelesen (vielfach
anfangs auch bloß gedeutet) und in diesem frühen Arbeitsstadium – soweit
möglich – bereits etymologisiert. Die Arbeit an einem "Kulturlexikon" kam
entweder nicht zustande oder ihre Förderung wurde – trotz der für heutige Verhältnisse geradezu sagenhaften Finanzierung – von Seiten der "Deutschen Forschungsgemeinschaft" (DFG) nicht genehmigt. Obgleich G. Doerfer nicht nur
ein eifriger Antragsteller bei der DFG war, sondern auch mit der schon damals
nötigen "Antragspoesie" aufs Beste vertraut war (und darüber hinaus sehr wohl
wußte, daß man die – zumeist ahnungslosen – Gutachter mit einer möglichst
umfangreichen Dokumentation des geplanten Projektes beeindrucken kann oder
muß), wurden durchaus nicht alle Bestandteile des Projektes finanziert.

Später wurden die Bemühungen um eine Auswertung des TD resp. die Er-
arbeitung eines etymologischen Wb.s und die eines Kulturlexikons (freilich zu-
gunsten des etymologischen Wb.s) zusammengelegt. Hierbei beschränkte sich
der ethnologische Teil allerdings auf die Berücksichtigung der wenigen Angaben, welche sich bei Š. selbst zu den "Sachen" finden. Das TD wurde schließlich komplett gelesen und die von Š. gegebenen Formen – soweit möglich – etymologisiert. Das hierbei über rund zwei Jahrzehnte hinweg entstandene Manuskript G. Doerfers, das rund 2.000 handschriftliche Blätter umfaßte,[10] sollte
schließlich für den Druck als reprofähige Vorlage aufbereitet werden. Dies war

---

[6]   Gemeint ist hier das "Tungus Dictionary" (kurz "TD") des russischen Tungusologen
      und Ethnologen Sergej Michajlovič Širokogorov (Shirokogoroff [1944]), das bis vor
      einigen Jahren nur handschriftlich vorlag und kaum zu benutzen war.
[7]   Doerfer (1973), p. 269. In der Reihe "Beiträge zur nordasiatischen Kulturgeschich-
      te" resp. "Tungusica" erschienen insgesamt vier Bände (Doerfer / Weiers [1978], Ju-
      gel [1982], Doerfer [1985], Maezono [1992]), später wurde die Reihe in "Tunguso-
      Sibirica" umbenannt und erscheint noch heute.
[8]   Doerfer (1973), p. 270.
[9]   In der Folge kurz "Š.".
[10] Siehe hierzu die Probe im Anhang.

ein Unterfangen, für das letztlich ergebnislos zwei Mitarbeiter "verschlissen" wurden – davon einer der am Projekt "Nordasiatische Kulturgeschichte" beteiligten. Noch während der "Arbeit" des zweiten Mitarbeiters, der schließlich Ende der 1990er Jahre auch noch zur Wiederherausgabe der ihm übergebenen Materialien auf juristischem Wege gezwungen werden mußte, legte G. Doerfer einen "Vorbericht" zur Auswertung des TD vor.[11] Dieser Vorbericht drohte schließlich das einzige Resultat einer mehr als zwei Jahrzehnte währenden Tätigkeit zu werden. An die von G. Doerfer geplante Auswertung des gesamten im TD enthaltenen Materials resp. seiner Bearbeitung durch den Göttinger Turkologen, Tungusologen, Mongolisten und Altaisten, war gar nicht mehr zu denken. Erst durch die auf Anraten von M. Adamović erfolgte Hinzuziehung des Vf.s der vorliegenden kleinen Berichts, konnten die Materialien G. Doerfers – ohne an dieser Stelle in Anfälle von Selbstbeweihräucherung verfallen zu wollen – erfolgreich für den Druck aufbereitet werden, freilich unter Aussparung zahlloser Ergänzungen sowohl Doerfers, als auch des Vf.s.[12] Der Hintergrund für diese "abgespeckte" Fassung des EEW bestand in dem verständlichen, der Sache aber nicht gerade dienlichen Wunsch des bereits schwer erkrankten Bearbeiters, das Erscheinen des EEW noch zu erleben – ein Wunsch, der sich dann doch nicht mehr erfüllt hat. Das EEW erschien, obgleich noch vor dem Verscheiden G. Doerfers eingereicht, erst 2004.

Die von G. Doerfer geplante anschließende Auswertung wird nun durch den Vf. – im Rahmen seiner vergleichsweise bescheidenen Möglichkeiten – besorgt. Hierbei wird nun auch das nicht berücksichtigte Material und werden die über die äußerst spärlichen ethnologischen Angaben Š.s, die in das EEW eingeflossen sind, hinausreichenden ethnologischen Angaben einbezogen. Aus diesen Bemühungen ist nun – über eine Reihe von verstreuten Einzelbeiträgen[13] hinausreichend – eine Aufsatzreihe "Jakutische Elemente in tungusischen Sprachen"[14] hervorgegangen. Weiterhin ist inzwischen ein Registerband entstanden, der "in Kürze" erscheinen wird (– eigentlich schon seit vier Jahren erscheinen sollte).

Ebenfalls in Göttingen – unabhängig von den tungusologischen Forschungen Doerfers und seiner Projekte (von gelegentlicher Zusammenarbeit oder vielmehr einem Austausch mit G. Doerfer einmal abgesehen) – wurden und werden noch immer tungusologische Forschungen und hier im besonderen auch etymologische Forschungen von dem Finnougristen und Uralisten István Futaky

---

[11] Doerfer (1999).

[12] Freilich blieben auch die Ergänzungen E. N. Širokogorovas – der Witwe des Vf.s des TD – unberücksichtigt. Diese wurden allerdings inzwischen im Registerband des Vf.s (s.u.) aufbereitet.

[13] Knüppel (2004), (2005b), (2005c), (2006), (2007a) und (2007b).

[14] Knüppel (2005a), (2008a), (2008b), (2009a) und (2009b).

betrieben. Dieser hatte bereits 1973 seine Habilitationsschrift aus dem Bereich der uralisch-tungusischen Sprachbeziehungen gewählt[15] und sich später immer wieder auch etymologischen Fragestellungen zugewandt. Vor allem auch in den letzten Jahren standen immer wieder die altaischen und hier auch möglicherweise "tungusischen" Elemente im Ungarischen im Zentrum von Untersuchungen Futakys,[16] der – mögen die tungusischen Spuren "im Westen" auch manchen Beobachter mit Skepsis erfüllen – mit seinen sibiristischen Arbeiten in bester Göttinger Tradition steht. Leider ist Prof. Futaky ohne in diesem Bereich arbeitende Schüler oder Nachfolger geblieben.

Nun stellten und stellen die Bemühungen der Göttinger Tungusologie keinesfalls vollkommen vereinzelte Fälle dar und es wird eine deutsche Tungusologie durchaus auch an anderen Standorten betrieben. Anzusprechen sind hier die Bemühungen einzelner Personen am Bonner Seminar für Sprach- und Kulturwissenschaften Zentralasiens ebenso wie die tungusologischen Arbeiten des Sibiristen E. A. Helimski[17] in Hamburg. In Falle der Bonner Kollegen ist hier vor allem Stefan Georg zu nennen, der (wenngleich auch kein Tungusologe) gelegentlich – vor allem im Rahmen altaistischer Beiträge[18] – auch tungusische etymologische Fragestellungen mit anspricht resp. bei etymologisch angelegten Beiträgen die tungusischen Befunde miteinbezieht. Anzusprechen ist natürlich weiterhin der große Bonner Jenissejist Heinrich Werner, der zur Zeit an einem etymologischen Wb. der Jenissej-Sprachen arbeitet – von dem bedeutsame Erkenntnisse auch hinsichtlich der tungusischen Etymologie zu erwarten sein dürften, sind (oder vielmehr: waren) die Jenissej-Sprachen doch in einem Kontaktgebiet verbreitet, in welchem sich noch in histor. Zeit die Sprachgebiete samojed., tung. (besonders ewenk.) und türk. Idiome überlagerten.

Ausgesprochen tungusologisch hingegen arbeitete E. A. Helimski, der – obgleich ebenfalls Altaist (hier durchaus auch im Sinne eines Befürworters der Annahme einer altaischen Verwandtschaft) – sich immer wieder der Etymologie sibirischer Sprachen und hierunter besonders auch der tungusischen zuwandte. So zuletzt im Kontext der lexikalischen Beziehungen der samojedischen Sprachen mit den tungusischen – in einer (freilich in Moskau erschienenen) Arbeit, die er zusammen mit A. E. Anikin verfaßte.[19] Anzusprechen sind hier auch seine – durch die oben erwähnten Arbeiten Futakys zu möglichen tungusischen Spuren im östlichen Europa angeregten – Schriften, in denen er die Möglich-

---

[15] I. Futakys Habilitationsschrift erschien 1975 mit einigen Änderungen resp. Ergänzungen im Druck (Futaky [1975]).

[16] Futaky (1970), (1973), (1980), (1995) und (2001).

[17] Hier der am Seminar für Finnougristik / Uralistik lehrende Sibirist, Uralist, Altaist etc. Prof. Jevgenij Arnoľdovič Chelimskij (15.3.1950 – 24./25.12.2007).

[18] Georg (1999-2000).

[19] Chelimskij / Anikin (2007).

keiten einer mandschu-tungusischen Natur der Sprache der Awaren erörtert.[20] Bedauerlicherweise jedoch ist der Hamburger Ausnahmegelehrte – viel zu früh – bereits 2007 verstorben, ohne Schüler, welche primär etymologisch oder allgemein tungusologisch arbeiten, hinterlassen zu haben.

Allerdings stellt sich die Situation im Hinblick auf die Schüler E. A. Helimskis bezüglich der tungusischen etymologischen Forschungen nicht wesentlich anders dar, als im Falle G. Doerfers oder I. Futakys. Auch Doerfer hat gemessen an den Möglichkeiten und dem lang anhaltenden Wirken auf dem Felde der Tungusologie fast keine Schüler herangezogen. Die Mitarbeiter aus dem Projekt "Nordasiatische Kulturgeschichte" sind später andere Wege gegangen und haben sich von der Tungusologie als Forschungsgegenstand abgewandt und von seinen letzten Schülern – die übrigens allesamt ausschließlich tungusologische Veranstaltungen besucht haben – sind nur J. Reckel (der freilich nicht auf etymologischem Gebiet wirkt) und der Vf. des vorliegenden Berichts der Tungusologie verbunden geblieben.

Dennoch ist auf dem Felde der Tungusologie im allgemeinen, wie der tungusischen etymologischen Forschungen im besonderen, die Situation in Deutschland gegenwärtig besser, als in vielen anderen Ländern. So wird die Tungusologie heute, wenn auch nicht organisiert, so doch überhaupt noch, betrieben und ist fernab eines schon seit Jahrzehnten prognostizierten Erlöschens. Freilich ist ein Verfall dieser Forschungsdisziplin weltweit nicht von der Hand zu weisen. Allenfalls in Rußland (und Japan) wird heute noch Vergleichbares geleistet – allerdings ist die Tungusologie auch in "ihrem Heimatland" Rußland aus einer Vielzahl von Gründen im Niedergang begriffen.

Für diese gegenwärtige Stagnation war und ist eine Vielzahl von Faktoren ausschlaggebend. Zum einen ist hier die Lage der Studierenden anzusprechen. Für diese ist die Befassung mit den tungusischen Sprachen und Völkern nicht sonderlich attraktiv, wird doch die Tungusologie – wie erwähnt – gegenwärtig nirgendwo in Deutschland institutionalisiert betrieben. Allen Tungusologen in Deutschland ist resp. war gemein, daß sie der Tungusologie nur "nebenbei" nachgegangen sind: G. Doerfer war Turkologe und Altaist, Helimski war und Futaky ist in erster Linie Uralist. Es bestehen keine Forschungseinrichtungen und es sind keine Lehrstühle, deren Ausrichtung die Behandlung auch tungusischer – oder allgemeiner: "sibirischer" – Sprachen mit umfaßt (etwa in Gestalt

---

[20] So etwa in seinem Beitrag zur Buyla-Inschrift von Nagy-Szentmiklós (Helimski [2000a]) oder zuletzt auf der mandschu-tungusischen Konferenz in Bonn (28.8. – 1.9.2000) resp. im 2004 erschienenen Konferenzband (Helimski [2004]) – dies übrigens eine dt. Übersetzung eines in "Folia Orientalia" auf Russ. erschienenen Aufsatzes (Helimski [2000b]), der auch in Helimski (2003a), erneut publiziert wurde. Zu Helimski (2003a) kam zudem ein in "Jezikoslovje" erschienenes Abstract heraus (Helimski [2003b]).

einer deutschen Altaistik), vorhanden. Somit entfällt nahezu jede "fachkundige" Betreuung sowie die Aussicht auf spätere Einstellung – oder auch nur einen Verbleib "mit tungusologischer Ausrichtung" im Wissenschaftsbetrieb. Selbst die traditionsreiche deutsche Mandschuristik fristet heute eher ein Nischendasein.

Zum anderen fehlen die gesellschaftlichen und politischen Rahmenbedingungen, die eine Befassung mit der Sprachen- und Völkerwelt Sibiriens interessant erscheinen lassen. Mit anderen Worten: Tundra und Taiga liegen zu weit ab vom Weltgeschehen, um größere Beachtung finden zu können. Man kann G. Doerfers mit nach heutigen Maßstäben traumhaften Mitteln ausgestattetes Projekt "Nordasiatische Kulturgeschichte" resp. dessen großzügige Finanzierung rückblickend – ohne dem Antragsteller oder den Mitarbeitern eine bestimmte politische Haltung unterstellen zu wollen (diese haben schlicht die sich bietende Gelegenheit einer möglichen Finanzierung ergriffen) – durchaus als ein "Kind des Kalten Krieges" betrachten. Es war in den 1970er und 80er Jahren nichts Ungewöhnliches, vor dem Hintergrund des Erkenntnisgewinns hinsichtlich des globalen Gegners, für dieses Ziel auch in Deutschland Mittel bereitzustellen. Diese Situation besteht seit der Aufhebung des Ost-West-Konflikts nicht mehr und somit ist heute auch niemand an entsprechenden Unternehmungen, geschweige denn deren Finanzierung, interessiert.

Ein weiterer Grund für ein stetig abnehmendes Interesse an der Tungusologie im allgemeinen und der tungusischen etymologischen Forschung im besonderen ist im Niedergang der altaischen Forschungen insgesamt zu erblicken. Dieser hat verschiedene Ursachen. So wird einerseits die Altaistik (hier neutral als die Lehre von den sprachlichen und kulturellen Beziehungen der türkischen, mongolischen und tungusischen Völker) in ihrer "klassischen" Form heute von nur noch einigen sehr wenigen Personen weltweit – die zudem kaum Schüler (oder zumindest geeignete Nachfolger) haben – betrieben. Zum anderen scheinen die Ansätze, bei denen von immer weiterreichenden verwandtschaftlichen Zusammenhängen von Sprachen und Sprachfamilien ausgegangen wird (Nostratik, Paläolinguistik, Proto-Linguistik etc.), keiner soliden Untersuchungen der Herkunft einzelner Wörter oder Wortbildungselemente zu bedürfen. Die sich hierbei ergebende stetige Verflachung der Methoden, die dabei zum Einsatz kommen, finden dann in letzter Konsequenz auch Anwendung in einer Altaistik, in der für die "herkömmliche" Arbeitsweise kein Platz mehr zu sein scheint.

Nun stellt ein solcher Niedergang noch lange kein Ende dar und sollte die interessierten Angehörigen künftiger Generationen von Sibiristen keinesfalls abschrecken und wird es auch nicht – weder in Deutschland, noch anderenorts – und gewiß ist der Vf. nicht zu optimistisch, wenn er an dieser Stelle seiner Hoffnung Ausdruck verleiht, daß sich auch in Zukunft Interessenten für die Tungusologie finden werden und nicht wenige derselben sich auch etymologischen Untersuchungen zuwenden werden. Zahlreich waren die Vertreter dieser

Forschungsrichtung ohnehin nie und vermutlich haben die Bedingungen der 1970er und 80er Jahre in längerfristiger Perspektive sowieso nur eine Sonder-situation dargestellt.

Die vordringliche Aufgabe der tungusischen etymologischen Forschungen stellt heute die weitere Auswertung des EEW resp. die weitere Untersuchung der dort gegebenen Materialien dar – handelt es sich bei zahlreichen der von Doerfer aufgezeigten Etymologien ja nur um Vorschläge (wie die häufiger nachgestellten Fragezeichen leicht erkennen lassen). Auch war es bislang nicht möglich das gesamte im TD enthaltene Material zu etymologisieren resp. gele-gentlich auch bloß Vorschläge hinsichtlich Bedeutung und Ursprung der betref-fenden Formen zu geben, zumal bisweilen Formen aufgeführt wurden, für die bereits Š. keine weitergehenden Angaben gemacht hat.

Als längerfristiges Ziel sollte – so unrealistisch dies gegenwärtig erscheinen mag – schließlich doch die Zusammenführung aller bisherigen etymologischen tungusischen Forschungen, wie sie G. Doerfer ursprünglich vorgeschwebt hat, im Auge behalten werden. Ein Großprojekt, für das auch eine Zusammenfüh-rung der Materialien des TD mit denen des "Sravnitel'nyj slovar" von V. I. Cin-cius[21] – zu welchem das EEW resp. dessen geplante Vorläufer, wie G. Doerfer mit Nachdruck ausführte, kein Konkurrenzunternehmen darstellt(e)[22] – ange-strebt werden sollte. Handelt es sich beim "Sravnitel'nyj slovar" doch – wie schon K. H. Menges wiederholt betonte – um ein vergleichendes Wb. und nicht (wie etwa A. M. Ščerbak jüngst einmal wieder behauptete[23]) – um ein etymolo-gisches Wb., das durch eine Zusammenstellung, wie die von Cincius und ihren Mitarbeiterinnen (– so wertvoll diese auch sein mag –), nicht ersetzt werden kann. Ein solches Unternehmen dürfte vor dem oben skizzierten Hintergrund zum heutigen Zeitpunkt zwar als "nicht durchführbar" erscheinen, jedoch wäre bei einer solchen Haltung weder das Projekt "Nordasiatische Kulturgeschichte" zustande gekommen, noch das EEW erarbeitet worden, geschweige denn, je-mals erschienen!

Michael Knüppel
Seminar für Turkologie und Zentralasienkunde
Waldweg 26
D – 37073 Göttingen
[MichaelKnueppel@gmx.net]

---

[21] Cincius (1975-1977).
[22] Doerfer (1973), p. 270.
[23] Shcherbak (2006), p. 209.

4669 hanan L. cf. sanan (dym — Rauch, Dunst) Generiert wohl 4207 smoke

4670 hangan V.C. cf. angan (koléno — Knie) 631 knee

4672 hanga, xanga, anga N.S. (a palm, flat of the hand), haŋa V.C. ladon' — Handteller; cf. angay B. 619, xangi T. Or., pyainga J.S., uc falanggŭ, cf. oŋŋa B 8818 SS 314 hanya cw. lam. arm. ny. orot. ud. nl. ork. nan. kili ma Tg. *paŋtga

4673 hanyu A. spašivat' — fragen. cf. hayu 4677 ask

4677 hayŭ V.C. cf. hanyu 4674. SS 314-5 hanyŭ cw. rol. ud. al. ork. ma. jŭ. Tg. *pan- (so die Wurzel) — fragen ask

4679 härä V.C. cf. èrèn (dno — Boden) 3859 bottom bottom

4680 haramta L. cf. saramukta (Gror' — Brauc.) 9457, 9475

4682 härgiski V.C. [rech härgīskī] = ärgiski [rech ärgīskī] V.C., cf. orgiski bo? (Vgl. 4886)

4685 harinta T. cf. haramti 4680, sarimukta 9457

4686 härkä V.C. = ärkä V.C., cf. arka 786

4687 hato N.S. (the bald part of the head) lyryi, lysina — platcheyshy, Platze (hoto Or., xoto J.S., ma. hoto). Vgl. 4688

4691 häudin T. staritja — altern. growth du sagdi 733

4694 harali V.C. rabotat' — arbeiten. Jak. š. xamna, ? s.š.š., cf. ava 761, 762 work

4695 haramši V.C. rabotnik — Arbeiter (Jak. š xamnačīit?) worker

4697 hävu V.C. cf. hau 4690

4698 hau T. cf. hau 4690

4699 héakan T. (sreigi — Öhrringe) cf. sekan, ear-rings KT 758

4700 héakta T. cf. xeakita T. 4520, sekita L. 4456

4701 héakita T. listvenica — Lärche. SS 319-320 hēkī 'Lärche', hekita Baum cw. lam. ng. Tg. *piäkī(+ta) larch

4702 hecti L. cf. sekta (tal'nik — Purpurweide) 9508 purple-willow

4703 hesin T. prozul' — Eisloch, Wake, Wuhne. SS 78 siglŏn, hiŝin cw. lam. Cwestlam. Civciw-Rīter 495 auch hiŝon) ng. oroč. ud. nl. ork. nan. kili. Vgl. auch B. Ob· auch ma. Jager? Tg. *sigŭn, *sigĭlän ice-hole 9766

Literatur

Chelimskij, Je[vgenij] A[rnoľdovič] / Anikin, A[leksandr] Je[vgeńevič]:

2007   *Samodijsko-tunguso-mančžurskie leksičeskie svjazi.* Moskva 2007.

Cincius, V[era] I[vanovna]:

1975-77   *Sravniteľnyj slovať tunguso-mańčžurskich jazykov. Materialy k ètimologičeskomu slovarju.* 2 Bde. Leningrad 1975-1977.

Doerfer, Gerhard:

1973   Ein tungusisches Forschungsprogramm. In: *UAJb* 45. 1973, pp. 267-270.

1985   *Mongolo-Tungusica.* Wiesbaden 1985 (Tungusica 3).

1999   Eine vorläufige Auswertung von Shirokogoroff: A Tungus Dictionary. In: *Europa et Sibiria. Beiträge zur Sprache und Kultur der kleineren finnougrischen, samojedischen und paläosibirischen Völker. Gedenkband für Wolfgang Veenker.* Hrsg. v. Hasselblatt, Cornelius / Jääsalmi-Krüger, Paula. Wiesbaden 1999, pp. 107-116 (VdSUA 50).

2004   *Etymologisch-ethnologisches Wörterbuch tungusischer Dialekte (vornehmlich der Mandschurei).* Hildesheim, Zürich, New York 2004.

Doerfer, Gerhard / Weiers, Michael (Hrsg.):

1978   *Beiträge zur Nordasiatischen Kulturgeschichte.* Wiesbaden 1978 (Tungusica 1).

Futaky, István:

1970   Zur Frage der "altaischen" Lehnwörter im Ungarischen. In: *Congressus Tertius Internationalis Fenno-Ugristarum* I. Tallinn 1970, pp. 587-592.

1973   Einige Aspekte der Erforschung der uralisch-tungusischen Beziehungen. In: *Festschrift für Wolfgang Schlachter zum 65. Geburtstag. Von seinen Schülern und Mitarbeitern im Finnisch-ugrischen Seminar der Georg-August-Universität zu Göttingen.* Hrsg. v. Jenő Kiss und Hans G. Udally. Göttingen 1973, pp. 25-34.

1975   *Tungusische Lehnwörter des Ostjakischen.* Wiesbaden 1975 (VdSUA 10).

1980   Neuere Untersuchungen über die älteren uralisch-tungusischen Beziehungen. In: *Finnisch-Ugrische Mitteilungen* 4. 1980, pp. 47-59.

1995   Gyep és gyepű. In: *Magyar Nyelv* XCI (3). 1995, pp. 333-340.

2001   *Nyelvtörténeti vizsgálatok a Kárpát-medencei avar-magyar kapcsolatok kérdéséhez.* Budapest 2001.

Georg, Stefan:
1999-2000   Haupt und Glieder der altaischen Hypothese: die Körperteilbe-
             zeichnungen im Türkischen, Mongolischen und Tungusischen.
             In: *UAJb* 16. 1999-2000, pp. 143-182.
Helimski; Eugen:
2000a   On probable Tungus-Manchurian origin of the Buyla inscription
             from Nagy-Szentmiklós. In: *SEC* 5. 2000, pp. 43-56.
2000b   Jazyk(i) avarov: tunguso-mańčžurskij aspekt. In: *FO* 36. Kraków
             2000 (Studia in Honorem Stanislai Stachowski Dicata), pp. 135-
             148.
2003a   *Tunguso-mańčžurskij jazykovoj komponent v Avarskom kaganate
             i slavjanskaja ètimologija: Materialy k dokladu na XIII Mežduna-
             rodnom sъezde slavistov.* Hamburg 2003.
2003b   Tunguso-mańčžurskij jazykovoj komponent v Avarskom kagana-
             te i slavjanskaja ètimologija. In: *Zbornik povzetkov / 13. Medna-
             rodni slavistični kongres, Ljubljana, 15.-21. avgusta 2003.* 1. del:
             Jezikoslovje. Ured. F. Novak. Ljubljana 2003, pp. 140-141.
2004   Die Sprache(n) der Awaren: Die mandschu-tungusische Alterna-
             tive. In: *Proceedings of the First International Conference on
             Manchu-Tungus Studies (Bonn, August 28 –September 1, 2000).*
             Vol. 2: *Trends in Tungusic and Siberian Linguistics.* Ed. by Car-
             sten Naeher. Wiesbaden 2004 (Tunguso-Sibirica 9), pp. 60-72.
siehe auch → Chelimskij, Je[vgenij] A[rnoľdovič] / Anikin, A[leksandr] Je[vge-
             ńevič]
Jugel, Ulrike:
1982   *Studien zur Geschichte der Wu-liang-ha im 15. Jh.* 1: *Die Vor-
             bereitungen Koreas zum Nordfeldzug gegen die Wu-liang-ha der
             Südmandschurei.* Wiesbaden 1982 (Tungusica 2).
Knüppel, Michael:
2004   Noch einmal zu den Orts- und Dialektangaben in S. M. Širokogo-
             rovs "Tungus Dictionary". In: *CAJ* 48 (2). Wiesbaden 2004, pp.
             226-233.
2005a   Jakutische Elemente in tungusischen Sprachen I: Jakutisches im
             Ost-Ewenki (nach S. M. Širokogorovs "Tungus Dictionary"). In:
             *Turks and Non-Turks. Studies on the history of linguistic and cul-
             tural contacts.* Special issue presented to Professor Stanisław Sta-
             chowski on his seventy fifth birthday. Ed. by Ewa Siemieniec-
             Gołaś, Marzanna Pomorska. Kraków 2005 (STC 10), pp. 197-208.
2005b   Materialien zum tungusischen Onomasticon I. In: *RO* LVII (2)
             2005, pp. 107-127.

2005c   Zu den Orts- und Dialektangaben in S. M. Širokogorovs "Tungus
             Dictionary" (Nachtrag). In: *CAJ* 49 (1). 2005, pp. 135-136.

2006   Zu manegirisch *λavu* und birare *lawda* ~ *ławda* 'Tiger'. In: *CAJ*
             50 (1). 2006, pp. 70-74.

2007a   Einige sinologische Ergänzungen zum "Etymologisch-ethnologi-
             schen Wörterbuch tungusischer Dialekte". In: *SEC* 12. 2007, pp.
             81-89.

2007b   Entomologisches bei S. M. Širokogorov. In: *CAJ* 51 (1), 2007,
             pp. 22-36.

2008a   Jakutische Elemente in tungusischen Sprachen II: Jakutisches im
             Tumunchanskischen (nach S. M. Širokogorovs "Tungus Diction-
             ary"). In: *Strukturelle Zwänge – Persönliche Freiheiten. Osmanen,
             Türken, Muslime: Reflexionen zu gesellschaftlichen Umbrüchen.
             Gedenkband zu Ehren Petra Kapperts*. Hrsg. v. Hendrik Fenz.
             Berlin 2008 (Studien zur Geschichte und Kultur des islamischen
             Orients) [im Druck].

2008b   Jakutische Elemente in tungusischen Sprachen III: Jakutisches im
             Negidal (nach S. M. Širokogorovs "Tungus Dictionary"). In: *CAJ*
             52 (1). 2008, pp. 55-63.

2009a   Jakutische Elemente in tungusischen Sprachen IV: Jakutisches im
             Birare (nach S. M. Širokogorovs "Tungus Dictionary"). In: *Fest-
             schrift Marcel Erdal* (z.Zt. im Druck).

2009b   Jakutische Elemente in tungusischen Sprachen V: Jakutisches im
             Lamunchinischen (nach S. M. Širokogorovs "Tungus Dictiona-
             ry"). In: *Gedenkband für E. A. Helimski*. Hrsg. v. Anna Widmer
             u. Valentin Gusev. Hamburg 2009 (HSFM) (z.Zt. im Druck).

Maezono, Kyōko:
1992   *Kasus-Entsprechungen des Mongolischen und Mandschu*. Wies-
             baden 1992 (Tungusica 4).

Shcherbak, A[leksandr] M[ikhaylovich]:
2006   Some words about the project of an "Etymological Dictionary of
             the Manchu-Tungus Languages". In: *Florilegia Altaistica. Studies
             in Honour of Denis Sinor. On the Occasion of His 90th Birthday*.
             Ed. by Elena V. Boikova u. Giovanni Stary. Wiesbaden 2006
             (Asiatische Forschungen 149), pp. 209-214.

Shirokogoroff, S[ergey] M[ikhaylovich]:
1944/1953   A Tungus Dictionary: Tungus-Russian and Russian-Tungus. Pho-
             togravured from the manuscripts. Ed. by Shinobu Iwamura. To-
             kyo 1944/1953.

Studia Etymologica Cracoviensia
vol. 15   Kraków 2010

Robert MAILHAMMER (Canberra / Eichstätt)

DIE ETYMOLOGISCHE FORSCHUNG UND LEHRE AUF DEM GEBIET DES GERMANISCHEN IN DEUTSCHLAND AM BEGINN DES 21. JAHRHUNDERTS*⁾

1. Einleitung

Die etymologische Erforschung des Germanischen und seiner Tochtersprachen wird vielfach als traditionelles Kerngebiet der historischen Sprachwissenschaft in Deutschland angesehen, und das aus naheliegenden Gründen. Erstens wurde die moderne Sprachwissenschaft in der Anfangszeit vor allem als historisch-vergleichende Sprachwissenschaft begriffen, in der die Etymologie naturgemäß eine Schlüsselposition einnimmt (vgl. Anttila 1989: 327), zweitens waren die Pioniere der Linguistik vornehmlich Deutsche, und drittens sind die grundlegenden Werke auf dem Gebiet der historischen Erforschung der germanischen Sprachen von deutschen Wissenschaftlern verfasst worden. Dies gilt nicht nur für die Blütezeit der junggrammatischen Ära am Ende des 19. und am Anfang des 20. Jahrhunderts, sondern auch für die wichtigen etymologischen Wörterbücher, die im späten 20. Jahrhundert veröffentlicht wurden. Als Beispiele hierfür können die wohlbekannten Grammatiken von Jacob Grimm und von Hermann Paul, die vergleichenden Grammatiken von Karl Brugmann, das *Deutsche Wörterbuch* der Gebrüder Grimm, die Schriften zum Germanischen und das *Etymologische Wörterbuch des Deutschen* von Friedrich Kluge, Wilhelm Braunes *Gotische Grammatik*, Wilhelm Streitbergs *Urgermanische Grammatik*, Hermann Hirts indogermanische Grammatik, seine urgermanische Grammatik und seine etymologischen Arbeiten, die Werke von Hans Krahe, Alfred Bammesberger

---

*⁾ Dieser Beitrag hat in besonderem Maße von der Diskussion mit Eugen Hill (München) profitiert, dem an dieser Stelle herzlich dafür gedankt sei. Ich möchte auch Sabine Ziegler (Jena) für die ausführlichen Informationen zu den Jenaer Wörterbuchprojekten und ihre Kommentare zur Situation der germanischen Etymologie danken. Herzlich danken möchte ich auch Theo Vennemann (München) und Eugen Hill für ihre Kommentare zu einer früheren Version dieses Artikels, sowie Marek Stachowski für seine Einladung, diesen Beitrag zu verfassen. Alle verbliebenen Fehler und Unzulänglichkeiten gehen selbstverständlich zu meinen Lasten.

und Wolfgang Meid und schließlich Elmar Seebolds *Vergleichendes und etymologisches Wörterbuch der germanischen starken Verben* sowie Frank Heidermanns *Etymologisches Wörterbuch der germanischen Primäradjektive* genannt
werden.

Es ist unstrittig, dass auch Wissenschaftler aus anderen Ländern Wesentli-
ches auf dem Gebiet der Etymologie und der historisch-vergleichenden Erforschung des Germanischen geleistet haben – man denke etwa an Adolf Noreens
Werke zu den nordgermanischen Sprachen, Eduard Prokoschs *Comparative
Germanic Grammar*, die Werke von Rasmus Rask, Warren Cowgill, Patrick
Stiles und Dirk Boutkan, und auch an William Skeats *Etymological Dictionary
of the English Language* sowie an das *Oxford English Dictionary* (OED). Dennoch wird die Erforschung des Germanischen – insbesondere aus etymologischer Perspektive – traditionell als Domäne der deutschen Sprachwissenschaft
angesehen.

Weil aber tradiertes Wissen nicht immer richtig zu sein braucht und auch
weil sich die Zeiten bekanntlich ändern, lohnt es sich, der Frage nachzugehen,
inwiefern diese Einschätzung am Beginn des 21. Jahrhunderts noch gerechtfer-
tigt ist. Genau dies ist die Fragestellung dieses Überblicksartikels. Es geht dabei
sowohl um eine kritische Bestandsaufnahme als auch um eine Einschätzung bezüglich zukünftiger Tendenzen und Entwicklungen.[1]

Dieser Beitrag gliedert sich wie folgt. Abschnitt 2 behandelt die gegenwärtige Forschungssituation. Es werden wichtige Arbeiten und Projekte besprochen,
sowie Personen und Institute, die etymologische Forschung zum Germanischen und seinen Tochtersprachen betreiben, genannt. Der dritte Abschnitt ist
der Lehre gewidmet. An welchen Universitäten ist die germanische Etymologie
ein Teil der Lehre? Wie schlägt sich das in den Vorlesungsverzeichnissen nieder? Wo und wie werden zukünftige Etymologen ausgebildet? Im vierten Abschnitt schließlich sollen Tendenzen hinsichtlich Forschung und Lehre auf dem
Gebiet der Etymologie des Germanischen ausgemacht werden, bevor die wichtigsten Ergebnisse dieses Überblicks im letzten Abschnitt zusammengefasst
werden.

---

[1] Etymologie wird hier im traditionellen Sinne von 'lexikalischer Etymologie', also
der Erforschung der Herkunft der Wörter, und weniger als 'Wortgeschichte' verstan-
den. Keinesfalls ist hiermit aber strukturelle Etymologie gemeint, also der Herkunft
grammatischer Strukturen (vgl. die Diskussion in Mailhammer 2007: 142-144).

2. Die gegenwärtige Forschung zur Germanischen Etymologie
in Deutschland

Die etymologische Forschung stellt naturgemäß den Grundbaustein der historischen Erforschung einer Sprache dar. Etymologien erlauben es, Generalisierungen über historische Entwicklungen anzustellen, wie z.B. ein Lautgesetz, oder ein bestimmtes synchron vorliegendes Phänomen zu erklären, wie z.B. das Vorkommen eines bestimmten Stammbildungstyps. Sie werden außerdem dazu benutzt, um Fragen der genetischen Verwandtschaft zu klären.

Die historische Erforschung einer Sprache beginnt deshalb zuerst mit der vergleichenden Analyse von einzelnen Lexemen, d.h. Etymologien, woraus dann systemische Generalisierungen abgeleitet werden. Umgekehrt werden etymologische Daten auch dazu benutzt, um vermutete historische Zusammenhänge zu überprüfen. Etymologische Daten erfüllen also in solchen Untersuchungen keinen Selbstzweck, sondern sie sind gewissermaßen "Argumentationsbausteine". Somit könnte die Etymologie als eine Art grundlegende Hilfswissenschaft der historischen Sprachwissenschaft bezeichnet werden. Daneben gibt es natürlich auch etymologische Forschung im eigentlichen Kerngebiet, der historischen Wortbildung.[2] Von dieser Perspektive aus sind weitere Aussagen über die Sprache, der das etymologisierte Wort entstammt, zunächst nicht explizit Teil der Beobachtung sondern es geht vornehmlich darum, den Ursprung des Wortes zu ergründen, wie Seebold (1980: 431) es formuliert:

> Wenn wir ein Wort etymologisch untersuchen, dann richten wir unser Hauptaugenmerk auf seine Entstehung: Wir suchen zu zeigen, daß es aus einem nachweisbaren Grundwort nach dem Muster eines ebenfalls nachweisbaren Wortbildungstyps geprägt wurde. Solange der Zusammenhang zwischen Grundwort und abhängigem Wort noch voll durchsichtig ist, gehört diese Fragestellung in die Wortbildungslehre der betreffenden Sprachstufe; sobald aber geschichtliche Belege und geschichtliche Überlegungen eine Rolle spielen, befinden wir uns im Bereich der Etymologie.

Normalerweise werden solche Untersuchungen erst durchgeführt, nachdem ein hinreichender historischer Kenntnisstand erreicht ist, da hier die Erforschung der Wortgeschichte sich ja ihrerseits auf die bereits erforschten Genera-

---

[2]   Anders als bei der strukturellen Etymologie steht hier nicht die Herkunft bzw. Geschichte eines Wortbildungstyps (oder eines anderen grammatischen Phänomens) im Vordergrund, sondern die Geschichte eines Wortes selbst, zu dessen zwar die Untersuchung des Wortbildungstyps gehört, aber nicht eigentliches Untersuchungsobjekt aus diachroner Perspektive ist.

lisierungen und Gesetzmäßigkeiten stützt. Diese Detailstudien und etymologischen Wörterbücher werden dann wiederum zur Verifizierung der bereits erarbeiteten Gesetzmäßigkeiten benutzt, was dann zu verbesserten Etymologien führt, und so fort.

Infolgedessen ergeben sich zumindest theoretisch zwei, der Zielsetzung nach unterschiedliche, Anwendungsweisen etymologischer Forschung. In der Praxis sind diese nicht immer scharf voneinander abgrenzbar, weil jede Etymologie im Grunde ja immer auch über die bloße Herkunft eines Wortes hinausweisende Informationen liefert, also über den Ursrpung eines Wortes hinausgeht. Da es nun aber durchaus sinnvoll ist, einen Forschungsüberblick zu gliedern, soll diese Einteilung hier Anwendung finden ohne dass damit behauptet werden soll, es gebe eine starre, konzeptionelle Trennung der beiden Lesarten des Begriffs Etymologie.

2.1. Klassische Etymologie

Die Arbeiten im Bereich der historischen Wortbildung lassen sich hinsichtlich ihrer Zielsetzung unterscheiden. Während Einzelstudien zu einem oder einigen wenigen Wörtern deren Etymologie so genau wie möglich eruieren wollen, müssen Lexika notgedrungen eine Auswahl an benutzten Quellen treffen und können nur in begrenztem Umfang eigene, neue etymologische Forschungen anstellen.

2.1.1. Wörterbücher und Wörterbuchprojekte

In den letzten Jahren sind nur wenige etymologische Wörterbücher zum Germanischen bzw. seinen Tochtersprachen neu erschienen, die von Wissenschaftlern aus Deutschland herausgegeben oder verfasst wurden. Eine Ausnahme stellt Hermann Bluhmes *Etymologisches Wörterbuch des deutschen Grundwortschatzes* (2005) dar, wobei aber gesagt werden muss, dass nun gerade das Deutsche keinen Mangel an etymologischen Wörterbüchern leidet.[3] Für das Urgermanische ist sicherlich das Fehlen eines solchen Wörterbuchs zu den primären Substantiven am beklagenswertesten. Seit 2003 liegt zwar ein neues Wörterbuch zum germanischen Gesamtwortschatz vor (Orel 2003), das allerdings mindestens einen schwerwiegenden Nachteil besitzt: Literatur nach 1995 ist nach Ausweis der Bibliographie nicht benutzt worden. Das einzige andere Lexikon dieser Art ist Fick, Falk & Torp (1909) das allerdings dringend einer gründlichen Neubearbeitung bedarf.[4]

---

[3] Auf dem populärwissenschaftlichen Sektor kann man allerdings geradezu von einem Boom etymologischer Werken sprechen, die das Deutsche zum Thema haben.

[4] Ein derartiges Projekt war wohl vor einiger Zeit an der Universität Jena in Planung (Habilitationsvorhaben von Joachim Matzinger, nun Wien). Es ist jedoch nicht fortgeführt worden und liegt nun "ad acta" (Joachim Matzinger, in einem e-Brief vom 7. April 2009).

Es sind jedoch einige Neuauflagen und Neubearbeitungen erschienen, wie z.B. die 24. Auflage des *Etymologischen Wörterbuches der deutschen Sprache* von Friedrich Kluge, bearbeitet von Elmar Seebold, das im Jahre 2002 veröffentlicht wurde. Ganz im Zeichen der Zeit stehen elektronische Versionen dieses Werks im Internet und auf CD-Rom zur Verfügung, was eine gezielte Suche um ein Vielfaches einfacher und schneller macht. Auch andere etymologische Wörterbücher des Deutschen sind neu aufgelegt worden, so z.B. das *Herkunftswörterbuch* aus dem Bertelsmann-Verlag (5. Aufl., 2002), oder dem Duden-Verlag (4. Aufl., 2007), aber für wissenschaftliche Zwecke sind diese im Allgemeinen weniger empfehlenswert als Kluge (2002).[5] Naturgemäß sind in all diesen Lexika nur diejenigen germanischen Wörter aufgeführt, die im Neuhochdeutschen belegt sind, was sich für die wissenschaftliche Etymologisierung des Germanischen oft genug als nachteilig erweist.

Obgleich sein Hauptaugenmerk nicht dem Germanischen, sondern allen indogermanischen Sprachen gilt, muss das *Lexikon der indogermanischen Verben*, kurz LIV, doch erwähnt werden, das im Jahre 2001 in zweiter Auflage erschien. Zusammen mit Seebold (1970) liegen damit zwei Grundlagenwerke zur Etymologie der germanischen Primärverben vor, obwohl sie weder für sich allein noch zusammen ein verlässliches Bild der etymologischen Situation der germanischen starken Verben bieten, da Seebold (1970) naturgemäß nicht immer auf dem neuesten Stand sein kann und das LIV eine beträchtliche Anzahl von starken Verben gar nicht aufführt, weil sie bislang keine indogermanische Etymologie haben (vgl. die Diskussionn in Mailhammer 2007: 153-157). Demgegenüber stehen für die nominalen Wortklassen des Germanischen lediglich das Wörterbuch von Heidermanns (1993) zu den primären Adjektiven und das Werk zum indogermanischen Nomen insgesamt von Wodtko et al. (2008) zur Verfügung. Ein wertvolles Hilfsmittel zur etymologischen Forschung ist Frank Heidermanns' *Bibliographie zur indogermanischen Wortforschung* (2005; auch als CD-ROM), die natürlich auch das Germanische zum Gegenstand hat. Es bietet einen guten Überblick über die etymologische Forschung zum Germanischen und seinen Einzelsprachen.

Die eben genannten Werken sind jedoch entweder Neuauflagen oder sie betreffen das Germanisch nur indirekt, so dass man sich des Eindrucks nicht erwehren kann, dass man die genuin neue etymologische Forschung zum Germanischen gegenwärtig nicht in Form von Wörterbüchern zu suchen braucht. Es gibt jedoch drei Forschungsvorhaben, die dieser Einschätzung zumindest teilweise widersprechen, und die wichtige Impulse für die etymologische Forschung

---

[5] Ich stimme Theo Vennemann (München) in seiner Einschätzung (e-Brief vom 23. Mai 2009) zu, dass das *Etymologische Wörterbuch des Deutschen* von Pfeifer et al. (1993) "wohl ebenso gut ist" wie das von Kluge. Es fehlt dieser Übersicht, weil es nicht in den letzten zehn Jahren erschienen ist oder neu aufgelegt wurde.

in Deutschland geben können. Die z.T. noch geplanten, z.T. bereits greifbaren Erträge dieser Projekte sind jedenfalls sehr vielversprechend und werden die etymologische Grundlagenforschung zum Germanischen spürbar bereichern, obgleich keines der Vorhaben das Urgermanische unmittelbar zum Gegenstand hat. Alle drei Forschungsvorhaben werden am Lehrstuhl für Indogermanistik der Universität Jena durchgeführt, wobei zwei davon als Langzeitprojekte von der Sächsischen Akademie der Wissenschaften gefördert werden. Es handelt sich dabei um das *Etymologische Wörterbuch des Althochdeutschen*, die *Deutsche Wortfeldetymologie im europäischen Kontext* und das *Etymologische Wörterbuch der deutschen Dialekte* (s. auch [www.indogermanistik.uni-jena.de]).

Das *Etymologische Wörterbuch des Althochdeutschen* (Leitung: Rosemarie Lühr und Maria Kouianka als Arbeitsstellenleiterin (vgl. [http://www.dwee.uni-jena.de/de/EWA.html]) vereinigt die zwei klassischen Begriffe von Etymologie, nämlich die Herkunftsetymologie und die Wortgeschichte (s. Birkhan 1985: 25ff zur Unterscheidung der Begriffe und Mailhammer 2007: 142f zur ihrer Diskussion). Zum einen werden die im Althochdeutschen belegten Wörter auf ihren germanischen bzw. indogermanischen Ursprung zurückgeführt (Herkunftsetymologie) und zum anderen wird ihre formale und semantische Geschichte bis ins Neuhochdeutsche (Wortgeschichte) nachgezeichnet. Die Perspektive der historischen Wortbildung erlaubt dabei Aussagen über das Alter der Wörter und auch darüber, ob es sich vielleicht um Lehnwörter handelt. Gerade das Thema "Lehneinfluss" hat in den letzten Jahren eine kontroverse Rolle in der historischen germanischen Sprachwissenschaft gespielt (s. 2.3.2. unten), und so darf man auf die Ergebnisse hierzu durchaus gespannt sein. Das *Etymologische Wörterbuch des Althochdeutschen* ist ein Langzeitprojekt im wahrsten Sinne des Wortes. Der erste Band erschien im Jahre 1988, der zweite zehn Jahre später und der dritte 2007. Seit dem dritten Band fördert die Sächsische Akademie der Wissenschaften dieses Vorhaben langfristig (bis 2025). Dies hat dem Projekt einen deutlichen Schub gegeben, was daran ersichtlich wird, dass der vierte Band nun bereits im Druck ist. Das *Etymologische Wörterbuch des Althochdeutschen* ist sicherlich eines der wichtigsten gegenwärtigen Projekte zur etymologischen Grundlagenforschung in Deutschland.

Das zweite Vorhaben, das an der Universität Jena angesiedelt ist und von der Sächsischen Akademie der Wissenschaften bis 2026 gefördert wird, nennt sich "Deutsche Wortfeldetymologie im europäischen Kontext" (Leitung: Rosemarie Lühr und Susanne Zeilfelder als Arbeitsstellenleiterin). Diese Projekt soll zumindest teilweise eine Parallele zum englischen *Oxford English Dictionary* sein, indem das Ziel ein "großes wissenschaftliches etymologisches Wörterbuch" (vgl. [www.dwe.uni-jena.de]) ist, das auch Wörter beinhaltet, die erst seit dem Mittelhochdeutschen, dem Frühneuhochdeutschen und in Dialekten belegt sind und bislang unetymologisiert sind. Überdies soll auch die semantische Entwicklung der Wörter anhand von Belegen dokumentiert werden, was Aussagen und Theorien der historischen Semantik direkt anhand der Beleglage nachvollziehbar macht. Ein wichtiges Novum soll jedoch die "Verbindung von Etymologie mit der Organisation des Wortschatzes nach Wortfeldern in einem modularem Aufbau sein, der eine Anordnung der Wortfelder [...] in ihrer sprachhistorischen Schichtung vorsieht" (www.dwe.uni-jena.de). Zudem sollen die Wortfelder jeweils in einem europäischen Kontext untersucht werden, wobei Lehnbezüge deutlich sichtbar gemacht werden sollen. Das gesamte Projekt ist in Form einer elektronischen Datenbank organisiert und soll online zur Verfügung gestellt werden, was angesichts der immensen Datenmenge ein großer Pluspunkt ist und sowohl die Arbeit mit dem "Wörterbuch" erleichtern als auch die Transparenz und fortwährende Überprüfbarkeit durch die Benutzer gewährleisten wird.

Schließlich soll noch auf das dritte Projekt am Jenaer Lehrstuhl eingegangen werden. Es handelt sich hierbei um ein *Etymologisches Wörterbuch der deutschen Dialekte*, ein weiteres Mammutprojekt, das die in den deutschen Dialekten seit der Zeit des Mittelhochdeutschen enthaltenen Wörter etymologisieren soll und somit in gewisser Weise komplementär zum o.g. *Etymologischen Wörterbuch des Althochdeutschen* ist. Leider hat die Deutsche Forschungsgemeinschaft dieses Projekt nach einer zweijährigen Pilotphase nicht mehr weiter unterstützt, so dass es nun quasi "in Eigenregie" (Sabine Ziegler und Sergio Neri) weitergeführt wird, obgleich weiterhin Bemühungen um eine finanzielle Unterstützung im Gange sind. Es bleibt zu hoffen, sie erfolgreich sind, denn auch dieses Vorhaben stellt wichtige Ergebnisse zur Etymologie des Deutschen und damit auch indirekt zum Germanischen in Aussicht.

Insgesamt lässt sich also feststellen, dass es in Deutschland durchaus einige Aktivität im Bereich der klassischen etymologischen wörterbucherstellenden Forschung gibt, wobei allerdings auch gesagt werden muss, dass keines der genannten Vorhaben und Arbeiten das Urgermanische direkt betreffen (mit Ausnahme von Orels *Handbook of Germanic Etymology* von 2003, das aber kein in Deutschland erarbeitetes Werk ist).

2.2. Einzelstudien im Bereich der klassischen Etymologie

Obwohl die Zahl an rein etymologischen – nämlich "herkunftsetymologischen" – Arbeiten aus Deutschland, die in den letzten zehn Jahren erschienen sind bzw. in Arbeit sind, relativ überschaubar ist, würde es den Rahmen dieser Arbeit sprengen wenn man versuchte, sie alle aufzuzählen oder gar zu besprechen. Es soll im Folgenden darum gehen, einige wichtige Arbeiten zu nennen und generelle Tendenzen aufzuzeigen. Dabei sollen Untersuchungen eine besondere Rolle spielen, die weiterreichende Implikationen enthalten, ohne dass diese jedoch immer von den Verfassern explizit genannt werden. Generell entsteht der Eindruck, dass die Rückführung eines germanischen Wortes, gleich welcher Sprachstufe, auf seine indogermanische Wurzel und die Untersuchung aller anderen Fakten, die zu einer vollwertigen Etymologie gehören, so etwas wie eine aussterbende Kunst zu sein scheint. Nur wenige junge Kolleginnen und Kollegen in Deutschland scheinen daran interessiert, Einzelwörter oder kleine Wortgruppen bis zum Entstehungszeitpunkt zurückzuverfolgen. Die überwiegende Zahl solcher Arbeiten wird von älteren Forschern verfasst, was sicherlich auch mit dem enormen Wissen zusammenhängt, das man für das Aufstellen von Etymologien in einer so intensiv erfoschten Sprache wie dem Germanischen braucht.

Andererseits ist auch immer wieder deutlich gemacht worden, dass die Ansicht vom vermeintlich gut erforschten Germanischen in wesentlichen Punkten unzutreffend ist. So besitzt fast die Hälfte aller germanischen starken Verben keine akzeptierte Etymologie (vgl. Mailhammer 2007). Es ist offensichtlich, dass die Etymologisierung von starken Verben zu den Desiderata der historischen germanischen Sprachwissenschaft gehört, und das nicht nur wegen der weiteren Implikationen für die Geschichte des Germanischen. Dennoch scheint eben gerade die intensive Beschäftigung mit der germanischen Etymologie kein besonderes Interesse auf sich zu ziehen. Interessanterweise gilt das nicht für die Richtung der Etymologie, die oft "Wortgeschichte" genannt wird (s.o.). In diesem Bereich hat sich die Forschung in den letzten Jahren geradezu intensiviert. Allerdings befassen sich Arbeiten aus diesem Bereich normalerweise nicht mit rekontruierten Sprachstufen wie dem Urgermanischen, sondern beginnen meist bei belegten Sprachstufen, so dass Untersuchungen dieser Art für die Zwecke dieser Arbeit unberücksichtigt bleiben können.

Etymologische Arbeiten im klassischen Sinne sind beispielsweise Aufsätze von Alfred Bammesberger (z.B. 2006, 2008) und Eugen Hill (z.B. 2002), in denen z.T. neue Etymologien vorgeschlagen, bzw. vorliegende verbessert werden.

Eine Arbeit, die neue Erkenntnisse für die Etymologisierung von augenscheinlichen primären Verben in indogermanischen Sprachen generell und damit auch im Germanischen liefert, ist Neri (2007). Neri schlägt vor, dass sich urg. *fallanan (ohne klare Etymologie, vgl. Mailhammer 2007: 224 mit neuerer Literatur und ausführlich bereits Seebold 1970: 182) etymologisieren lässt, wenn man annimmt, dass es sich hierbei um eine Zusammenziehung von einer Wurzel uridg. *h_3elh_1- 'zugrunderichten' und dem Präverb uridg. *po- 'weg, hinfort' (Hill i.E.) handelt. Solche Kontraktionen sind häufig, vgl. nhd. Glaube, ne. answer 'antworten', für starke Verben ist dies bislang jedoch wohl noch nicht in Publikationen in Erwägung gezogen worden.[6] In seiner Besprechung in

---

[6] Den Hinweis auf nhd. Glaube verdanke ich Theo Vennemann (München). Überdies verdanke ich ihm die Information, dass Reinhard Lehmann (Mainz) für urg. *fallanan eine semitische Etymologie angeregt hat, die ebenfalls auf dem Kontraktionsprinzip beruht.

Kratylos (i.E.) vermutet Eugen Hill, dass dies durchaus ein Mechanismus sein könnte, der einigen bislang unetymologisierten germanischen Verben, eine Etymologie beschert.[7] Als Erklärungsmöglichkeit muss diese "grundlegende Erkenntnis, dass primär wirkende Verben in solchen Einzelsprachen wie Althochdeutsch, Armenisch oder Litauisch auf Zusammenziehungen von anders anlautenden Verbalstämmen mit alten Präverbien zurückgehen können" (Hill i.E.), immerhin als Fortschritt im Bereich der etymologischen Forschung bezeichnet werden.

2.3. Etymologie
im größeren Zusammenhang der historischen Sprachwissenschaft

In diesem Abschnitt soll auf einige Arbeiten eingegangen werden, bei denen Etymologien primär dazu benutzt werden, um über die Herkunft eines Wortes hinausweisende Hypothesen zu untermauern. Wie oben erwähnt, können dies z.B. Lautgesetze sein, oder auch komplexere Theorien zur Geschichte einer Sprache, wie die Theorie zur Entstehung des Germanischen von Theo Vennemann, auf die weiter unten eingegangen wird.

2.3.1. Etymologie im Dienste der historischen Sprachwissenschaft

Rezente Arbeiten, bei denen die Wortbildung des Urgermanischen im Fokus steht, sind Schaffner (2001) und Widmer (2006). Schaffner (2001) untersucht Spuren von innerparadigmatischem grammatischem Wechsel im Urgermanischen mit dem Ziel, so germanischen Wörtern verschiedene historische Wortbildungsmuster, d.h. urindogermanische Stammbildungstypen, zuzuordnen. So wird zum einen die historische Wortbildung des Germanischen und des Indogermanischen klarer, und zum anderen werden Etymologien aufgestellt bzw. verbessert. Ähnlich verhält es sich mit Paul Widmers Aufsatz zu den neutralen *a*-stämmigen Substantiven des Urgermanischen mit *a* in der Wurzel (Typ *þak-a-* 'Dach'). Dieser urgermanische Wortbildungstyp ist deswegen erklärungsbedürftig, weil das neutrale Genus hier unerwartet ist. Widmer (2006) schlägt nun vor, dass Substantive dieses Typs nach einer neu interpretierten Ableitungsregel zur Bildung von Substantiven von Verbaladjektiven des τομός-Typs, indem Verbalsubstantive direkt vom Verb abgeleitet werden (vgl. Widmer 2006: 443-445). Eine Veränderung der Ableitungsbasis und damit eine Neuinterpretation der Wortbildungsregel, gerade im Bereich von deverbalen Substantiven von starken Verben findet sich im Urgermanischen relativ häufig, bedingt durch den systematischen Ausbau des Ablautsystems (vgl. Mailhammer

---

[7] Eine erste, kursorische Dursicht des Materials zu den starken Verben durch Eugen Hill und den Verfasser dieses Artikels erbrachte zwar keine positiven Ergebnisse, was aber nichts heißen muss.

2008; zum Prinzip der Reinterpretation der Ableitungsbasis in der Wortbildung s. Becker 1990).

Als Beispiele für phonologische Schlussfolgerungen im Zusammenhang mit etymologischen Forschungen seien hier die Arbeiten von Vennemann (2000) und Hill (2005) genannt. Hill (2005) schlägt vor, das Nebeneinander von "ae. poet. *læsest*, afr. *lêst* 'besonders klein', das auf urg. **laisista*- zurückgehen muß, neben ae. kent. *lærest*, afr. *lêrest* mit derselben Bedeutung, das urg. **laizista*- voraussetzt" (Hill 2005: 101), sich dadurch erklären lässt, wenn man annimmt, dass durch eine vorurgermanische Akzentverschiebungsregel ein sekundäres Paradigma entstand, das einen um eine Silbe nach hinten verschobenen Akzent besaß, woraus Akzent-Dubletten (und damit im Germanischen auch Verner-Dubletten) entstehen konnten. Diese Annahme wird durch den ähnlichen Fall verschiedener Wörter, die zur 'Wind'-Sippe gehören, gestützt, so dass Hill (2005) nicht nur einen Beitrag zur Etymologisierung, im Sinne der historischen Wortbildung, sondern auch zur diachronen Entwicklung des Germanischen leistet.

Theo Vennemanns Artikel, "Triple-Cluster Reduction: Etymology without Sound Laws?" rüttelt an den Grundfesten etymologischen Arbeitens, da die methodologische Notwendigkeit von Lautgesetzen im junggrammatischen Sinn in Frage gestellt wird. Aus diesem Grund soll hier eine etwas ausführlichere Besprechung erfolgen. Die Grundlage des Artikels bilden die sog. Präferenzgesetze für die Silbenstruktur (Vennemann 1988). Wie der Name schon andeutet, geht es bei diesem Gesetztyp zunächst darum, eine Präferenz von strukturellen Parametern auszudrücken, etwa, dass Silben universell einen möglichst einfachen und wenig sonoren Kopf bevorzugen (sog. Kopfgesetz, vgl. Vennemann 1988: 13-14). Dadurch ergibt sich zunächst einmal eine Motivation für Sprachwandel, nämlich wenn eine Sprache Strukturen aufweist, die nicht dieser Präferenz entsprechen, also etwa sehr komplexe Silbenköpfe, um das Beispiel fortzuführen.

Nun nimmt Vennemann an, dass zunächst diejenigen Strukuren "verbessert" werden, die bezüglich eines Parameters am weitesten von dem in dem jeweiligen Präferenzgesetz ausgedrückten Zustand entfernt sind (sog. Diachronische Maxime, vgl. Vennemann 1988: 2). Ist eine "schlechte" Struktur verbessert, so kann vorhergesagt werden, dass die nächste Verbesserung, die vormals zweitschlechteste Struktur betrifft und so fort, bis im Idealfall alle Strukturen dem entsprechenden Präferenzgesetz angepasst sind. Die Forderung des Präferenzgesetzes stipuliert zunächst allerdings nur eine allgemeine Verbesserung, woraus dann eine konkrete Beschränkung abgeleitet werden kann. Bei der Umsetzung dieser Beschränkung hat eine Sprache dann einige Freiheiten. Das betrifft erstens die Konsequenz der Umsetzung und zweitens die Art der Umsetzung. Es müssen nicht notwendigerweise alle Strukturen, die die Beschränkung verletzen, verändert werden, und eine Veränderung muss nicht notwendigerweise einheitlich sein (vgl. Vennemann 2000a: 255-256). Dies kann anhand des Englischen verdeutlicht werden. In der Geschichte des Englischen wurden Konsonantengruppen aus velarem Plosiv und *n*, allgemein *Kn-*, generell durch Eliminierung des *K* verbessert, vgl. *knee* 'Knie', *gnaw* 'nagen' (vgl. die detaillierte Darstellung in Lutz 1991: 236-244). Dieser Regel wurden im Allgemeinen auch Lehnwörter unterworfen. Allerdings gibt es auch Lehnwörter, die den Plosiv nicht eliminieren, vgl. *Knossos*, *Knesset*, und solche, die die Anlautgruppe durch Anaptyxe aufbrechen, vgl. *Canute* (vgl. Lutz 1991: 220, Fn. 67). Die Beschränkung gegenüber Köpfen mit *Kn-* im Englischen ist also nicht absolut und auch die Art der Kopfverbesserung nicht, wenngleich sich doch eine klare Tendenz zeigt.

Vor diesem Hintergrund untersucht Theo Vennemann einige indogermanische Wörter, die mit einiger Begründung als etymologisch zusammengehörig gesehen werden können, allerdings nicht im traditionellen Sinne, weil sie nicht durch entsprechende junggrammatische Lautgesetze verbunden werden können. Aus der Tatsache, dass das Urgermanische wohl *skr-* als wortinitialen Kopf aufweist, nicht aber *skl-* und *skn-*, die beide nach dem Kopfgesetz als schlechter eingestuft werden, leitet Vennemann eine Beschränkung für das ältere Germanisch ("older Germanic", S. 242) ab, nämlich, dass ererbte *skl-*Anlautgruppen grundsätzlich nicht toleriert und in der Folgezeit vereinfacht werden (Vennemann 2000a: 242). Es sei hier kurz auf zwei Beispiele eingegangen.

So verbindet er z.B. lat. *claudere* 'schließen' und nhd. *schließen*, die in den Wörterbüchern zwar zusammengestellt werden, ohne jedoch die formalen Details zu klären (vgl. Kluge 2002, s.v. *schließen*), durch Anwendung seiner Beschränkungsregel gegen *skl-*Anlautgruppen. Indem nhd. *schließen* als eine vorgermanische Variante von lat. *claudere* mit *s*-mobile aufgefasst wird (urg. **skleuta-*), deren *skl-*Anlaut durch Eliminierung des *k* vereinfacht wurde, gelingt der Anschluss problemlos (Vennemann 2000a: 243). Eine andere Möglichkeit, die dispräferierten Anlautgruppe zu verbessern, zeigt Vennemann (2000a: 243-244) anhand des Vergleichs von nhd. *schließen* und ne. *shut* 'schließen', ae. *scyttel* 'Bolzen, Riegel' und nhd. *Schlüssel*. Indem eine voreinzelsprachliche Form der o.g. Wurzel mit anlautendem *skl-* nämlich zum Althochdeutschen hin durch Eliminierung des *k* verbessert wurde, wurde dieselbe Form im Altenglischen durch Eliminierung des *l* verbessert.

Aus dem vorgestellten Ansatz, etymologische Verbindungen durch die Anwendung präferenztheoretischer Beschränkungen herzustellen, leitet Vennemann (2000a: 256) eine methodologische Schlussfolgerung für etymologisches Arbeiten ab:

Sound laws in the Neogrammarian sense are recognized as a limiting case of constraint implementation. Unexceptionability of constraint-implementing sound laws is a possibility but not the rule. [...] The Neogrammarian methodology was based on the false view that sound change is deterministic. [...] We now have a better understanding of the extent to which sound change is indeed unexceptionable and especially of the extent to which it is not. Whereas on the seemingly firm basis of unexceptionability many etymological connections among words of similar sound and meaning were in the past not seen at all or viewed as uncertain, a sizeable number of them will in the future be viewed as certain on the instable, probabilistic ground of a developing theory of constraint implementation.

Es scheint an dieser Stelle sinnvoll, auf zwei Details hinzuweisen. Die erste betrifft die Kompatibilität zwischen dem vorgeschlagenen Weg und dem traditionellen, die zweite betrifft die von Vennemann vorgestellte Methode. Nach Vennemann (2000a) sind Lautgesetze Spezialfälle der Implementierung der Beschränkungen bzw. besonders verlässliche Regeln. Ihre Wichtigkeit leugnet Vennemann (2000a) nicht, aber die Tatsache, dass sie die einzige Möglichkeit darstellen, formale Verbindungen zwischen Wörtern herzustellen, bedarf seiner Ansicht nach einer Revidierung. Es scheint m.E. aber wichtig darauf hinzuweisen, dass eine Anwendung der neuen Methode keinen "Blankoscheck" darstellen kann, der dem wilden Etymologisieren Tür und Tor öffnet. Wie von Vennemann (2000a) gezeigt, müssen sowohl die vorgeschlagene Beschränkung theoretisch und anhand des Materials sehr gut ausgearbeitet sein, und dann muss die Anwendung stringent diesem vorgezeichneten Pfad folgen. Genau dieses Element verleiht dieser Methode ein so großes Erklärungspotenzial und ist gleichzeitig ein großes Problem, weil eine Falsifizierung einer Etymologie nur dann möglich ist, wenn sie sorgfältig ausgearbeitet wurde. Aus diesem Grund vermittelt ein Lautgesetz den Eindruck man stünde auf festem Boden. Doch das kann trügerisch sein, wenn klare etymologische Verbindungen dabei übersehen werden.

Zum Ende dieses Abschnitts möchte ich noch auf Mailhammer (2007) eingehen, weil die Ergebnisse durchaus bedeutsam für die weitere etymologische Forschung sind. Aus methodologischer Sicht sind hierzu vor allem zwei Dinge zu nennen, nämlich erstens, dass Etymologien qualitativ einigermaßen objektiv zu bewerten sind, und zweitens, dass man etymologische Korpora, z.B. Wörterbücher, nach diesen Kriterien quantifizieren kann.

Auf der Basis des Gedankens, dass Etymologien qualitativ zu bewerten sind und dass hierzu Kriterien aufgestellt werden können (vgl. Seebold 1980), wurde ein System erarbeitet, das die eine quantitative Analyse von Kombinationen etymologischer Korpora ermöglicht. Dann wurden die vorliegenden Korpora, die etymologische Informationen zu den germanischen starken Verben enthalten (Seebold 1970, LIV und weitere Quellen), quantifiziert. Die Etymologien für das Korpus der sicher für das Urgermanische rekonstruierbaren Verben wurden in vier Qualitätskategorien eingeteilt, die sich an Seebolds Einschätzungen orientieren.

Die Ergebnisse dieser quantitativen Analyse sind ein zweites wichtiges Resultat von Mailhammer (2007), weil sie die allgemein verbreitete Ansicht von der relativ guten Etymologisiertheit der germanischen starken Verben (vgl. z.B. Meid 1971: 42) widerlegen. Nach Mailhammer (2007: 168-169) besitzen nämlich 45,3% aller sicher belegten starken Verben keine allgemein akzeptierte Etymologie und nur 19,9% können sicher als indogermanisch etymologisiert gelten. In den restlichen Fällen sind die vorliegenden etymologischen Entsprechungen mehr oder weniger sicher.

Die quantitative Untersuchung in Mailhammer (2007) ist aber nicht nur relevant als "Suchhilfe", sondern auch in Verbindung mit weitreichenderen Implikationen, da sich natürlich die Frage stellt, warum soviele Primärverben bislang unetymologisiert geblieben sind. Auf diese Frage gibt es viele mögliche Antworten. Eine mögliche Erklärung für die hohe Zahl der nicht-etymolgisierten starken Verben wird durch Theo Vennemanns Theorie zur Entstehung des Germanischen gegeben, auf die im nächsten Abschnitt eingegangen werden soll. Eine andere Erklärung ist, dass dies forschungsgeschichtlich begründet ist (vgl. dazu Hill i.E.), und es ist theoretisch auch denkbar, dass das Germanische Primärverben im großen Stil neu gebildet hat (vgl. etwa Salmons 2004).[8]

Eine Tatsache lässt sich jedoch ganz klar aus dem Befund von Mailhammer (2007) ableiten: Das Germanische ist etymologisch weitaus weniger gut erforscht als allgemein angenommen und es besteht demzufolge noch erheblicher Forschungsbedarf, bei dem aber keine Richtung a priori ausgeschlossen werden sollte.

2.3.2. Urgermanisch im Kontakt mit nicht-indogermanischen Sprachen?

In den letzten 20 Jahren ist in München von Theo Vennemann eine Theorie entwickelt worden, durch die die alte Diskussion um die Frage, ob und wenn ja in welchem Umfang das Urgermanische nicht-indogermanischem Einfluss ausgesetzt war, in erheblichem Maße wiederbelebt worden ist. Diese Theorie hat

---

[8] Man vergleiche das klassische Problem, auf das man bei der Anwendung der vergleichenden Methode in Australien stößt: Viele Sprachfamilien haben extrem niedrige Prozentsätze von Wörtern, die auf einen gemeinsamen Ursprung zurückgeführt werden können. In vielen Fällen wird dabei mit Neubildungen im großen Stil gerechnet, wobei dort aber ganz andere historische Verhältnisse herrschen als in der Vorgeschichte des Germanischen.

bislang nicht nur zur Etymologisierung des germanischen Wortschatzes, sondern auch zur Methodologie einer etymologischen Teildisziplin beigetragen, die man "Kontaktetymologie" nennen könnte.

Seit Beginn der modernen Sprachwissenschaft wird die Ansicht vertreten, dass insbesondere das Germanische dem Kontakt mit nicht-indogermanischen Sprachen ausgesetzt gewesen sei, die (meist) als Substrat den indogermanischen Charakter des Germanischen verändert hätten. Nahezu alle dementsprechenden Thesen kranken jedoch daran, dass weder die Kontaktphänomene selbst noch die Kontaktsprachen klar benannt wurden, wie das die moderne Sprachkontaktforschung verlangt (vgl. etwa den methodologischen Überblick in Thomason & Kaufman 1988: 28-35) und wie es für eine wissenschaftliche Auseinandersetzung notwendig ist. Überdies zeigte bereits Vennemann (1984) unter Anwendung sprachkontakttheoretischer Prinzipien, dass für das Urgermanische keinesfalls nur mit Substrateinfluss gerechtet werden muss, sondern in erheblichem Ausmaß auch mit Superstrateinfluss.

Zuerst stellt sich die Frage, wieso überhaupt das Germanische nicht-indogermanischem Einfluss ausgesetzt gewesen sein soll, bzw. wieso man überhaupt außerhalb des indogermanischen nach etymologischen Verknüpfungen für germanische Wörter suchen soll. Von einem rein sprachwissenschaftlichen Standpunkt gibt es dazu zwei Antworten. Erstens enthält der germanische Wortschatz einen nicht unerheblichen Anteil von unetymologisierten Wörtern. Die tradierte Zahl beläuft sich auf etwa ein Drittel (vgl. die Literaturübersicht in Vennemann 1984) und für die starken Verben, immerhin einen Kernbereich des Wortschatzes, muss man von deutlich über 40% ausgehen (vgl. 2.3.1. oben). Obgleich das Germanische unbestreitbar eine indogermanische Sprache ist und man geneigt ist, dessen Lexikon grundsätzlich als ererbt anzusehen, ist es eine Binsenweisheit der Sprachwissenschaft, dass eine Sprache ohne Fremdeinfluss eine Rarität ist. Das heißt natürlich noch lange nicht, dass das Germanische nicht-indogermanischem Einfluss ausgesetzt gewesen sein muss, aber wenn man eins und eins zusammenzählt, kommt man auf Folgendes: Trotz einer langen Tradition der sprachwissenschaftlichen Erforschung ist der Anteil der unetymologisierten Wörter relativ hoch (vgl. die Vergleichszählungen in Mailhammer 2007 für das Griechische und das Sanskrit), was zwar nichts heißen muss angesichts der Zeittiefe, der Beleglage usw. Allerdings wäre es methodologisch nicht gerade umsichtig, nicht-indogermanischen Einfluss auszuschließen.

Zweitens zeigt das Urgermanische einige bekannte strukturelle Auffälligkeiten, die bislang unerklärt, d.h. unmotiviert, geblieben sind. So ist z.B. völlig unklar, warum das Germanische ausgerechnet den Ablaut, ein weitgehend redundantes morphologisches Mittel des Urindogermanischen, zum zentralen Funktionselement der Stammbildung und zum zentralen Ordnungselement seiner Primärverben auserkor. Weitere Fragen betreffen die Reduktion des verbalen Kategoriensystems, die Wortstellung, den Initialakzent usw.

Aus diesen Überlegungen lässt sich der Schluss ziehen, dass, wenn schon bisherige Forschungen, die mit internen Ansätzen operiert haben, all diese Probleme nicht gelöst haben, ein Blick über den Tellerrand nicht nur erlaubt, sondern geradezu geboten ist. Genau das ist der Ansatz, dem die Theorie von Theo Vennemann folgt. Wenn man die problematischen Wörter des Germanischen nach sprachkontakttheoretischen Gesichtspunkten ordnet, dann erkennt man rasch, dass es sich dabei sowohl um prototypisches Superstrat- als auch um Substratvokabular handelt (vgl. Vennemann 1984). Der nächste Schritt ist die Entwicklung eines Sprachkontaktszenarios auf realgeschichtlicher Basis, um mögliche Kontaktsprachen identifizieren zu können. Ich werde die Besprechung dieses Schritts in Theo Vennemanns Theorie aus Platzgründen überspringen und verweise stattdessen auf die wichtigsten einschlägigen Publikationen (Vennemann 2000b, 2003, 2004). Für die Zwecke dieses Überblicksartikels ist es ausreichend, zu erwähnen, dass nach Vennemanns Theorie das Germanische von einem "vaskonischen" Substrat und einem punischen (phönizischen) Superstrat beeinflusst wurde.[9] Somit ergeben sich zwei Teiltheorien für die Vorgeschichte des Germanischen, eine vaskonische und eine punisch-phönizische.

Der wohl bekannteste Beitrag zur Etymologisierung des germanischen Wortschatzes, den die vaskonische Theorie bislang geleistet hat, liegt auf dem Gebiet der Ortsnamenforschung (vgl. die einschlägigen Beiträge in Vennemann 2003 und auch Welscher 2005, die Vennemanns Theorie auf den Balkan anwendet). Vennemann zufolge ist die gesamte Krahesche "Alteuropäische Hydronymie" (vgl. Krahe 1964) grundsätzlich nicht als indogermanisch sondern als vaskonisch aufzufassen. Dass die Alteuropäische Hydronymie indogermanisch sein soll, ist schon alleine deswegen sehr unwahrscheinlich, weil die Indogermanen auf keinen Fall die ersten Siedler in Europa nach der letzten Eiszeit waren. Abgesehen von der eiszeitlichen "Urbevölkerung", die in den Rückzugsgebieten südlich der Alpen überlebt hatten und nach Ende der Eiszeit nach und nach Europa wiederbevölkerten, brachte der Ackerbau noch mindestens eine weitere Gruppe Menschen nach Europa, so dass die Indogermanen überall auf der

---

9   Mit "vaskonisch" bezeichnet Vennemann Sprachen, die mit dem heutigen Baskisch verwandt sind bzw. waren. Das Punische, die Sprache Karthagos, ist ein phönizischer Dialekt. Für Beeinflussung des Germanischen ist nach Vennemanns Theorie das Punische die primäre Kontaktsprache, es ist jedoch nicht auszuschließen, dass auch andere phönizische Dialekte eine Rolle gespielt haben (vgl. Vennemann 2004). Die von Vennemann angenommene Kontaktsituation zwischen dem (Vor-)Urgermanischen und dem Punischen ist ausführlich dargestellt in Mailhammer (2006).

Grundlage von schon vorhandenen Sprachen siedelten (vgl. den Überblick zur sprachlichen Vorgeschichte Europas in Mailhammer i.E.).[10]

Das heutige Baskisch muss als letztes Überbleibsel der mesolithischen, vor-indogermanischen Bevölkerung Europas gelten (vgl. auch Trask 1997: 8). Wenn sich nun fast die gesamte Alteuropäische Hydronymie und auch ein System von europaweit verbreiteten Ortsnamen aus dem Vaskonischen plausibel deuten ließe, müsste man entweder mit extremem Zufall rechnen oder daraus schließen, dass die Ahnen der heutigen Basken die Krahesche Alteuropäische Hydronymie geschaffen haben, so wie Vennemann dies annimmt. Die Kritik gegen Vennemanns Theorie hat auch genau an diesem Punkt angesetzt, ohne jedoch fatale Gegenargumente zur ihrer Falsifikation oder eine tragbare Gegenthese vorzubringen (vgl. z.B. Baldi & Page 2006: 2210-2214 mit Literatur).

Es ist offensichtlich, dass die größte methodologische Herausforderung in der Zeittiefe liegt, und trotz der Probleme, die dies mit sich bringt, muss Vennemanns vaskonische Theorie doch als wichtiger Impuls in der europäischen Ortsnamenforschung angesehen werden. Gleichgültig, welche Sprache nun für die Krahesche Alteuropäische Hydronymie verantwortlich ist, die These von ihrer Indogermanizität wird sich wohl nicht mehr aufrecht erhalten lassen.[11] Zusätzlich zur Toponomastik hat die vaskonische Theorie auch Etymologien für Appellativa geliefert, die zum großen Teil zum typischen Substratwortschatz gehören (vgl. z.B. Vennemann 1995 [2003: Kap. 7]).

Der zweite Teil von Theo Vennemanns Theorie ist der Beitrag des Punisch-Phönizischen zur Entstehung des Germanischen. Aus etymologischer Sicht ist diese Teiltheorie vor allem aus zwei Gründen interessant. Erstens sind in ihrem Rahmen eine ganze Reihe von Etymologien für germanische Wörter

---

[10] Weitere sprachliche Argumente gegen die Indogermanizität der Alteuropäischen Hydronymie finden sich in Vennemann (1994 [2003: Kap. 6]); vgl. auch die ausführliche Diskussion in Welscher (2005: 27-68).

[11] Es muss Baldi & Page (2006: 2213) unbedingt widersprochen werden, wenn sie schreiben, dass die Indogermanizität der Alteuropäischen Hydronyme die Nullhypothese sein müsse, weil die Struktur der Hydronyme kompatibel mit dem Indogermanischen sei und weil die Hydronyme in einer Gegend vorkämen, in der die Indogermanen gelebt hätten. Erstens erstreckt sich die Hydronymie nicht auf Indien, was sie aber tun sollte, wenn sie indogermanisch wäre. Zweitens, ist eine strukturelle Übereinstimmung vieler Wurzeln mit dem Indogermanischen in wesentlichen Punkten nicht gegeben (vgl. auch Mailhammer 2004: 3). Drittens, sollte die Nullhypothese sein, dass die Menschen, die vor den Indogermanen Europa bevölkerten, für die Hydronymie verantwortlich waren, und das Vaskonische konnte bislang von den Experten nicht als mögliche Sprache der Alteuropäischen Hydronymie ausgeschlossen werden (vgl. ausführlich Trask 1997 und Diskussion in Mailhammer 2004). Das Argument von Baldi & Page erinnert an die Geschichte von dem Mann, der in der Nacht seinen verlorenen Hausschlüssel unter der Straßenlaterne sucht, nicht weil er glaubt, ihn dort verloren zu haben, sondern weil es dort heller ist.

entstanden, die zuvor keine oder nur wenig überzeugende außergermanische Verknüpfungen besaßen. Darunter sind einige, die weiterreichende, realgeschichtliche Implikationen für die Entstehung des Germanischen besitzen. Zweitens ist diese Teiltheorie ein Beispiel für die notwendige Anwendung der methodologischen Grundforderungen der modernen Sprachkontaktforschung auf die Etymologie. Gerade bei Kontaktetymologien ist die strenge Einhaltung von methodologischen Grundsätzen besonders wichtig, weil sonst der grenzenlosen Spekulation Tür und Tor geöffnet sind.

Die wichtigsten methodologischen Anforderungen sind das Vorliegen eines realgeschichtlich existierenden Kontaktszenarios, die Identifikation einer Kontaktsprache und eines Kontaktetymons (bevorzugt ein Wort und nicht nur eine Wurzel), und schließlich die rein sprachwissenschaftliche Arbeit der formalen und semantischen Verknüpfung. Aus sprachwissenschaftlicher Sicht ist naturgemäß der letztgenannte Punkt der entscheidende. Im Gegensatz zu einer "normalen" Etymologie ergibt sich die zusätzliche Komplikation der Sprachkontaktsituation. Während bei einer "normalen Weitergabe" im Sinne von Thomason und Kaufman (1988) ein Wort von einer Generation von Muttersprachlern derselben Sprache weitergegeben wird, wird in einer Sprachkontaktsituation ein Wort von einem Muttersprachler einer Sprache an einen Muttersprachler einer anderen Sprache weitergegeben. Der entstehende "Flüsterposteffekt" ist im zweiten Fall natürlich höher, vor allem, wenn man bedenkt, dass die Sprecher der nehmenden Sprache die Gebersprache nicht beherrschen.[12] Im Entlehnungsprozess kommt es notwendigerweise zu Lautsubstitutionen, und historisch gut dokumentierte Fälle lehren, dass hierbei mitunter unerwartete und nicht immer konsequente Ersetzungen auftreten können (vgl. z.B. Handbücher, wie van Coetsem 2000: Kap. 1 und Winford 2003: Kap. 2). Gerade deswegen setzt eine Kontaktetymologie die Ausarbeitung eines sprachwissenschaftlich plausiblen Szenarios voraus, das die Spezifikationen der Kontaktsprachen und die Grundsätze der Sprachkontaktforschung berücksichtigt. Wie schon bei der vaskonischen Theorie gehe ich hier nicht näher auf die Kontaktsituation ein (vgl. Vennemann 2003, 2004, und Mailhammer 2006), sondern möchte mich auf wenige wichtige Beispiele konzentrieren, die zeigen, dass diese Theorie trotz allem doch ein nicht zu unterschätzendes Erklärungspotenzial zur Etymologisierung des Germanischen besitzt.

Zwei Wörter, bei denen die Lautentsprechungen schon so etwas wie eine minimale Generalisierung erlauben, sind urg. *erþ-ō- 'Erde' (Vennemann 1995: 94

---

12 Genauer gesagt, im Falle des Sprachwechsels beherrschen die Sprecher der wechselnden Sprache die Zielsprache noch nicht, und die Sprecher der Zielsprache haben kein Interesse, die Substratsprache zu erlernen. Letzteres beschreibt auch die Situation der Entlehnung. Die Sprecher der entlehnenden Sprache haben kein wirkliches Interesse daran die Sprache, aus der sie ihre Wörter entlehnen, zu erlernen.

[2003: 254f]) und *aþal- 'Adel' (Vennemann 2001). Beide Wörter haben Vennemann zufolge keine überzeugende Anknüpfungsmöglichkeit innerhalb der Indogermania. Er schlägt nun vor, die gemeinsemitischen Wurzeln 'rṣ 'Erde, Land'
und 'ṣl 'fest verwurzelt, von edler Abstammung' Quellwurzeln der beiden germanischen Lexeme zu sehen. Nun ist hier zu bemerken, dass die Ersetzung des
semitischen emphatischen stimmlosen dentalen Sibilanten ṣ in beiden Fällen mit
urg. þ erfolgt, was zum einen phonetisch völlig einleuchtend ist, zum anderen
aber beide Etymologien stärkt, da sich eine Kontaktgleichung aufstellen lässt,
nämlich sem./pun.-phön. ṣ > urg. þ. Je mehr Beispiele dieser Gleichung folgen
und je mehr Gleichungen dieser Art es gibt, desto plausibler wird dieser etymologische Ansatz.[13] Es ist offenkundig, dass vor allem die *Adel*-Etymologie weitrei-
chende realgeschichtliche Implikationen besitzt, wenn sie sich als korrekt erweist.

Eine andere Möglichkeit, vermutete Entlehnungen auf ihre Plausibilität hin
zu überprüfen, ist, wie sie sich zu bekannten Lautgesetzen in der Zielsprache verhalten. Vennemann (2008) diskutiert die Repräsentation von Plosiven in einigen
von ihm vorgeschlagenen semitischen/punisch-phönizischen Quelletyma von bislang unetymologisierten germanischen Wörtern vor dem Hintergrund der sog.
Ersten/Germanischen Lautverschiebung und ihrer phonolgischen Formulierung.[14]
Aus etymologischer Sicht lassen sich im Wesentlichen zwei Ergebnisse festhal-

---

[13] Sprachwissenschaftliche Details zu beiden Etymologien: Im Punischen existieren
      Wörter aus beiden Wurzeln (vgl. z.B. Tomback 1978: 28 bzw. 31f). Die möglichen
      Vokalisierungen für 'ṣl werden in Vennemann (2001: 193-196) mit verschiedenen
      Wörtern der germanischen *Adel*-Sippe verbunden, so dass sich im vokalischen Be-
      reich 1:1-Übereinstimmungen ergeben. Die Etymologie für *Erde*, die in Vennemann
      (1995) skizziert ist, kann man in einigen Punkten präzisieren. Zunächst erscheint es
      sinnvoll, darauf hinzuweisen, dass das Nomen im Semitischen ein Femininum ist.
      Das häufigste Movierungssuffix für Feminina in den semitischen Sprachen ist -at
      (Lipiński 1997: 231), im Punischen wurde daraus lautgesetzlich -ōt und schließlich -ō
      (vgl. z.B. Segert 1976: 87). Für die punische Vokalisierung ist wegen hebr. éreṣ
      'Erde, Land' (mit anaptyktischem zweitem e, vgl. Lipiński 1997: 211; im Punischen
      erfolgt diese Anaptyxe jedoch erst im Spätpunischen, s. Segert 1976: 82) am ehesten
      der Typ $C_1aC_2C_3$ anzusetzten (e entwickelt sich in den meisten semitischen Spra-
      chen, die diesen Vokal haben, aus a, vgl. Lipiński 1997: 152-156). Vokalreduktion
      in unbetonten Silben ist ein häufiges Phänomen. Für unbetontes a und i finden sich
      häufig Schreibungen mit e (Segert 1976: 73 und Lipiński 1997: 157). Aus diesen
      Überlegungen geht hervor, dass eine durchaus mögliche Form des Wortes für 'Erde'
      im Punischen *'erṣō(t) ist, was mit Vennemanns Ersetzungsregel urg. *erþō- ergibt.
[14] Die genaue Datierung der Germanischen Lautverschiebung ist umstritten. Während
      ihr Ende im Allgemeinen für den Zeitraum 500-300 v.Chr. angenommen wird,
      herrscht für ihren Beginn kein allgemeiner Konsens. Die verbreiteteste Auffassung
      scheint wohl ein relativ früher Beginn im 2. vorchristlichen Jahrtausend zu sein, was
      aber unbewiesen ist. Mindestens genauso plausibel ist die Annahme, dass die Ger-
      manische Lautverschiebung später, etwa im 7. Jahrhundert v.Chr. begann und dann
      bis etwa 300 v.Chr. abgeschlossen war.

ten. Erstens, die Mehrheit der Wortgleichungen verhält sich der Erwartung gemäß und zeigt keine Inkonsequenzen in ihrem Verhalten in Zusammenhang mit der Germanischen Lautverschiebung (vgl. Tabelle 2, Vennemann 2008: 138). So taucht etwa ein stimmhafter Plosiv im Germanischen erwartungsgemäß entweder als *p* oder als *b* auf, je nach dem, ob man die Entlehnung vor oder nach der Germanischen Lautverschiebung ansetzt. In manchen Fällen ergeben sich sogar sog. Lautverschiebungsdubletten, nämlich dann, wenn ein Wort zweimal entlehnt wurden. Solche Fälle sind von der Zweiten/Hochdeutschen Lautverschiebung bekannt, Vennemann (2008: 137) nennt etwa nhd. *Pfalz* vs. *Palast* und andere Beispiele. Im Englischen kennen wir ein ähnliches Phänomen bei der Entlehnung französischer Lehnwörter, man denke an das wohlbekannte Beispiel aus der Literatur: *candle* 'Kerze', *chandler* 'Kerzenmacher' und *chandelier* 'Kronleuchter'. Als semitische Lautverschiebungsdublette nennt Vennemann die Götternamen *Phol* und *Balder* aus dem Zweiten Merseburger Zauberspruch, die er auf pun./phöniz. *Ba'al* 'Herr' und pun. *Baldir* 'Allmächtiger Herr' zurückführt. In manchen Fällen ergeben sich zwar auch Komplikationen und sogar unerwartete Ersetzungen, die nicht immer völlig erklärbar sind (vgl. Vennemann 2008: § 7), grundsätzlich jedoch zeigen eine ganze Reihe von systematischen Übereinstimmungen, dass Theo Vennemanns Theorie zur Entstehung des Germanischen durchaus einen ernstzunehmenden Erklärungsansatz darstellt.

Wenn man das gesamte Mosaik von Evidenzen aus sprachlichen und außersprachlichen Indizien berücksichtigt, durch die Vennemanns Theorie unterstützt wird, kommt man nicht umhin, vaskonischen und semitischen Einfluss auf das Urgermanische bzw. seine Vorläufer als eine reale Erklärungsmöglichkeit für bislang unetymologisierte Wörter und unerklärte Strukturphänomene zu sehen. Zukünftige Forschungen werden hoffentlich mehr Licht ins Dunkel bringen, wozu v.a. noch mehr Daten und Wortgleichungen notwendig sind (vgl. auch Baldi & Page 2006 an mehreren Stellen). Zwei Dinge sind jedoch evident. Erstens, ein wichtiger Teil der gegenwärtigen etymologischen Forschung zum Germanischen findet im Rahmen dieser alternativen Konzeption der sprachlichen Vorgeschichte des Germanischen statt. Zweitens, dieser alternative Weg ist durchaus nicht als "unseriös" oder "rein spekulativ" o.ä. abzutun; die bewusste Ausklammerung eines Erklärungsansatzes wäre methodologisch ohnehin fragwürdig. In ihrer Rezension von Vennemann (2003) machen Baldi & Page (2006: 2216) genau dies deutlich:

> We hope in this review to have made it clear that, while we disagree with part of what V[ennemann] has proposed, we also applaud his efforts to reassess the role and extent of language contact in the development of Indo-European languages in Europe. We remain eager to learn more about this fascinating approach to the prehistory of European language and culture.

2.4. Etymologische Forschung:
Orte, Personen und Veranstaltungen

Aus den vorangegangenen Abschnitten geht bereits hervor, dass die gegenwärtige etymologische Forschung zum Germanischen in Deutschland sich auf
wenige Orte und Personen konzentriert. Als Zentren können klar die Universitäten Jena, München und in begrenztem Umfang auch Eichstätt ausgemacht werden; die dort arbeitenden Forscher sind bereits zum großen Teil durch ihre Arbeiten oben genannt worden. Insgesamt ist es also nicht so, dass es keine etymologische Aktivität auf dem Gebiet des Germanischen gäbe. Es lassen sich auch
einige Veranstaltungen der letzten Jahre aufzählen, die in Deutschland stattfan-
den oder von deutschen Wissenschaftlern organisiert worden sind und bei denen
die Etymologie des Germanischen eine wichtige Rolle spielte, so etwa der
Workshop "Origin of Germanic" bei der 18th International Conference on Historical Linguistics in Montréal (Organisatoren: Kurt Braunmüller und Theo
Vennemann) und das Symposium "Sprachliche Wurzeln Europas" (Universität
München, 2007). Dazu kommt auch die Arbeitstagung der Indogermanischen
Gesellschaft 2009 zum Thema "Die Ausbreitung des Indogermanischen". Insgesamt jedoch muss festgestellt werden, dass die Zahl der Wissenschaftler, die in
Deutschland zur Etymologie des Germanischen forschen, ausgesprochen niedrig
ist, und das schlägt sich eben auch institutionell und über die Zahl und Größe
von einschlägigen Veranstaltungen nieder. Es lässt sich aber vermuten, dass das
kein spezifisch deutsches Phänomen ist. Marc Pierce (Austin) organisierte beispielsweise bei der Jahrestagung der Germanic Linguistics Society 2009 einen
Workshop zur germanischen Etymologie, der mit vier Teilnehmern (darunter
immerhin zwei aus Deutschland) nicht gerade zum Bersten gefüllt war. Es
scheint, als sei die germanische Etymologie überhaupt ein Thema, das derzeit
auch international kein großes Interesse hinsichtlich aktiver Forschung auf sich
zieht.

2.5. Zusammenfassung der Forschungssituation
zur Etymologisierung des germanischen Wortschatzes

Ein wichtiges Forschungsergebnis der einschlägigen Forschung der letzten
zehn Jahre ist, dass der germanische Wortschatz etymologisch bei weitem nicht
so gut erforscht ist, wie lange Zeit angenommen. Dies gilt insbesondere für die
starken Verben, die ja zum Kernwortschatz gehören. Obgleich die in der Literatur tradierte Zahl von einem Drittel unetymologisierter Wörter im germanischen
Lexikon bislang nicht verifiziert worden ist, erscheint sie angesichts des hohen
Prozentsatzes unbekannter Wörter im Verbalbereich nicht zu hoch gegriffen.
Wie auch immer das Resultat einer solchen Überprüfung für das Gesamtlexikon
aussehen würde, für den Bereich der Primärverben besteht in jedem Fall drin-
gender Handlungsbedarf. Was Wortfelder und Sachgebiete anbelangt, so ist

nach Sabine Ziegler (e-Brief vom 25. Februar 2009) der medizinische Wortschatz ganz gut erforscht. Das Beispiel der starken Verben mahnt allerdings unbedingt zur Vorsicht hinsichtlich jeglicher Einschätzung, die nicht eingehend überprüft worden ist. So erscheint etwa der Bestand der germanischen Kernnomina als weitgehend gut etymologisiert. Inwieweit das den Tatsachen entspricht, kann jedoch mangels einer einschlägigen quantitativen Studie nicht mit Sicherheit beurteilt werden.[15] So nennt z.B. Vennemann (1995) eine ganze Reihe von germanischen Substantiven, die keine akzeptierte Etymologie haben, und die aber klar zum Kernwortschatz gezählt werden müssen, z.B. *erþō- 'Erde', *hūsa- 'Haus', *kalbaz- 'Kalb', usw. Für weite Teile des in Vennemann (1984) identifizierten problematischen Wortgutes fehlen ebenfalls immer noch Etymologien.

Zusammegefasst kann man also sagen, dass jedenfalls keine quantitativen Daten zur Etymologisiertheit des germanischen Gesamtwortschatzes vorliegen, so dass jegliche Aussage dazu spekulativ ist. Für einzelne Wortfelder kann man immerhin verlässlichere Angaben machen, jedoch liegen nicht für alle Gebiete fundierte Einschätzungen vor.

3. Die Etymologie in der Lehre an deutschen Universitäten

Im Gegensatz zur etymologischen Forschung zum Germanischen, die zwar "auf Sparflamme" kochen mag, aber dennoch wichtige Projekte und bedeutsame Arbeiten hervorbringt, führt die etymologische Lehre, insbesondere zum Germanischen, ein ziemliches Schattendasein an deutschen Universitäten.

3.1. Etymologie
im Rahmen des sprachwissenschaftlichen Studiums

Traditionell konnte die universitäre Lehre auf dem Gebiet der Etymologie stets auch auf ein starkes philologisch geprägtes Fundament bauen. Im Falle des Germanischen kamen bedeutende Etymologen aus den Reihen der (Alt-)Germanistik, Anglistik und Nordistik. Dies setzt eine Ausbildung voraus, die neben enger Vertrautheit mit der "eigenen" germanischen Sprache solide Kenntnisse in der historisch-vergleichenden Sprachwissenschaft der indogermanischen Sprachen beinhaltet. Ein substanzieller Teil der Studierenden der Germanistik beispielsweise konnte in der Vergangenheit Alt- und Mittelhochdeutsch, sie

---

[15] Es sei an dieser Stelle darauf hingewiesen, dass dies keine Trivialität ist. Die vorherrschende Meinung scheint zu sein, dass der germanische Nominalwortschatz ausreichend etymologisiert ist. So wurde z.B. 2004/2005 ein entsprechender Antrag aus München bei einer namhaften deutschen Forschungsförderungsorganisation abgewiesen.

hatten aber auch Kenntnisse in anderen germanischen Sprachen, insbesondere im Gotischen, das z.B. zu meiner eigenen Studienzeit am Institut für Germanistische Linguistik in München regelmäßig auf dem Lehrplan stand. Dazu kam das formale Handwerkszeug, das man in einem entsprechenden Seminar erwerben konnte. Überdies wurde man dazu ermutigt, auch über den Tellerrand der eigenen Philologie hinauszusehen und etwa am indogermanischen Seminar Veranstaltungen zu belegen.

Sieht man dagegen heute in die Vorlesungsverzeichnisse der germanistischen, anglistischen und nordistischen Institute (so sie noch existieren) an den meisten deutschen Universitäten, so bietet sich ein etwas anderes Bild. Die Historische Sprachwissenschaft im Ganzen hält sich mit Mühe, während die Etymologie aus den meisten Lehrplänen verschwunden ist. Entsprechende Veranstaltungen werden eher sporadisch angeboten, was auch daran liegt, dass nicht überall die Kapazitäten dafür vorhanden sind, zumal ja die Modularisierung im Rahmen des Bologna-Prozesses in den meisten philologischen Lehrplänen der Etymologie keine priviligierte Position zuweist. Überhaupt scheint die Historische Sprachwissenschaft in der Lehre sich gegenwärtig oft genug auf Überblicksveranstaltungen zu beschränken, und historische Sprachstufen werden nur noch unterrichtet, wenn entweder eine extrinische Motivation in Gestalt von staatlichen Abschlussprüfungen vorhanden ist (z.B. im Falle des Alt- und Mittelenglischen) oder wenn Mitglieder des Lehrkörpers hierin ein besonderes persönliches Interesse haben. Für die Lehre der Etymologie der germanischen Sprachen ist die Situation besonders prekär. Veranstaltungen wie "Methoden etymologischer Forschung" (Wolfgang Hock, HU Berlin, Wintersemester 2005/06) oder die Vorlesung "Einführung in die Etymologie des deutschen Wortschatzes" von Elmar Seebold (Sommersemester 2009, München) gehören zu den Ausnahmen in den Vorlesungsverzeichnissen germanistischer, anglistischer und nordistischer Institute in Deutschland. Wie gesagt, zu einem gewissen Teil kann das auf veränderte Vorgaben durch die Kultusministerien in Gestalt von Prüfungsanforderungen und durch die Modalitäten des sog. Bologna-Prozesses erklärt werden. Mit Sicherheit spielt auch die veränderte Forschungslandschaft eine Rolle, insgesamt muss jedoch für die germanischen Philologien ein Mangel an systematischer etymologischer Ausbildung und an etymologischem Unterricht generell festgestellt werden.

Abgesehen von den germanischen Philologien ist natürlich die Etymologie traditionell in den Instituten zur vergleichenden Sprachwissenschaft bzw. in der Indogermanistik zu Hause. Da ja die etymologische Forschung ein Grundbestandteil der historisch-vergleichenden Sprachwissenschaft ist, schlägt sich das auch in der Lehre nieder. Alle indogermanischen Institute in Deutschland unterrichten das formale Handwerkszeug, das Etymologen brauchen, aber von einer besonderen Hervohebung des Germanischen, wie das etwa in einigen Instituten für das Keltische der Fall ist (z.B. in Marburg), kann man nicht sprechen. Von wenigen Ausnahmen abgesehen, z.B. München und Jena, konzentriert sich die etymologische Forschung in der Indogermanistik derzeit offenbar nicht aufs Germanische.[16]

3.2. Sonstige etymologische Ausbildung

Die Ausbildung sprachwissenschaftlicher Kenntnisse – v.a. auf spezialisierteren Gebieten – findet naturgemäß nicht nur im sprachwissenschaftlichen Studium bis zum Magister oder Staatsexamen statt, sondern im besonderen Maße im Promotionsstudium. Einige Werke, wie Stefan Schaffners Dissertation (publiziert 2001) und Mailhammer (2007), wurden bereits erwähnt oder besprochen. Die Arbeit von Paul Widmer (2004) leistet einen indirekten Beitrag zur Etymologisierung des Germanischen, insofern sie die nominale Wortbildung des Urindogermanischen zum Gegenstand hat. Am Institut für Deutsche Philologie entstanden überdies in den letzten Jahren einige weitere Dissertationen (Böhm 2001, publiziert 2003, Welscher 2001, publiziert 2005) speziell zur Toponomastik.

Generell muss aber auch für das wissenschaftliche Studium festgestellt werden, dass die Etymologie des Germanischen ein Gebiet ist, zu dem in letzter Zeit nur wenige Dissertationen in den einschlägigen Gebieten (germanische Philologien, Indogermanistik) geschrieben worden sind.

4. Entwicklungstendenzen

Für die Forschung und Lehre auf dem Gebiet der germanischen Etymologie in Deutschland lassen sich gegenwärtig einige Tendenzen und Strömungen feststellen, woraus sich aber nicht notwendigerweise Entwicklungen vorhersagen lassen. Da sich für die Forschung und die Lehre unterschiedliche Feststellungen treffen lassen und daher unterschiedliche Prognosen aufstellen lassen, ist dieses Kapitel in zwei Abschnitte gegliedert.

4.1. Gegenwart und Zukunft
der etymologischen Forschung in Deutschland

Es gibt in der etymologischen Forschung zum Germanischen in Deutschland derzeit zwei Grundströmungen. Die eine etymologisiert im traditionellen

---

[16] Aus der Münchner Indogermanistik kann die Magisterarbeit von Florian Blaschke "Indogermanisches und Nichtindogermanisches im germanischen Lexikon, nach Wortfeldern geordnet" (2005) als einschlägige Ausnahme genannt werden.
Die Indogermanistik in Jena bietet regelmäßig Veranstaltungen zu germanischen Sprachen und zur Etymologie an (Sabine Ziegler, e-Brief vom 25. Februar 2009).

Stil, entweder in Form von Wörterbüchern/Wörterbuchprojekten oder Einzelstudien, und leistet so wertvolle Grundlagenarbeit zur Erforschung des germanischen Wortschatzes. In einzelsprachlicher Hinsicht liegt ein klares Übergewicht
auf den deutschen und englischen Einzelsprachen.

Die zweite Forschungsrichtung sucht die Herkunft von unetymologisierten
germanischen Wörtern nicht nur im Erbwortschatz, sondern auch in vermuteten
nicht-indogermanischen Kontaktsprachen. Der einzige wissenschaftlich ernstzu-
nehmende Ansatz, der im Moment verfolgt wird, bewegt sich im Rahmen von
Theo Vennemanns Theorie zur Entstehung des Germanischen und konzentriert
sich bei der Etymologisierung von unbekannten germanischen Wörtern auf das
Baskische/Vaskonische und das Punisch-Phönizische. Die bisherigen Ergebnisse, v.a. im Verbund mit der Gesamtmasse der Indizien, deuten stark darauf hin,
dass dieser Ansatz sehr wohl einiges zur etymologischen Erfoschung des germanischen Wortschatzes beitragen kann.

Hinsichtlich möglicher Entwicklungen ergeben sich zunächst zwei Überlegungen. Es ist unwahrscheinlich, dass die gesamte etymologische Forschung
zum Germanischen in Deutschland völlig zum Erliegen kommt. Es ist aber sehr
wohl möglich, dass die Art und Weise, wie Etymologien für das Germanische
gefunden werden sich revolutionär verändert, und dass die Geschichte des Germanischen neu geschrieben werden muss. Dies wird zweifellos dann geschehen,
wenn sich Vennemanns Theorie als richtig erweisen sollte. Ob und wann dies
geschehen wird, wird die Forschung zeigen, und dies nicht nur auf dem Gebiet
der Sprachwissenschaft, sondern beispielsweise auch in der Archäologie. Insofern kann man schon sagen, dass die gegenwärtige etymologische Forschung
zum Germanischen durchaus Potenzial hat, in die Geschichte der Disziplin ein-
zugehen. Immerhin kann darauf hingewiesen werden, dass ein solch detailliertes
Szenario für den Kontakt des Germanischen mit nicht-indogermanischen Sprachen wie in Vennemanns Theorie bislang nicht entwickelt worden ist, was zumindest wissenschaftsgeschichtlich von Bedeutung ist.

Ein Blick in die Zukunft ist immer mit einem hohen Maß an Spekulation
verbunden, weshalb ich lieber an dieser Stelle formulieren möchte, was m.E.
zukünftig getan werden muss, damit die etymologische Forschung zum Germanischen im entscheidenden Maße vorangetrieben wird.

Wenn man vom gegenwärtigen Standpunkt aus Desiderata formulieren
müsste, dann stünde eine quantitative Etymologisiertheitsstudie des germanischen Lexikons wohl an erster Stelle, damit klar wird, wie sich die etymologische Situation überhaupt in Zahlen ausnimmt und wo noch "weiße Flecken" auf
der etymologischen Landkarte sind. Überdies ist ein umfassendes etymologisches Lexikon der primären Substantive des Germanischen nach wie vor ein
Desideratum. Dem lassen sich fast beliebig weitere zu schreibende Werke auf

den "Wunschzettel" hinzufügen, wie z.B. ein neues etymologisches Wörterbuch des Englischen, ein aktuelles Lexikon zum Urgermanischen, usw.

Ein weiterer Punkt, der in der zukünftigen etymologischen Forschung zum Germanischen Berücksichtigung finden sollte, ist Theo Vennemanns Theorie zur Genese des Germanischen. Wie immer man auch dazu stehen mag, diese Theorie ist inzwischen zu gut ausgearbeitet und einfach zu prominent, um von der Fachwelt nicht in den Diskurs aufgenommen zu werden. Bisherige Versuche einer Auseinandersetzung waren bisweilen qualitativ unzureichend (vgl. Sheynin 2004, s. Mailhammer 2004), bzw. sie verloren sich geradezu bei dem Versuch, möglichst viel zu besprechen (vgl. Baldi & Page 2006), oder sie hatten gar nicht Vennemanns Theorie zum Gegenstand sondern benutzten sie lediglich als Aufhänger für eigene Ideen (vgl. Zavaroni 2008).

4.2. Die germanische Etymologie in der zukünftigen universitären Lehre

Für die Lehre wird die Existenz der germanischen Etymologie von den Gegebenheiten der von den Ministerien vorgegebenen Studien- und Prüfungspläne oder der Notwendigkeit, Studiengänge zu schaffen, die international kompatibel und attraktiv für viele Studierende sind, abhängen. Die Zeichen der Zeit stehen gegenwärtig nicht gerade günstig für ein Wiedererstarken der Etymologie in den germanistischen Philologien, aber das kann sich ändern. In der Indogermanistik genießt zwar das Germanische momentan kein besonderes Interesse, aber die Natur des Faches lässt ein Verschwinden der etymologischen Lehre zum Germanischen nicht zu, so dass ihr Überleben von dieser Seite gesichert erscheint, wenn denn die Indogermanistik selbst überlebt.

Man muss wohl insgesamt davon ausgehen, dass künftig die Studierenden der germanischen Philologien etwas weniger historisches Wissen über das Germanische und seinen Wortschatz erfahren. Für Studierende der indogermanischen Sprachwissenschaft ist eine Konzentration auf die germanische Etymologie nach wie vor mehr eine Sache der persönlichen Neigung.

5. Zusammenfassung

Das Ziel dieses Artikels war es, einen Überblick über die Lage der etymologischen Forschung und Lehre an den deutschen Universitäten zu geben und darüber hinaus auf mögliche Entwicklungen und Tendenzen hinzuweisen.

Hinsichtlich der Forschung kann man festhalten, dass beileibe kein Stillstand herrscht, dass aber die Zahl der Kolleginnen und Kollegen in Deutschland, die die Etymologie des Germanischen erforscht, niedrig ist (etwa zehn Personen). Die wichtigsten Projekte und Arbeiten der Gegenwart umfassen die

Wörterbuchprojekte in Jena, einzelne wichtige Studien zu etymologischen Problemen und die Arbeiten im Rahmen von Theo Vennemanns Theorie zur Entstehung des Germanischen, die einen großen Teil der Etymologien zu germanischen Wörtern in den letzten Jahren ausmachen.

Was die Lehre auf dem Gebiet der germanischen Etymologie anbelangt, so lässt sich zusammenfassend feststellen, dass sie auf absehbare Zeit ein Nischendasein in den germanischen Philologien fristen wird. Für die Indogermanistik lässt sich zwar konstatieren, dass dem Germanischen bis auf wenige Ausnahmen gegenwärtig keine übermäßige Aufmerksamkeit entgegengebracht wird, dass dies aber wahrscheinlich nicht überzubewerten ist, da diese Wissenschaft es bekanntlich mit mindestens einem Dutzend weiterer Sprachzweige zu tun hat.

Insgesamt ist der Zustand der germanischen Etymologie in Deutschland wenn nicht alarmierend, dann doch zumindest so, dass er zur Besorgnis Anlass gibt. Es bleibt zu hoffen, dass es sich nur um eine temporäre Schwächephase handelt, auf die ein umso beeindruckenderes Erstarken folgen wird.

Robert Mailhammer
Department of Linguistics RSPAS
The Australian National University
Coombs Building
Canberra 0200 ACT, Australia

Literatur

Anttila, Raimo (1989), *Historical and Comparative Linguistics*, Amsterdam / Philadelphia: John Benjamins.

Baldi, Philip und Richard Page (2006), Rezension von Vennemann (2003), *Lingua* 116, 2183-2220.

Bammesberger, Alfred (2006), Das altenglische Adjektiv *freom*, *Anglia* 124, 581-590.

Bammesberger, Alfred (2008), Zur Etymologie von ae. *bāt* m. 'Boot, Schiff', *Anglia* 126, 97-103.

Becker, Thomas (1990), *Analogie und morphologische Theorie*, München: Fink.

Birkhan, Helmut (1985), *Etymologie des Deutschen*, Bern: Lang.

Böhm, Andrea (2003), *Probleme der Deutung mitteleuropäischer Ortsnamen mit besonderer Berücksichtigung der Toponymie des deutschsprachigen Raumes und einem Ausblick auf den appellativischen Wortschatz des Deutschen*, München: Utz [überarbeitete Version der Dissertation mit dem gleichen Titel, Ludwig-Maximilians-Universität München (2001)].

Coetsem, Frans van (2000), *A Generalized and Unified Theory of the Transmission Process in Language Contact*, Heidelberg: Winter.

Duden (2007), *Herkunftswörterbuch*, 4. Aufl., Mannheim: Dudenverlag.

Fick, August, Hjalmar Falk und Alf Torp (1909), *Wörterbuch der indogermanischen Sprachen. Dritter Teil: Wortschatz der germanischen Spracheinheit*, Göttingen: Vandenhoeck & Ruprecht.

Heidermanns, Frank (1993), *Etymologisches Wörterbuch der germanischen Primäradjektive*, Berlin / New York: Walter de Gruyter.

Heidermanns, Frank (2005), *Bibliographie zur indogermanischen Wortforschung*, Tübingen: Niemeyer.

Hermann, Ursula (2002), *Herkunftswörterbuch*, 5. Aufl., Gütersloh / München: Wissen Media Verlag.

Hill, Eugen (2002), Ved. *rákṣati* 'schützen, hüten' und gr. *ἀλέξω* 'abwehren', *Historische Sprachforschung* 115, 239-263.

Hill, Eugen (2005), Akzentuierung der Superlative, das Wort für 'Wind' und Akzentverschiebung nach Dreisilbengesetz in der Vorgeschichte des Germanischen, *International Journal of Diachronic Linguistics and Linguistic Reconstruction* 2, 101-122.

Hill, Eugen (i.E.), Rezension von Neri (2007), *Kratylos*.

Kluge, Friedrich (2002), *Etymologisches Wörterbuch der deutschen Sprache*, 24. Aufl. bearb. von Elmar Seebold, Berlin / New York: de Gruyter.

Krahe, Hans (1964), *Unsere ältesten Flußnamen*, Wiesbaden: Harrassowitz.

Lipiński, Edward (1997), *Semitic Languages: Outline of a Comparative Grammar*, Leuven: Peeters.

LIV = *Lexikon der indogermanischen Verben*, Helmut Rix et al. (2001), 2. Aufl., Wiesbaden: Reichert.

Lutz, Angelika (1991), *Phonotaktisch gesteuerte Konsonantenveränderungen in der Geschichte des Englischen*, Tübingen: Niemeyer.

Mailhammer, Robert (2004), Disc: New: Re: Review: Linguist 15.1878: Vennemann, *LinguistList* 15.2644 [Antwort auf Sheynin (2004)].

Mailhammer, Robert (2006), On the Origin of the Germanic Strong Verb System, *Sprachwissenschaft* 31/1, 1-52.

Mailhammer, Robert (2007), *The Germanic Strong Verbs: Foundations and Development of a New System*, Berlin / New York: Mouton de Gruyter.

Mailhammer, Robert (2008), Ablaut Variation in the Proto-Germanic Noun: the Long Arm of the Strong Verbs, *Sprachwissenschaft* 33, 279-300.

Mailhammer, Robert (i.E.), The Prehistory of European Languages, erscheint 2010 in: Johan van der Auwera und Bernd Kortmann, *Fields of Linguistics: Europe*, Berlin / New York: Mouton de Gruyter.

Neri, Sergio (2007), *Cadere e abbattere in indoeuropeo*, Innsbruck: Institut für Sprachen und Literaturen der Universität Innsbruck.

Orel, Vladimir (2003), *A Handbook of Germanic Etymology*, Leiden: Brill.

Pfeifer, Wolfgang et al. (1993), *Etymologisches Wörterbuch des Deutschen*, 2. Aufl. unter der Leitung von W. Pfeifer, Berlin: Akademie-Verlag.

Salmons, Joseph (2004), How (Non-)Indo-European is the Germanic Lexicon? And What Does That Mean? in: Irma Hyvärinen, Petri Kallio und Larmo Korhonen (Hgg.), *Etymologie, Entlehnungen und Entwicklungen. Festschrift für Jorma Koivulehto zum 70. Geburtstag*, Helsinki: Société Néophilologique, 311-321.

Schaffner, Stefan (2001), *Das Vernersche Gesetz und der innerparadigmatische grammatische Wechsel des Urgermanischen im Nominalbereich*, Innsbruck: Institut für Sprachwissenschaft.

Seebold, Elmar (1970), *Vergleichendes und etymologisches Wörterbuch der germanischen starken Verben*, Den Haag: Mouton.

Seebold, Elmar (1980), Etymologie und Lautgesetz, in: Manfred Mayrhofer, Martin Peters und Oskar E. Pfeiffer (Hgg.), *Lautgeschichte und Etymologie: Akten der VI. Fachtagung der Indogermanischen Gesellschaft, Wien, 24.-29. September 1978*, Wiesbaden: Reichert, 431-484.

Segert, Stanislav (1976), *A Grammar of Phoenician and Punic*, München: Beck.

Sheynin, Hayim (2004), Rezension von Vennemann (2003), *LinguistList* 15. 1878.

Thomason, Sarah und Terrence Kaufman (1988), *Language Contact, Creolization and Genetic Linguistics*, Berkeley: University of California Press.

Tomback, Richard S. (1978), *A Comparative Semitic Lexicon of the Phoenician and Punic Languages*, Missoula, Montana: Scholars Press.

Trask, Larry R. (1997), *The History of Basque*, London: Routledge.

Vennemann, Theo (1984), Bemerkung zum frühgermanischen Wortschatz, in: Hans-Werner Eroms, Bernhard Gajek, Herbert Kolb (Hgg.), *Studia Linguistica et Philologica. Festschrift für Klaus Matzel zum sechzigsten Geburtstag*, Heidelberg: Winter, 105-119.

Vennemann, Theo (1988), *Preference Laws for Syllable Structure and the Explanation of Sound Change*, Berlin / New York: Mouton de Gruyter.

Vennemann, Theo (1995), Etymologische Beziehungen im Alten Europa, *Der Ginkgo-Baum: Germanistisches Jahrbuch für Nordeuropa* 13, 30-115 [= Vennemann (2003: Kap. 7)].

Vennemann, Theo (2000a), Triple-Cluster Reduction in Germanic: Etymology without Sound Laws?, *Historische Sprachforschung* 113, 239-258.

Vennemann, Theo (2000b), Zur Entstehung des Germanischen, *Sprachwissenschaft* 25, 233-269.

Vennemann, Theo (2001), Germania Semitica: ⁺*apal-* (OE *æpel-*, G *Adel*) 'nobility', *Sprachwissenschaft* 16, 189-204.

Vennemann, Theo (2003), *Europa Vasconica – Europa Semitica*, hg. von Patrizia Noel Aziz Hanna, Berlin / New York: Mouton de Gruyter.

Vennemann, Theo (2004), Phol, Balder and the Birth of Germanic, in: Irma Hyvärinen, Petri Kallio und Larmo Korhonen (Hgg.), *Etymologie, Entlehnungen und Entwicklungen. Festschrift für Jorma Koivulehto zum 70. Geburtstag*, Helsinki: Société Néophilologique, 349-458.

Vennemann, Theo (2008), Grimm's Law and Loanwords, *Transactions of the Philological Society* 104, 129-166.

Welscher, Iva (2005), *Mitteleuropa und Südosteuropa im Kontext der Alteuropäischen Hydronymie*, München [überarbeitete Version der Dissertation mit gleichem Titel, Ludwig-Maximilians-Universität München (2001)].

Widmer, Paul (2004), *Das Korn des weiten Feldes: interne Derivation, Derivationskette und Flexionsklassenhierarchie. Aspekte der nominalen Wortbildung im Urindogermanischen*, Innsbruck: Institut für Sprachen und Literaturen der Universität Innsbruck.

Widmer, Paul (2006), Eine restrukturierte Wortbildungsregel: Die neutralen Verbalnomina des Typs *$\flat$aka-* 'Dach', *Sprachwissenschaft* 31, 431-447.

Winford, Donald (2003), *An Introduction to Contact Linguistics*, Oxford: Blackwell.

Wodtko, Dagmar, Britta Irslinger und Carolin Schneider (2008), *Nomina im indogermanischen Lexikon*, Heidelberg: Winter.

Zavaroni, Adolfo (2008), I.-E. 'Apple', Hamito-Semitic "Genitals" and Roots Beginning with *HmB-, *Historische Sprachforschung* 120, 20-41.

Studia Etymologica Cracoviensia
vol. 15   Kraków 2010

Przemysław DĘBOWIAK (Kraków)

SÉMANTIQUE ET ÉTYMOLOGIE :
L'ADJECTIF FRANÇAIS *bizarre*
ET SES ÉQUIVALENTS FORMELS
DANS D'AUTRES LANGUES EUROPÉENNES

L'étymologie de l'adjectif français *bizarre* ('étrange, extraordinaire, extravagant'[1]) n'a pas été suffisamment élucidée jusqu'à présent. En parcourant des notes ou des articles consacrés à cet adjectif qui apparaissent çà et là dans la littérature étymologique (et linguistique en général), on constate que les chercheurs qui s'en occupent se divisent en deux groupes : les uns considèrent que *bizarre* est venu en français d'au-delà des Pyrénées, et les autres trouvent que son berceau réside décidément en Italie. Les traces de ces deux hypothèses, que dès maintenant nous appellerons, respectivement, ibérique et italienne, se sont répandues assez librement et de façon plutôt aléatoire dans plusieurs publications linguistiques et dictionnaires, pas forcément étymologiques.

Dans le cadre de ces deux courants, différents auteurs ont tenté d'expliquer l'étymologie du français *bizarre* de diverses façons. Les convictions des partisans[2] de l'hypothèse ibérique sont les plus homogènes : ils affirment que le mot français provient, par l'intermédiaire de la langue espagnole – et, selon certains, de l'italien aussi[3] – et par un emploi métonymique, du basque *bizar* 'barbe', cet élément de l'aspect physique constituant un symbole de la force[4] :

---

[1] Dès maintenant, les acceptions sémantiques du mot français *bizarre* ne seront plus mentionées, à moins qu'il n'y en apparaisse d'autres qui diffèrent de celles-ci ou qui s'y ajoutent.

[2] Le mot *partisan* se réfère ici surtout aux linguistes qui se sont explicitement exprimés en faveur de l'une ou de l'autre hypothèse. Néanmoins, cette désignation concerne aussi tous les auteurs, tous les dictionnaires et toutes les autres publications qui évoquent une étymologie toute faite, probablement sans avoir vérifié sa correction ni même sa plausibilité.

[3] Bourciez (1946 : 499), Klein (1966 : 176), Graur (1978 : 29), Deroy (1980 : 26-27, 58, 165-166) et DMD (1993 : 83). Sur le schéma, cet intermédiaire éventuel sera marqué avec des parenthèses.

[4] Klein traduit la signification du français *bizarre* par une impression étrange que les soldats espagnols barbus ont faite sur les Français.

basque *bizar* 'barbe' → esp. *bizarro* *'homme barbu' → *'homme courageux,
brave' → 'brave, courageux' → (it. *bizzarro* 'violent, irascible, capricieux' →)
fr. *bizarre*.[5]

À son tour, le cas du courant italien est beaucoup plus complexe. Les
auteurs se prononçant en faveur de cette étymologie[6] nient les propositions des
partisans de l'hypothèse ibérique, mais ils divergent quant à l'origine du prototype du français *bizarre*, c'est-à-dire de l'adjectif italien *bizzarro* : soit ils ne
s'efforcent pas d'aller plus loin, soit ils évoquent le mot *bizza* 'colère instantanée, irritation momentanée, caprice', sans pourtant pouvoir l'expliquer d'une
façon satisfaisante.[7] Néanmoins, ils ont tracé quelques pistes intéressantes – aucune n'est définitivement plausible, mais elles offrent un éventail d'informa-
tions qui restent à confirmer par les étymologistes.

? → it. *bizza* 'colère instantanée, irritation momentanée' → *bizzarro* 'irascible,
emporté, fougueux' → fr. *bizarre*.

Sans approfondir en détail tous les problèmes signalés dans les deux théories concernant l'étymologie du mot français *bizarre*, il est possible de l'éclaircir, ou au moins d'en esquisser les traits généraux, en s'appuyant sur une étude
comparative de la valeur sémantique que cet adjectif présente dans les langues
qui l'ont emprunté au français et dans celles dont il provient. Pour le faire, nous
avons puisé dans sept idiomes européens et recueilli sept adjectifs dont les formes
ont une origine commune évidente. Leurs significations nous aideront à tracer
un réseau de chemins par lesquels le mot avait voyagé d'une langue à une autre,
et de vérifier laquelle des hypothèses est plus plausible : ibérique ou italienne.

---

[5]   Cette étymologie, proposée pour la première fois en 1607 par l'écrivain basque Bal-
      tasar de Echaue (Etxabe) dans ses *Discursos de la antigüedad de la lengua cántabra
      bascongada* (CP 1980 : 595-597 ; Trask 2008 : 145) doit sa popularité au fait d'être
      acceptée, sans sens critique, par de grandes autorités du monde linguistique, comme
      Diez, Gamillscheg, Bloch, Zambaldi, Migliorini. Ainsi, elle a été plusieurs fois ré-
      pétée et évoquée après par, entre autres, Bourciez, Machado (1956 : 372), Klein, BA
      (1968 : 538), DMD et dans l'ODEE (1966 : 97), le DLP (2008 : 249) et l'OED. Chez
      Deroy et dans le DLR2 (1913 : 571), le Robert (1993 : 262-263), et le Priberam, l'éty-
      mologie s'arrête à l'étape de l'espagnol *bizarro* déjà adjectivé.
[6]   Entre autres : Devoto (1967 : 50), CZ (1979 : 147), CP, Kluge (1989 : 88), Rey
      (1992 : 227), DLE (1992 : 296), Duden (1996 : 264), Zingarelli (1997 : 231), Ha-
      chette (2003 : 181), Trask, MWD, Trésor.
[7]   Les auteurs ont proposé différentes étymologies, plus au moins plausibles, du mot
      bizza. En voici quelques-unes : it. *bizza* – mot populaire d'origine probablement
      onomatopéique (Devoto) ; it. *bizza* ← *bizz(i)oso* ← (?) lat. *vitiōsus* 'vicieux' ← *vĭ-
      tium* 'vice' (BA) ; it. *bizza* ← lat. *imbidia ← *invidia* 'envie' (étymologie proposée
      par Parodi que nous avons connue de Bursch (1974 : 449-450), de CZ et de CP).

Voici donc les vocables constituant la base de notre analyse, relevés des dictionnaires consultés,[8] avec – dans la mesure du possible – les dates (précisées, suggérées ou pouvant être déduites) des premières attestations de chaque acception :

- all. *bizarr* 1. 'bizarre, étrange, hors du commun' [XVIIe s.], (2. 'capricieux')[9] [fin du XXe s.] ;
- ang. *bizarre* 'bizarre, étrange' [vers 1648] ;
- esp. *bizarro* 1. 'brave, courageux, vaillant' [XVIe s. : 1526 (Rey, Trésor) / 1528 (CZ) / 1569 (CP)], 2. 'généreux' [vers 1600], 3. 'somptueux, superbe' [vers 1600] ;
- fr. *bizarre* 1. 'étrange, surprenant, extravagant' [milieu du XVIe s. : 1533 (CP) / avant 1544 (Rey, Trésor) / 1558 (DMD)], 2. 'irascible, irritable' [sens disparu après le XVIe s.], 3. 'brave' [sens apparu un peu plus tard (CP) et disparu après le XVIe s.] ;
- it. *bizzarro* 1. (*vieilli*) 'irascible, furieux [1300-1313], capricieux', 2. 'étrange, extravagant, original' [avant 1535], 3. (*en parlant d'un cheval*) 'fougueux' [avant 1735], 4. (*rare, littéraire*) 'vif' [XVIIe-XVIIIe s.] ;
- port. *bizarro* 1. 'noble, vaillant' [XVIIe s.], 2. 'généreux' [XVIIe s.], 3. 'étrange, bizarre, excentrique' [XVIIIe-XIXe s.], 4. 'arrogant' [XXe s.] ;
- roum. *bizar* 1. 'étrange, bizarre, extravagant' [XIXe s.], 2. 'irascible' [2e moitié du XXe s.].

Certaines conclusions s'imposent après la lecture de ces exemples.

Premièrement, le français *bizarre* a été emprunté par les langues anglaise, allemande et roumaine. Cette affirmation est plausible pour deux raisons : sémantique et formelle. En français, l'adjectif *bizarre* se rapporte surtout à une chose ou un être étrange, étonnant, extraordinaire ou extravagant. C'est aussi le cas de l'anglais *bizarre*, de l'allemand *bizarr* et du roumain *bizar*, l'acception 'irascible' de ce dernier pouvant s'expliquer par l'influence sémantique de l'italien (ce qui concerne aussi le sens de 'capricieux' de l'adjectif allemand).

---

fr. *bizarre* → ang. *bizarre*, all. *bizarr* {← it. *bizzarro*},[10] roum. *bizar* {← it. *bizzarro*}.

---

8 Pour l'allemand : Kluge, Duden, Wahrig (2006 : 279) ; anglais : ODEE, Oxford, MWD, OED ; espagnol : CP, DLE ; français : Rey, DMD, Robert, Hachette, Trésor ; italien : CZ, Devoto, Zingarelli ; portugais : DPF (1913 : 116), DLP, Priberam ; roumain : DLR2, DLRM (1958 : 82), DEXI (2007 : 226), Dexonline, MDLR.

9 Cette deuxième acception n'est pas confirmée dans les dictionnaires consultés (d'où les parenthèses), mais sous l'entrée *Bizarrerie* (← fr. *bizarrerie*) nous avons déjà trouvé le sens de 'caprice' (cf. Wahrig), ce qui suggérerait un emprunt sémantique assez récent (car absent dans le Duden) à l'italien.

10 Les accolades signalent un emprunt sémantique. Cette remarque est valable aussi pour les petits schémas suivants.

Ensuite, on constate que le mot portugais *bizarro* provient soit de son homologue français, soit de l'espagnol, car, en fait, il accumule les acceptions aussi bien du *bizarre* français que celles du *bizarro* espagnol. Ce qui plaide en faveur de l'origine espagnole, c'est la forme de l'adjectif portugais qui s'explique beaucoup mieux (même géographiquement) par un emprunt à l'espagnol que par l'adaptation du mot français. Or, s'il avait été emprunté au français, il aurait probablement la forme **bizarre*, avec le *-e* final légèrement prononcé, comme le démontrent d'autres emprunts français en portugais[11] ; à son tour, le passage de l'espagnol *bizarro* au portugais ne pose pas de problèmes formels, étant donné que la langue portugaise a volontiers emprunté des mots espagnols, en adaptant leurs formes à la prononciation et à l'orthographe portugaises.[12] Ce qui s'ensuit, c'est que l'adjectif portugais a été probablement emprunté à l'espagnol, mais vu que les lusophones ont eu beaucoup de contacts avec les Français, le même adjectif a après acquis de nouvelles acceptions, provenant d'au-delà des Pyrénées, sans qu'il y ait eu un intermédiaire quelconque de la langue espagnole. Cela expliquerait, d'ailleurs, le manque de ces significations en espagnol.

---

esp. *bizarro* → port. *bizarro* {← fr. *bizarre*}.

Enfin, ce qui reste à éclaircir, c'est le mystère fondamental du problème : le français *bizarre* vient-il de l'espagnol *bizarro* ou de l'italien *bizzarro* ? La réponse devient bien plus facile grâce aux dates des premières attestations écrites de l'adjectif respectif en italien (début du XIVe siècle) et en espagnol (les années 20 ou 60 du XVIe siècle). Ainsi, dire que le berceau du mot en cause se retrouve en espagnol est un sérieux anachronisme. Ce qui n'empêche, malheureusement, que cette erreur continue à être répétée dans certains dictionnaires contemporains. Il est étonnant aussi que les linguistes qui ont prêté leur appui à l'hypothèse ibérique n'aient pas pris ce fait en considération – peut-être qu'ils le négligeaient tout simplement.

Cependant, à part les preuves documentaires, il y a aussi des facteurs sémantiques qui peuvent aider à résoudre le problème. La première signification du français *bizarre* est plus proche du sens italien 'extravagant, original' que de l'espagnol 'brave, courageux, violent'. Bien sûr, encore au XVIe siècle l'adjectif français servait à désigner un homme brave, mais ce fait s'explique par un

---

[11] Cf. p.ex. port. *boîte* 'discothèque' ← fr. *boîte* ; port. *bege* 'beige' ← fr. *beige* ; port. *rulote* 'roulotte' ← fr. *roulotte*. Le *e* muet final des mots français est resté en portugais où il s'écrit et est réalisé – de même que la majorité des *e* atones en portugais – comme une voyelle fermée centrale non arrondie [ɨ].

[12] Cf. p.ex. port. *cavalheiro* [kɐvɐ'ʎejru] 'gentleman, monsieur' ← esp. *caballero* [ka-βa'ʎero] 'chevalier, gentleman, monsieur, cavalier' ; port. *deslumbrar* [dəžlũ'brar] 'éblouir' ← esp. *deslumbrar* [dezlum'brar] 'le même'.

emprunt sémantique : à l'époque, il en était de même avec l'acception 'irascible, irritable' que le mot français avait empruntée à l'italien. Les deux se sont d'ailleurs éteintes après l'an 1600[13] (cf. CP, Rey). Cette préférence des Français pour l'acception 'étrange, extravagant' de l'adjectif *bizarre* est peut-être due à la contamination avec un autre mot français qui avait un sens proche : *bigarré* 'diversement coloré'.[14] En fait, dans les textes du XVIe siècle, il existe des formes hybrides *bigearre*, *bigarre* qui signifiaient 'diversement coloré, singulier, étrange', mais qui sont sorties d'usage au cours du XVIIe siècle (cf. Sainéan, Rey, Trésor). On peut donc en déduire que justement au moment où la forme *bizarre* a pris le dessus sur les autres, le sens de l'adjectif s'est stabilisé aussi, les significations empruntées à l'espagnol et à l'italien ayant à peu près simultanément disparu.

Considérant toutes les données présentées jusqu'ici, il est plus facile d'imaginer l'évolution sémantique :

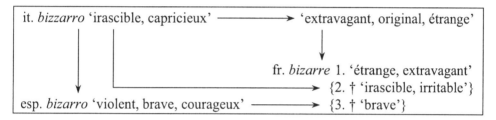

que la suivante :

```
basque bizar 'barbe'
   ↓
esp. bizarro *'homme barbu'  ──────→  '(*homme) fort, courageux, brave' ┐
                                            ↓                           │
                          it. bizzarro 'irascible, capricieux'          │
                                            ↓                           │
                          fr. bizarre 1. † 'irascible, irritable'       │
                                      2. 'étrange, extravagant'         │
                                     {3. † 'brave'} ◄───────────────────┘
```

---

[13] Le même sort est advenu à l'emploi nominal de l'adjectif *bizarre* (comme un substantif féminin : *une bizarre* 'extravagance, singularité' et ses variantes) que l'on retrouve dans des écrits du XVIe siècle (cf. Rey, Trésor).

[14] Sainéan (1906 : 558-559) affirme que *bigarré* et *bizarre* ont une origine commune, ce qui n'est pourtant pas corroboré par les étymologistes, selon lesquels *bigarré* est un mot composé du préfixe *bi(s)*- 'deux' et de l'ancien adjectif français *garre* 'bicolore', celui-ci de provenance obscure (Trésor ; DMD 1993 : 80 ; Hachette 2003 : 175).

ou bien celle-ci :

basque *bizar* 'barbe'
↓
esp. *bizarro* *'homme barbu' ⟶ '(*homme) fort, courageux, brave'

it. *bizzarro* 'irascible, capricieux'   fr. *bizarre* 1. † 'brave'
                                                          2. 'extravagant, étrange'
                                                ⟶ {3. † 'irascible, irritable'}

Il convient d'ajouter encore trois facteurs qui plaident en faveur de l'hypothèse italienne. Premièrement, quoique l'évolution sémantique proposée par les
partisans de la théorie ibérique ait l'air attractif, la question suivante s'impose :
comment expliquerait-on alors l'absence de l'adjectif respectif en catalan, en
galicien et même en basque, langues par excellence ibériques ? D'ailleurs, le
gascon ne le connaît pas non plus, bien que géographiquement il soit très proche
du basque et de l'espagnol. Deuxièmement, dans la péninsule Ibérique le mot
bizarro est plutôt réservé au registre littéraire de la langue, pendant qu'il reste
très vivant dans différents dialectes italiens. Enfin, il semblerait vain de quali-
fier le suffixe *-arro* comme basque (même s'il le paraît), une fois qu'il est présent aussi dans des mots italiens indigènes : de fait, c'est un suffixe préroman.[15]

Pour conclure, nous pouvons constater que l'adjectif italien *bizzarro*, ainsi
que ses acceptions sémantiques séparément, ont suivi des parcours compliqués,
en se répandant dans quelques langues européennes pendant leur longue histoire.
Afin qu'il soit plus clair, il vaut mieux visualiser le réseau de ces parcours sur
un schéma. Le voici :

---

[15]   Pour plus de détails concernant ces trois arguments, voir CP.

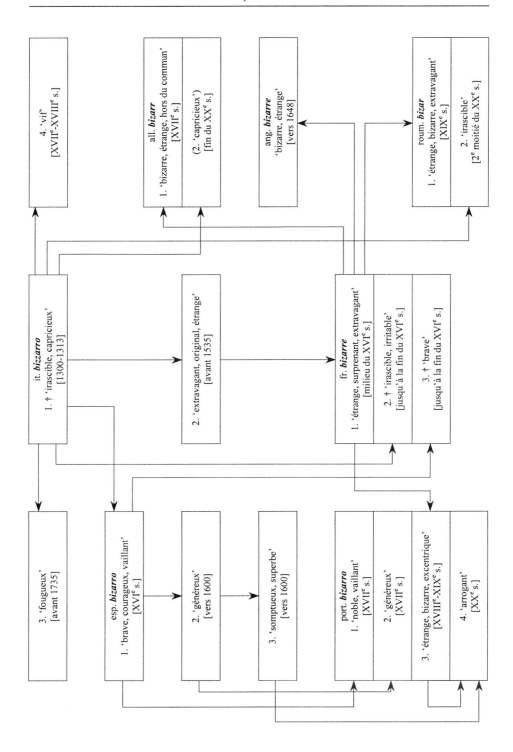

Nous n'avons pu présenter ni étudier minutieusement l'étymologie du mot italien *bizzarro* – c'est une question trop complexe pour être incluse dans le cadre du présent article et qui mérite un traitement à part. Cependant, grâce aux indices que nous avons repérés, il nous a été possible d'évaluer deux théories, toujours un peu confuses, qui ont laissé des empreintes durables dans la littérature étymologique et dans certains dictionnaires, et par conséquent, exclure l'hypothèse de l'origine basque de l'adjectif en cause (même si aucune des autres étymologies signalées n'est toujours reconnue officiellement comme sûre). À partir des mêmes données, nous avons aussi esquissé un schéma présentant le voyage compliqué que le mot étudié, primitivement italien, a fait en Europe. Comme il s'avère, la sémantique a été l'un des outils auxiliaires, orientant parfois un étymologiste vers le juste chemin quand celui-là plonge dans la recherche de l'histoire sinueuse d'un mot.

Przemysław Dębowiak
Instytut Filologii Romańskiej UJ
al. Mickiewicza 9
PL – 31-120 Kraków
[pdebowiak@gmail.com]

Bibliographie

Littérature

Bourciez Édouard (1946), *Éléments de linguistique romane* (Quatrième édition, révisée par l'auteur et par les soins de Jean Bourciez), Librairie C. Klincksieck, Paris.

Bursch Horst (1974), *Bizarr* [dans :] *Romanische Forschungen* LXXXVI, Vittorio Klostermann, Frankfurt am Main, pp. 447-450.

Deroy Louis (1980), *L'Emprunt linguistique* (Nouvelle édition avec corrections et additions), Société d'Édition « Les Belles Lettres », Paris.

Sainéan Lazare (1906), *Notes d'étymologie romane* [dans :] *Zeitschrift für Romanische Philologie* XXX, Band 30, Heft 3, Max Niemeyer Verlag, Halle, pp. 556-571.

Dictionnaires

BA = Battisti Carlo, Alessio Giovanni (1968), *Dizionario etimologico italiano* (5 vol.), G. Barbèra Editore, Firenze.

Ciorănescu Alexandru (2002), *Dicţionarul etimologic al limbii române* (Ediţie îngrijită şi traducere din limba spaniolă, de Tudora Şandru Mehedinţi şi Magdalena Popescu Marin), Editura Saeculum I. O., Bucureşti.

CP = Corominas Joan, Pascual José A. (1980), *Diccionario crítico etimológico castellano e hispánico* (Tomo I), Editorial Gredos, Madrid.

CZ = Cortelazzo Manlio, Zolli Paolo (1979), *Dizionario etimologico della lingua italiana* (Vol. I), Zanichelli, Bologna.

Devoto Giacomo (1967), *Avviamento alla etimologia italiana. Dizionario etimologico*, Felice Le Monnier, Firenze.

DEXI = Dima Eugenia (coord.) (2007), *DEXI. Dicţionar explicativ ilustrat al limbii române*, Arc & Gumivas, Chişinău.

Dexonline = http://dexonline.ro (*Dicţionar explicativ al limbii române*).

DLE = Real Academía Española (1992), *Diccionario de la lengua española* (Vigésima Primera Edición, Tomo I), Madrid.

DLP = *Dicionário da Língua Portuguesa* (2008), Dicionários Editora, Porto Editora, Porto.

DLR1 = Laurianu A. T., Massimu J. C. (1871), *Dictionarulu Limbei Romane*, Noua Typographia a Laboratoriloru Romani, Bucuresci.

DLR2 = Academia Română (1913), *Dicţionarul Limbii Române* (Tomul I, Partea I), Librăriile Socec & Comp. şi C. Sfetea, Bucureşti.

DLRM = *Dicţionarul Limbii Romîne Moderne* (1958), Editura Academiei Republicii Populare Romîne, Bucureşti.

DMD = Dubois Jean, Mitterand Henri, Dauzat Albert (1993), *Dictionnaire étymologique et historique du français* (2e édition), Larousse, Paris.

DPF = *Diccionario Portuguez-Francez* (1913) (8.^{a} edição), Livraria Francisco Alves – Livrarias Aillaud e Bertrand, Rio de Janeiro – Paris – Lisboa.

Duden = Drosdowski Günther *et al.* (1996), *Duden, Deutsches Universalwörterbuch* (3., neu bearbeitete und erweiterte Auflage), Dudenverlag, Mannheim – Leipzig – Wien – Zürich.

Graur Alexandru (1978), *Dicţionar de cuvinte călătoare*, Editura Albatros, Bucureşti.

Hachette = *Dictionnaire Hachette* (2003), Hachette Livre, Paris.

http://www.hiztegia.org/ (*Słownik polsko-baskijski i baskijsko-polski « Lagun »*).

Klein Ernest (1966), *Klein's Comprehensive Etymological Dictionary of the English Language* (Vol. I), Elsevier Publishing Company, Amsterdam – London – New York.

Kluge Friedrich (1989), *Etymologisches Wörterbuch der deutschen Sprache* (22. Auflage), Walter de Gruyter, Berlin – New York.

Machado José Pedro (1956), *Dicionário etimológico da língua portuguesa* (Vol. I), Editorial Confluência, Lisboa.

MDLR = Colecţia *Mari dicţionare ale limbii române*, Editura Litera Internaţional (Collection multimédia de dictionnaires de la langue roumaine).

MWD = http://www.merriam-webster.com/dictionary (*Merriam-Webster Dictionary*).

ODEE = Onions C. T. (ed.) (1966), *The Oxford Dictionary of English Etymology*, Oxford University Press, Oxford.

OED = http://www.etymonline.com (*Online Etymology Dictionary*).

Oxford = Wehmeier Sally (ed.) (2000), *Oxford Advanced Learner's Dictionary of Current English* (Sixth edition), Oxford University Press, Oxford – New York.

Priberam = http://www.priberam.pt/dlpo/dlpo.aspx (*Dicionário da Língua Portuguesa On-Line*).

Rey Alain (1992), *Dictionnaire historique de la langue française* (Vol. I), Dictionnaires Le Robert, Paris.

Robert = *Le Nouveau Petit Robert. Dictionnaire alphabétique et analogique de la langue française* (1993), Dictionnaires Le Robert, Paris.

Trask Robert Lawrence (2008), *Etymological Dictionary of Basque* (edited for web publication by Max W. Wheeler), University of Sussex.

Trésor = http://www.atilf.atilf.fr/ (*Le Trésor de la Langue Française Informatisé*).

Wahrig = Wahrig-Burfeind Renate (ed.) (2006), *Wahrig, Deutsches Wörterbuch* (8., vollständig neu bearbeitete und aktualisierte Auflage), Wissen Media Verlag, Gütersloh – München.

Zingarelli = Dogliotti Miro, Rossiello Luigi (orgs.) (1997), *Lo Zingarelli* (Dodicesima edizione), Zanichelli, [s.l.].

Studia Etymologica Cracoviensia
vol. 15   Kraków 2010

Wolfram EULER (München)

DER SCHWUND DES DUALS
IN DER FLEXION INDOGERMANISCHER EINZELSPRACHEN

1. Einleitung

Der Dual nimmt in den indogermanischen wie in den semitischen Sprachen neben den Numeri Singular und Plural die schwächste Position ein, innerhalb beider Sprachfamilien ist der Dual in den Einzelsprachen im Schwinden begriffen;[1] unter den uralischen Sprachen hat er nur mehr in Randsprachen, den lappischen, obugrischen und samojedischen Sprachen überlebt.[2] In den indogermanischen Einzelsprachen vermag sich der Dual am ehesten bei den Personalpronomina, weniger unter den Nomina und im Verbalsystem zu halten. So kann es kaum verwundern, daß der Dual in einschlägigen Grammatiken und Handbüchern vielfach oberflächlicher und marginaler behandelt wird als die beiden anderen Numeri – was indes nur einen Anlaß zu eigenen Untersuchungen bietet.

Da die Personalpronomina in den indogermanischen Sprachen vor allem innerhalb der obliquen Kasus stark voneinander abweichen, ist auch die Rekonstruktion indogermanischer Grundformen des Duals dort am stärksten mit Problemen behaftet. Dagegen lassen sich im nominalen Bereich sowohl die Casus recti als auch die Casus obliqui relativ gut für das Urindogermanische erschließen. Aber auch im Verbalsystem finden sich nicht nur im Präsens, sondern gerade in Formkategorien mit den "Sekundärendungen" vor allem zwischen dem Indoiranischen und Griechischen überraschend genaue Parallelen.

Es können und sollen in der folgenden Untersuchung nicht nochmals alle Dualformen ausführlich erörtert werden, vielmehr soll zunächst kurz eine Bestandsaufnahme erfolgen, wo unter den indogermanischen Einzelsprachen die Dualkategorie im nominalen und pronominalen wie im verbalen Bereich ganz oder teilweise erhalten ist. Da indes innerhalb der Verbalflexion der Dual in mehreren Sprachen nur in der 1. und 2. Person oder in der 2. und 3. Person

---

[1] Siehe zur Rolle des Duals im Semitischen bei Nomina (sc. bes. Körperteilen) Lipiński 1997: 236-238, beim Verbum bereits Brockelmann 1908: 455-459.
[2] Siehe Hajdú / Domokos 1987: 236f.

überlebt hat, spielt auch dieser Gesichtspunkt des Verlustes eine wichtige Rolle in dieser Arbeit.

Beachtlicherweise findet sich gerade im archaischen Hethitisch-Anatolischen keine Spur einer Dualkategorie, während im stark verfremdeten Tocharischen der Dual als Numerus nicht nur in der Nominal-, Pronominal- und Verbalflexion noch vorhanden ist, sondern sich daneben auch ein Paral (zur Bezeichnung natürlicher Paare, etwa von Körperteilen) herausgebildet hat.

Den umfangreichsten Bestand an Dualformen auf allen Gebieten der Morphologie zeigt das Indoiranische, genauer das Altindische und – soweit diese überliefert sind – auch das Awestische und Altpersische; im Mittelindischen ist er dagegen bereits verloren gegangen. Damit kommt dem Altindischen wie in vielen anderen Bereichen der Morphologie auch hier eine Schlüsselrolle im Vergleich mit allen anderen indogermanischen Sprachen zu.[3] An zweiter Stelle stehen ungeachtet ihrer späten Überlieferung das Altkirchenslawische (samt dem Altrussischen) und das Litauische (dort allenfalls noch in der Schriftsprache),[4] während bereits im homerischen Griechisch mehrere Formen verloren gegangen sind und die Dualformen auch dort schon in homerischer Zeit durch Pluralformen ersetzt werden können.[5] Innerhalb des Germanischen hat nur mehr das Gotische verbale Formkategorien des Duals unvollständig bewahrt, während in anderen germanischen Sprachen lediglich unter den Personalpronomina der 1. und 2. Person der Dual noch erhalten ist. Umgekehrt wie im Gotischen hat innerhalb des Keltischen im Altirischen der Dual nicht im verbalen, sondern im nominalen Bereich überlebt, dessen verstümmelte Endungen kaum eindeutige Ansätze urkeltischer Formen zulassen. Die weiteren Sprachen der Indogermania haben den Dual als eigene Flexionskategorie sowohl auf dem Gebiet der Nomina und Pronomina als auch der Verben endgültig aufgegeben.

Im folgenden werden zwar Sachverhalte vorgeführt, die sich bereits bei Brugmann 1911/1916 wiederfinden. Das Ziel der vorliegenden Untersuchung ist jedoch letztlich nicht der Vergleich, sondern das Herausfinden von Ursachen, warum in den Einzelsprachen bald diese, bald jene Pronominal- und Nominalformen wie Verbalformen verloren gegangen oder umgebildet worden sind. Die Arbeit gliedert sich in zwei Abschnitte, in denen zuerst der Dual im Bereich der Deklination, danach der Konjugation behandelt wird. Im ersten Abschnitt wird

---

[3] Dies trifft auch für die syntaktische Verwendung des Duals in den Einzelsprachen zu, s. dazu jetzt die Untersuchung von Lühr 2000: 263-268, insbesondere mit syntaktischen Vergleichen zum Griechischen, ferner Awestischen und Gotischen.

[4] Nur im Slowenischen und Sorbischen ist der Dual lebendig geblieben, in anderen Slavinen tauchen Dualformen lediglich noch als Relikte auf oder sind an die Stelle von Pluralformen getreten (wie im Serbokroatischen die Endung -ma als Dativ/Instrumental), s. zum Fortleben des Duals bei Substantiven in den Slavinen Bräuer 1969: 130-143. Speziell zum Niedersorbischen s. jetzt den Aufsatz von Igartua 2005.

[5] Siehe zum Nebeneinander von Dual und Plural Lühr 2000: 264f.

wie in den einschlägigen Grammatiken der Dual zunächst innerhalb der nominalen Deklination erörtert, zumal gerade bei den Konsonantstämmen die Dualendungen am klarsten hervortreten. Da der Dual erwartungsgemäß bei dem
Zahlwort für 'zwei' in den meisten Sprachen am lebendigsten geblieben ist,
wird dieses auch genauer behandelt. An dritter Stelle steht der Dual in der Pronominalflexion, exemplarisch bei dem Demonstrativ idg. *to-/tā- 'der, dieser',
da dieses in vielen Einzelsprachen fortbesteht.

Ausgeklammert wird hier das Personalpronomen der 1. und 2. Person, da
hierfür in vielen indogermanischen Sprachen eigene Formen zur Verfügung stehen, wenngleich diese natürlich formal eine größere Affinität zu den Pluralformen als zu Singularformen aufweisen.[6] Dies gilt für das Indoiranische und Griechische ebenso wie für das Slawische, Baltische und Germanische, wie bereits
ein oberflächlicher Überblick über die Dualformen in den Einzelsprachen vor
Augen führt, vgl. den Akkusativ ai. *nau* (Enklitikon) mit gr. *νώ* (Nom., Akk.),
aksl. *na* (Akk.) und bedingt mit air. *nathar* (Genitiv, Reliktform) aus idg. *nṓ(u)*
'uns beide' sowie ai. *vām* (Akk.) mit aksl. *va* (Nom., Akk.) bzw. air. *fathar* aus
wṓ 'euch beide', im Nominativ lit. *vèdu* mit got. *wit* 'wir beide' und ai. *yuvā́m*
mit lit. *jùdu* und got. *jut* (as. *git*) 'ihr beide'.[7]

Zur Methodik bleibt zu bemerken, daß nur Formen nicht überlieferter
Sprachschichten (Indogermanisch, Protoslawisch) mit Asterisk versehen werden; soweit Formen in Einzelsprachen, etwa dem Awestischen zwar nicht belegt
sind, sich aber problemlos erschließen lassen, unterbleibt diese Kennzeichnung;
unsichere Formen werden mit Fragezeichen herausgehoben.

2. Der Dual im nominalen Bereich

Im Indoiranischen und im Slawischen (dem Altkirchenslawischen wie Altrussischen), ja selbst im Altirischen liegt auf dem Gebiet der Nominalstämme
ein verhältnismäßig abgerundeter Bestand an Dualformen vor, der eine Rekonstruktion indogermanischer Grundformen ohne besondere Probleme ermöglicht.
Hinzugefügt werden muß freilich, daß im Dual grundsätzlich Nominativ-, Vo-
kativ- und Akkusativformen gleich lauten, ebenso Genitiv- und Lokativformen
(diese indes nicht im Altiranischen) sowie Dativ-, Ablativ- und Instrumentalfor-
men, so daß im Altindischen und im Slawischen nur jeweils drei Dualformen in
einem Paradigma existieren. Die letzteren Kasusformen weisen ihrerseits eine

---

6 Siehe zum Dual des Personale nach wie vor die Monographie von G. Schmidt 1978:
   167-246, wo er den Dual generell zusammen mit dem Plural behandelt; speziell im
   Germanischen Seebold 1984: 25-27 (Nominativ) und 37-39 (oblique Kasus).

7 Das Pronomen der 2. Person Dual hat in Pluralfunktion bis heute in nisl. *þið* wie
   bair. *es* 'ihr' überlebt.

starke Affinität zu den entsprechenden Pluralformen mit *bh*-Formans im Altindischen (= *b*-Formans im Awestischen) und *m*-Formans im Slawischen sowie
b-Formans im Altirischen auf – die Diskrepanz der *m*-haltigen Endungen im
Slawischen wie auch im Baltischen und Germanischen gegenüber dem Indoiranischen und allen anderen indogermanischen Sprachen fällt formal dabei gar
nicht so sehr ins Gewicht. Demgegenüber gibt es im Litauischen, das als einzige
baltische Sprache den Dual als lebendige Kategorie noch bis in jüngste Zeit bewahrt hat, keine eigenen Formen mehr für den Genitiv und Lokativ des Duals.

Da wie gesagt die Nominalstämme auf Konsonant die Dualendungen am
genauesten erhalten haben, empfiehlt es sich, an erster Stelle ein Substantiv her-
auszugreifen, das in den meisten indogermanischen Sprachen wiederkehrt, nämlich jenes für 'Hund', ein Maskulinum, in dem nicht nur der Stammablaut in
allen Einzelsprachen, sondern weitgehend auch der archaische Endungssatz
noch vorhanden ist, soweit es sich dort wiederfindet, nämlich im Indoiranischen, Griechischen, Baltischen (Litauischen) und Keltischen (Altirischen):

	Altindisch	Griechisch	Litauisch	Altirisch
Nom./Akk.	śvā́nau, -ā	κύνε	šuniù	coin
Gen.	śúnoḥ	κύνοιν	–	con
Lok.	śúnoḥ	–	–	–
Dat.	śvábhyām	–	šunìm	con(a)ib
Instr.	śvábhyām	–	šunìm	con(a)ib

Die ursprünglichsten Endungen liegen zweifellos im Altindischen vor, im
Awestischen ist ebenfalls der Dual mit der Nominativform *spāna* belegt. Im Gegensatz zum Indoiranischen hat sich in den anderen Sprachen indes die nullstu-
fige Wurzel aus idg. *$\hat{k}$un-* durchgesetzt, lediglich im Nominativ zeigen alle Sprachen dehnstufige Wurzel: ai. *śvā́* = aw. *spā* = gr. *κύων* = lit. *šuõ* = air. *cū*, alle
aus idg. *$\hat{k}$wṓ(n)*. In den anderen Sprachen macht sich der Einfluß der produktiven Maskulina auf -*o*- bemerkbar, sei es im Nominativ/Akkusativ lit. *šuni-ù*
oder in air. *con(a)ib* aus urkelt. *kunobi-*; dagegen wurden bereits von Brugmann der Casus rectus aw. *spāna*, gr. *κύνε* und air. *coin* (aus *kune*) auf idg.
$\hat{k}$wone sowie der Genitiv ai. *śúnoḥ* und air. *con* (aus *kunou*) auf idg. *$\hat{k}$u-
nou(s)* zurückgeführt,[8] doch findet sich im Litauischen auch noch die dialektale
Dualform eines anderen *n*-Maskulinums: *žmúne* zu *žmuõ* 'Mensch'. Zur Endung
in κύνοιν siehe Seite 89.

---

[8] Siehe die Tabelle bei Brugmann 1911: 294; zu gr. κύνε vgl. auch myk. *ti-ri-po-de* (=
     τρί-ποδε 'zwei Dreifüße, dreifüßige Kessel', s. Hajnal 1995: 67). Zu den Grundfor-
     men innerhalb des Keltischen s. Pokorny 1969: 41 (Endungen der konsonantischen
     Flexion) sowie MacCone 1994: 202f.

Ins Auge fällt die Übereinstimmung der labialhaltigen Endungen des Dativs und Instrumentals im Altindischen und Litauischen sowie des Dativs im Altirischen (von Haus aus eine Instrumentalform), die aber noch bei den folgenden *r*-Stämmen genauer untersucht werden soll. Der Stammauslaut *-i-* im Dativ/Instrumental im Litauischen tritt bei allen ursprünglichen Konsonantstämmen auf und hat seinen Ursprung im Akkusativ, dessen Endung im Singular urbaltisch *-in lautete und idg. *-ṃ fortsetzt, dabei aber mit der Endung der *i*-Stämme aus idg. *-in zusammenfiel – ähnlich wie im Slawischen, s. dazu Genaueres auf Seite 82. Im Griechischen standen jedoch keine Labialendungen mehr für den Dativ im Dual wie im Plural im Gegensatz zum Indoiranischen und Slawischen zur Verfügung, so daß die ursprüngliche Genitivform auch die Funktion des Dativs übernahm; umgekehrt hat das Baltische die Diphthongendung des Genitivs Dual eingebüßt.

Um allerdings das Bild der Dualflexion bei den Konsonantstämmen abzurunden, ist es unerläßlich, Substantive einer anderen Stammklasse mit sicheren indogermanischen Grundlagen zu betrachten, nämlich Verwandtschaftsbezeichnungen mit dem Stammauslaut *-ter-*, jene für 'Vater' und für 'Mutter', zumal hier nicht nur das Awestische, sondern vor allem das Slawische zusätzliche Aufschlüsse bietet:

	Altindisch	Jungawestisch	Aksl.	Altirisch
Nom./Akk.	*pitárau, -ā*	*pitara*	*materi*	*a(i)thir*
Gen.	*pitróḥ*	*fəðrā̊*	*materьju*	*athar*
Lok.	*pitróḥ*	*fəðrō*	*materьju*	–
Dat.	*pitṛ́bhyām*	*ptərᵊbiia*	*materьma*	*a(i)thrib*
Instr.	*pitṛ́bhyām*	*ptərᵊbiia*	*materьma*	*a(i)thrib*

Das Litauische besitzt als etymologische Parallele *mótė* in der Bedeutung '(Ehe)frau' mit den Dualformen Nom./Akk. *móteri* und dem Dat./Instr. *móterim* bzw. *moterim̃* (das Substantiv für 'Vater' ist hier wie im Slawischen ebenfalls ersetzt worden); wie im Slawischen wurde auch im Baltischen der hochstufige Stammauslaut auf *-ter-* bis auf den Nominativ Singular verallgemeinert. Im Griechischen lauten die Dualformen für 'Vater' im Nom./Akk. πατέρε und im Gen./Dat. πατέροιν, die letztere Form läßt sich etymologisch nicht von der Dualendung des Genitivs im Indoiranischen trennen (s. dazu Seite 89).

Allein innerhalb des Indoiranischen treten jedoch Abweichungen auf, die einer Erklärung bedürfen. Im Altindischen und Slawischen stimmen die Endungen des Genitivs und Lokativs so sehr miteinander überein, daß sie schon von Brugmann auf idg. *-ou(s) zurückgeführt wurden;[9] im Jungawestischen kann

---

[9] Siehe für die *r*-Stämme Brugmann 1911: 296.

dagegen nur die Lokativendung -ō auf urarischem *-au und somit idg. *-ou
fußen, die Genitivendung hingegen setzt dagegen urar. *-ās fort und ist somit
eindeutig eine Neuerung.[10] Mit der Endung des Dativs und Instrumentals -biia
(= ap. -biyā) zeigt das Awestische gegenüber ai. -bhyām zweifellos den ursprünglichen Zustand, wie wiederum die Endung aksl. -ma bestätigt; das auslautende -m
im Altindischen könnte den Personalpronomina des Duals, āvā́m und yuvā́m
entnommen sein (s. dazu Seite 79).[11] Mit dem zusätzlichen -y- weicht diese Dualendung ebenso von den meisten anderen indogermanischen Sprachen ab wie die
Pluralendung ai. -bhyaḥ, aw. -biiō (aus urar. *-bhyas), vgl. zu dieser lat. -bus in
patribus, mātribus und gall. -bo in atrebo, ματρεβο (ersteres in Inschrift von
Plumergat, letzteres mehrfach belegt), aber auch aksl. materemъ (also mit
ursprünglich dunklem Vokalauslaut) sowie im Baltischen die Dativendung apr.
-mans (mit n vom Akkusativ her). Die Endung des Nominativ/Akkusativ ai. -au
= jaw. -a setzt urarisch *-ā(u), einen Langdiphthong fort und gehört ursprünglich den Maskulina auf -a- an.

Zum Slawischen bliebe etwas Grundsätzliches zu bemerken. Das Urslawi-
sche hat die starken phonologischen Neuerungen, insbesondere die Palatalisie-
rungen und Monophthongierungen, erst in frühgeschichtlicher Zeit, kurz vor der
Ausbreitungen der Slawen im 6. Jahrhundert n.Chr. vollzogen. Sucht man nun
dieses frühe Protoslawisch zu rekonstruieren, so kommt dessen hocharchaischer
Charakter auf dem Gebiet der Morphologie noch deutlicher zur Geltung gegenüber dem phonologisch zweifellos altertümlicheren Baltischen.[12] Für das Protoslawische wären daher die Formen Nom./Akk. *māterī, Gen./Lok. *māterijau
und Dat./Instr. *māterimā anzusetzen, was auch vom Baltischen her bestätigt
wird.[13] Daß hier Einflüsse der Substantive auf -i- vorliegen, braucht nicht zu
stören: Da im Protoslawischen wie im Urbaltischen (ähnlich wie im Lateinischen) die Akkusativendungen des Singulars der Konsonantstämme auf *-in
(aus idg. *-m̥) mit jenen der i-Stämme zusammengefallen waren, konnten sich
von dort aus i-haltige Formen über fast das gesamte Paradigma jeweils ausbreiten.[14] Im Slawischen betraf diese Entwicklung grundsätzlich auch den Casus
rectus, im Litauischen dagegen gibt es wie bereits erwähnt noch vereinzelte
Maskuline auf -e wie žmū̃ne '(zwei) Menschen', vgl. dazu gr. πατέρε, so daß für

---

[10] Siehe zu diesen beiden Endungen im Awestischen jetzt Hoffmann / Forssman 2004:
       115.
[11] Shields (1997: 45) interpretiert den m-Auslaut dieser Formen als Einfluß der Dual-
       pronomina āvā́m und yuvā́m.
[12] Siehe morphologische Rekonstrukte von Nominalstämmen im Protoslawischen bei
       Holzer 1998: 61f. und Euler 2005/06: 45f.
[13] Siehe den balt.-slaw. Vergleich dieser Dualformen bei Arumaa 1985: 119.
[14] Siehe zu den Fortsetzern einstiger Konsonantstämme Eckert 1983, speziell zu indo-
       germanischen Gleichungen dort S. 23-80, zu baltisch-slawischen Gleichungen 80-
       173.

das Indogermanische eine maskuline Endung *-e angesetzt werden kann (sofern -ε nicht auf idg. *-∂_1 basiert).[15] Die litauischen Endungen des Dativs und Instrumentals müssen allerdings einen Auslautvokal, vielleicht gerade -$\bar{a}$ eingebüßt haben – ebenso wie die pluralische Dativendung alit. -mus zu -ms gekürzt worden ist.[16]

Nicht eindeutig durchschaubar sind die Endungen im Altirischen, lediglich anhand der Schreibungen des Stammes läßt sich ablesen, ob die jeweilige Endung einen hellen oder dunklen Vokal enthalten hat. So kann zwar der Nom./Akk. air. a(i)thir aus urkelt. *atere mit gr. πατέρε eine indogermanische Grundform *p∂_2tére und der Genitiv athar aus urkelt. *atrou mit ai. pitróḥ idg. *p∂_2tróu(s) fortsetzen.[17] Im Dativ a(i)thrib aus urkelt. *atribi hat sich indes wie im Plural eine Endung mit hellem Vokal durchgesetzt, die im Dual möglicherweise wie die Pluralendungen ai. -bhis und aw. -bīš die indogermanische Instrumentalendung *-b^{h}i(s) fortsetzt, vgl. dazu auch gall. -bi in gobedbi 'den Schmieden' (Inschrift von Alesia).[18] Angesichts dieses Befundes läßt sich somit der Dual des Verwandtschaftsnamens für das Indogermanische wie folgt rekonstruieren: Nom./Akk. *p∂_2tére, Gen./Lok. *p∂_2tróu(s) und Dat./Instr. *p∂_2t$\mathring{r}$b^{h}ā (oder *-b^{h}ō).

Damit wären für das Maskulinum wie Femininum Beispiele mit indogermanischer Etymologie behandelt. Weniger verbreitet waren unter den Konsonantstämmen Neutra, hier bieten sich die Stämme auf einstigem idg. *-s- an, weil es dort mehrere Substantive mit sicherer indogermanischer Herkunft gibt. Da in den obliquen Kasus die Endungen im allgemeinen denen der anderen Genera entsprechen, genügt es, einzelne Gleichungen im Dual anzuführen, vgl. also ai. jánasī 'beide Geschlechter' (dieses Substantiv nur als Dual in RV 2,2,4

---

[15] Siehe dazu Stang 1966: 222 mit weiteren mask. Dualendungen und Mažiulis 1970: 256. Den laryngalistischen Ansatz für gr. -ε aus idg *-∂_1 bei Rix 1976: 159.

[16] Siehe Zinkevičius 1984: 206 mit dem Ansatz urbalt. *-ermā́ für die r-Stämme, anders noch Mažiulis 1970: 212 mit Ansatz *-mō̄ (allgemein zur Endung des Dativ/Instrumental).

[17] Siehe Pokorny 1969: 45 mit den Dualformen *p∂tere, *p∂trou (aufbauend auf Pedersen 1913: 98) und MacCone 1994: 203 mit urkelt. *atrow.

[18] Siehe Pokorny 1969: 45 mit der Dualform *p∂tr-bhim und MacCone 1994: 203 mit urkelt. *atribim, etwas anders noch Pedersen 1913: 98, der für den Dativ die Endung *-bhēm (entsprechend zum Altindischen) ansetzt, weniger glaubhaft. Die Instrumentalendung war ursprünglich numerusindifferent, wie die relikthafte Endung gr.-hom. -φι vor Augen führt (in instrumentaler Funktion etwa in ἶφι 'mit Kraft', βίηφι 'mit Gewalt'). Im Gallischen standen aber im Plural noch die alte Dativendung und die Instrumentalendung nebeneinander, nämlich -bo in atrebo, ματρεßβο und -bi in gobedbi 'mit den Schmieden' und der Pronominalform eiabi (Instrumentale in der Inschriften von Alesia bzw. von Chamelières und Larzac), s. zu beiden Endungen Lambert 1995: 53 bzw. 99-101 (ausführlich zu gobedbi); anders Meid 1992: 29, der gobedbi als Dativ interpretiert.

belegt!) etymologisch mit gr. γένει (aus *γένεσε) 'ds.'; aus dem Altkirchenslawischen wäre *slovesě* 'zwei Wörter' anzuführen, vgl. dazu ai. *śrávas-* und gr.
κλέος 'Ruhm' sowie aw. *srauuah-* 'Wort'. Demgegenüber wurde die altirische
Dualform *tech* 'zwei Häuser' aus dem Singular (aus *tegos) übernommen. Doch
zwischen diesen Sprachen weichen Dualendungen im Casus rectus der Neutra
untereinander ab: Die Endungen ai. *-ī* und gr. *-ε* gleichen denen im Wurzelnomen *akṣī* bzw. ὄσσε 'beide Augen' und setzen in Wirklichkeit dieselbe archaische Laryngalendung fort, siehe dazu unten; dagegen ist *-ě* im Slawischen (aus
protoslaw. *-ai) den thematischen Neutra entnommen.[19] Geeigneter für einen
Vergleich sind daher zwei neutrische Wurzelnomina für paarige Körperteile.

Statt dieser Neutra auf Sibilant bezeugen zwei Bezeichnungen paariger
Körperteile im Baltischen und Slawischen mit ihren Dualformen weitaus deutlicher, wie lebendig der Dual in voreinzelsprachlicher Zeit bei solchen Substantiven war – und seien sie ursprünglich neutrischen Geschlechts; in beiden Fällen
handelt es sich um hocharchaische Wurzelnomina. So lassen sich lit. *akì* '(beide) Augen' und *ausì* '(beide) Ohren' mit aksl. *oči* bzw. *uši* auf gemeinsame
Vorformen *akī '(beide) Augen' bzw. *ausī zurückführen. Auch aw. *aši* (= ai.
akṣī) bzw. *uši* mit denselben Bedeutungen stimmen in der Wurzel bei Ansatz
von idg. *h₂us-* wie auch in den Endungen mit dem Baltischen und Slawischen
überein und sind fast nur im Dual belegt, der Sibilant in *aši/akṣī* kann durchaus
als Einfluß von *uši* her (sc. bereits im Urarischen) interpretiert werden.[20] Demgegenüber weichen die Singulare in den Einzelsprachen völlig voneinander ab:
Das Neutrum ai. *ákṣi* (Gen. *akṣṇáḥ*) ist teilweise wie die sekundären Feminina
lit. *akìs* und *ausìs* als ursprüngliches Wurzelnomen zu den *i*-Stämmen überge-
wechselt, während im Slawischen zwar die Neutra als solche erhalten blieben,
stattdessen aber die Singulare zu *s*-Stämmen verbaut wurden, nämlich als *oko*,
Gen. *očese* und *ucho*, Gen. *ušese*.[21] Die Ursachen hierfür liegen in der Natur der
Sache selber begründet: Im Normalfall ist von beiden Augen oder Ohren die
Rede, von einem der beiden Organe jedoch nur in Ausnahmefällen, wie bei Ver-
letzungen.[22] Daß in allen drei eben genannten Sprachen sich der *ī*-Vokal auch
auf die obliquen Kasus ausbreitet, sei nur der Vollständigkeit halber erwähnt,
sei es im Altindischen und Awestischen bei den Formen *akṣíbhyām* bzw. *ušibiia*
oder im Slawischen mit den Formen *ušiju* und *ušima*, die Stammauslaute des

---

[19] Siehe mykenische Beispiele bei Hajnal 1995: 56: *qi-si-pe-e* = ξίφεε 'zwei Schwer-
ter', ferner *di-pa-e* = δέπαε 'zwei Becher' usw.

[20] Diese Interpretation s. bei Szemerényi 1967: 68 A. 2.

[21] Die alten Dualformen haben sich in den Slavinen erhalten, im Tschechischen wurden indes neue semantisch differenzierte Pluralformen *oka* 'Fettaugen auf der Sup-
pe' und *ucha* 'Henkel (von Töpfen)' hinzugebildet.

[22] Wenn von einem Auge die Rede war, diente *-i* in *ákṣi* zugleich als deiktische Ver-
stärkungspartikel, ausgeschlossen ist eine idg. Form für den Singular durchaus nicht
(z.B. im Bericht von einer Verletzung oder Erblindung eines Auges).

Dativs und Instrumentals mit langem $\bar{\imath}$ im Altindischen und ursprünglich auch im Slawischen beruhen mit Gewißheit jeweils auf dem Nominativ.[23] Im Litauischen flektieren ohnehin beide Substantive als reine *i*-Feminina. Auf jeden Fall bezeugen diese beiden Körperteilbezeichnungen, daß die indogermanische Dualendung des Casus rectus neutrischer Konsonantstämme *-$\bar{\imath}$ lautete, das heute im laryngalistischen Sinn als *-*i*-∂_1 analysiert wird (mit der ältesten Dualendung überhaupt: *-∂_1). Diese Analyse erweist sich sogar als unerläßlich, wenn man mit *akí, oči* und *akṣí* auch den relikthaften neutrischen Dual ὄσσε, ebenfalls 'beide Augen' direkt gleichsetzt. Unter diesen Voraussetzungen wäre dann als indogermanische Grundform *$h_3ek^wih_1$ bzw. für das Griechische *$h_3\acute{e}k^wy\partial_1$ (mit vokalischem Allophon des Laryngals) anzusetzen;[24] im Indoiranischen wurde dann diese archaische Endung *-$\bar{\imath}$* auf andere Neutra übertragen. Auch der tocharische Paral *eś-ane* 'beide Augen' fußt auf dem indogermanischen Etymon.[25]

Es würde hier zu weit führen, die Konsonantstämme mit sämtlichen Stammauslauten auf ihre Bestände an Dualformen zu untersuchen, ebenso alle vokalischen Stammklassen. Die Stämme auf -*i*- wurden bereits erwähnt, auch deren Maskulina flektieren nicht wesentlich anders als die beiden eben erörterten Neutra, lediglich im Casus rectus weichen die Sprachen voneinander ab: So lautet zu ai. *páti-* 'Gatte' der Dual *pátī* (vgl. auch aw. *aēþra-paiti* 'zwei Herren der Priesterschule'), für gr. πόσις 'ds.' wäre *πόσει (mit hochstufigem Stammauslaut *-*ey*-) zu erwarten, im Litauischen erscheint dagegen zu *pàts* 'Ehemann' im Dual *pačiù* eine Endung der Maskulina auf -*a*-. Das Slawische stimmt mit dem Indoiranischen weitgehend überein, vgl. etwa den Dual *gosti* 'beide Gäste', anzusetzen wäre somit idg. *pótī* 'beide Ehemänner'. Ja selbst im Dativ entspricht ai. *pátibhyām* aksl. *gostьma* mit dem Stammauslaut auf ursprünglich kurzem -*i*- (im Gegensatz zu *akṣíbhyām* bzw. *ušima* mit langem -*i*-). Wiederum lassen auch bei den *i*-Stämmen die Dualformen im Altirischen nur bedingt Schlußfolgerungen zu: Der Nominativ *fáith* 'zwei Propheten' (vgl. lat. *vātis* 'Seher') setzt offensichtlich urkelt. *wātī, der Dativ *fáthib* *wātibi fort, wogegen der Genitiv *fátho* seine Endung wie im Singular von den *u*-Stämmen übernommen hat; die neutrische Dualform *muir n-* 'zwei Meere' entstammt wiederum dem Singular.[26]

---

[23] Siehe zu *akṣíbhyām* Mayrhofer 1992: 42f., zu *ušima* Arumaa 1985: 130.

[24] Siehe speziell zur idg. Grundlage von ὄσσε Forssman 1969: 46-48 mit den Rekonstrukten *$ok^wy\partial_1$, für das Griechische und *ok^wih_1 für die anderen Sprachen, den laryngalistischen Ansatz für ὄσσε wie Beispiele anderer Stammklassen auch bei Rix 1976: 160; darüber hinaus sind keine Formen mit ursprünglich laryngalhaltiger Endung im Neutrum für das Griechische gesichert, s. dazu Hajnal 1995: 88. An Obliquusformen sind schon bei Hesiod nur mehr die Plurale ὄσσων und ὄσσοις belegt.

[25] Klingenschmitt (1994: 381f.) leitet die Endung -*ane* aus *-$\bar{a}$-*na* letztlich aus der idg. Dualendung *-$\bar{o}$ her (in *āntsane* '(beide) Schultern' (= ai. +áṃsā, gr. ὤμω)).

[26] Siehe zu den Dualendungen der *i*-Stämme Pedersen 1913: 95.

An dieser Stelle sollen auch die *u*-Stämme betrachtet werden, zumal hier in den älteren indogermanischen Sprachen zwei Ablauttypen vorliegen, einer mit hysterokinetischer und ein anderer mit proterokinetischer Flexion, die sich auch im Dual teilweise voneinander unterscheiden.[27] Zum ersteren Flexionstyp gehört die Verwandtschaftsbezeichnung für 'Sohn', die sich in mehreren Einzelsprachen wiederfindet und daher auch mit den Dualformen aufgeführt wird (im Altindischen wie im Slawischen sind die obliquen Kasus zwar nicht belegt, lassen sich aber mühelos erschließen):

	Altindisch	Aksl.	Litauisch
Nom./Akk.	*sūnū́*	*syny*	*sū́nu*
Gen./Lok.	*sūnvóḥ*	*synovu*	–
Dat./Instr.	*sūnúbhyām*	*synъma*	*sūnùm/sūnum̃*

Daneben gab es im Indoiranischen Formen des Casus rectus mit hochstufigem Wurzelauslaut, hierunter wurden ai. *bāhávā* (mit sekundärer Länge nach den *a*-Maskulina), aw. *bāzauua* 'beide Arme' genau mit gr. πήχεε 'ds.' verglichen und so auf ostidg. *$b^h\bar{a}\hat{g}^h éwe$ zurückgeführt,[28] allerdings können die arischen Formen ebenso gut idg. *-ō, also eine Endung der *o*-Stämme fortsetzen, nicht jedoch wie πήχεε etwa *$b^h\bar{a}\hat{g}^h éwa_1$. Andererseits ist im Rigveda neben *bāhávā* auch eine Dualform *bāhū́* mehrfach belegt, so daß innerhalb eines Paradigmas für einen Kasus bisweilen zwei Formen zur Verfügung stehen. Gegenüber dem fragwürdigen Vergleich von ai. *bāhávā*, aw. *bāzauua* mit gr. πήχεε bietet die Gleichung ai. *sūnū́* = aksl. *syny* = lit. *sū́nu* und somit der Ansatz von idg. *$sūn\acute{u}$ keinerlei lautliche Probleme. Auch im Stammauslaut der Dativ-/Instrumentalformen mit kurzem -*u*- stimmen das Indoiranische, Slawische und Baltische miteinander überein, lediglich im Genitiv/Lokativ weicht das Slawische mit hochstufigem Stammauslaut -*ov*- ab;[29] als frühe protoslawische Formen wären zweifellos *sūnū, sūnau, sūnumā anzusetzen, von denen die erste und letzte genauso wie im Protobaltischen lauten würde.[30] Die *u*-Stämme im Altirischen gewähren wie die anderen Stammklassen nur begrenzt Einblicke in die ursprüngli-

---

[27] Siehe diese beiden Flexionstypen bei Beekes 1985: 150 (nur mit Singular und Plural).

[28] Siehe den Vergleich von *bāzauua* mit *bāhávā* und πήχεε noch bei Narten 1969: 52 bzw. 43, ersteres als Parallelgleichung zu ai. *hánavā* = aw. *zanauua* '(beide) Kinnbacken', die ihrerseits beide als Objekte von *jambhaya* 'zermalme' (nur in AV 19, 47,9) bzw. Pl. *zəmbaiiaδuuəm* 'zermalmt' (mehrfach in variierenden Schreibungen) auftreten, vgl. zu diesen aber den Dual toch. A *śanwem* '(beide) Kinnbacken' aus *$\hat{g}enwoih_1$ (mit nullstufigem Stammauslaut, s. Klingenschmitt 1994: 383); im Singular vgl. ai. *hánu*-, aw. *zanu*- genau mit gr. γένυς 'Kinnbacke'.

[29] Im Sorbischen wurde diese Genitivendung -*owu* verallgemeinert, s. dazu Igartua 2005.

[30] Siehe protobaltische Rekonstrukte *sūnū, sūnumā* bei Zinkevičius 1984: 205.

chen Verhältnisse: Zu *mug* 'Knecht' (vgl. gall. *Magu-rix*) kann zwar dessen Nominativ Dual *mug* urkelt. **magū* und der Genitiv *mogo* **magowou* fortsetzen, die Dativform *mogaib* zeigt aber ihrerseits eine Endung der o-Stämme.[31]

Ohne besondere Schwierigkeiten lassen sich jedenfalls für das Indogermanische als Grundformen **sūnū́* (*-úh₁*), *sūn(u)wóu(s)* und *sūnúbʰā* rekonstruieren, möglicherweise lautete die Bezeichnung der himmlischen Zwillingsbrüder im Indogermanischen **diwós sūnū́*, die in gr.-ep. *Διὸς υἱώ* (jünger *Διόσ-κουροι*) 'Zeusknaben' ihren genauesten Fortsetzer hat, vgl. auch indirekt ai. *divó nápātā* 'Abkömmlinge des Himmels' und lett. *Dieva dēli* 'Gottes Söhne'.[32]

Die wenigen Neutra auf *-u-* geben kaum etwas her. Zwar könnte man mit Fug und Recht Dualformen des Substantivs für 'Knie' erwarten, belegt sind aber im Altindischen erst in der nachrigvedischen Literatur die Formen *jā́nunī* und *jā́nunoḥ* mit Stammerweiterung auf *-n-* neben genuinem *jā́nubhyām*, während im Griechischen als Dual zu *γόνυ*, wohl **γοῦνε* aus **γόνϝε* zu erwarten wäre (aufgrund der proterokinetischen Flexion bzw. des Dualbelegs *δοῦρε* zu *δόρυ* 'Baum, Schaft', mit derselben Endung *-e* wie bei den Konsonantstämmen).

Wesentlich lebendiger als alle anderen Stammklassen sind in den indogermanischen Sprachen freilich die Maskulina und Neutra auf ursprünglichem **-o-* und die Feminina auf **-ā-*, so daß dort auch Dualformen erheblich stärker in Erscheinung treten und somit Schlußfolgerungen zu Dualendungen in der indogermanischen Grundsprache gestatten. Allerdings treten die Endungen ähnlich wie im Plural nicht immer jeweils an den reinen Stammauslaut, dies gibt bereits das Indoiranische zu erkennen.

Als Beispiel eines maskulinen o-Stammes bietet sich das Substantiv für 'Wolf', unter den Neutra das Zahlwort für 'zweihundert' geradezu an, da beide Nomina in den meisten indogermanischen Sprachen wiederkehren. Da im Iranischen etliche Maskulina und Neutra mit Dualformen belegt sind, läßt sich das Paradigma *vǝhrka-* problemlos im Dual erschließen.

	Altindisch	Jungawest.	Aksl.	Litauisch
Nom./Akk. m.	*vŕ̥kā*	*vǝhrka*	*vlъka*	*vilkù*
Gen.	*vŕ̥kayoḥ*	*vǝhrkaiiā̊*	*vlъku*	–
Lok.	*vŕ̥kayoḥ*	*vǝhrkaiiō*	*vlъku*	–
Dat.	*vŕ̥kābhyām*	*vǝhrkaēbiia*	*vlъkoma*	*vilkám*
Instr.	*vŕ̥kābhyām*	*vǝhrkaēbiia*	*vlъkoma*	*vilkaĩ*
Nom./Akk. n.	*dvé śaté*	*duiiē saitē*	*dъvě sъtě*	–

---

[31] Siehe zum Dual der *u*-Stämme Pedersen 1913: 92.
[32] Zu den Junkturen für "Himmelssöhne" s. bes. Gonda 1974: 42-59, Burkert 1977: 324-327 und Euler 1987: 46-51.

Auch hier gibt es im Griechischen nur die Form des Casus rectus λύκω und eine Obliquusform λύκοιν (vgl. dazu noch arkad. Διδύμοιυν); im Neutrum lautet die erstere Form gleich, vgl. zum Neutrum für 'Joch' die Dualform gr. ζυγώ gegenüber ai. *yugé* und aksl. *izě* mit alter diphthongischer Endung (letzteres mit *z* aus *g* vor hellem Diphthong, zum Singular *igo* gehörig).[33] Im Altirischen werden die Dualformen von *fir* 'Mann' (= lat. *vir*, lit. *výras* 'ds.', ai. *vīráḥ* 'Held'), nämlich der Casus rectus *fer* auf die Vorform **wirō*, der Genitiv *fer* auf **wirou(s)* und der Dativ *fer(a)ib* auf **wirob^hi-, -b^him* zurückgeführt; die Neutra flektieren wie die Maskulina.[34] Die altkirchenslawischen Formen stimmen lautlich mit jenen im Altrussischen nahezu völlig überein, vgl. dort die Formen *vъlka*, *vъlku* und *vъlkoma* – eines der vielen Bestätigungen dafür, das Altkirchenslawisch und Altrussisch noch lediglich slawische Dialekte waren, die protoslawischen Dualformen (vor den Palatalisationen) müssen **vilkā*, **vilkau* bzw. **vilkamā* gelautet haben und würden folglich mit den Formen im Urbaltischen etymologisch übereingestimmt haben.[35]

Die wenigsten Probleme bietet der Casus rectus, sämtliche Parallelen setzen die Dualform idg. **wĺk^wō* fort, die sogar weiter analysiert werden kann in **wĺk^wo-h₁*; auch für das Neutrum läßt sich vom Indoiranischen und Slawischen her problemlos eine indogermanische Grundform **yugói* (aus **yugó-ī*) rekonstruieren. In den obliquen Kasus haben indes die arischen Sprachen geneuert, indem sie die Flexion den Pronomina und letztlich dem Zahlwort für 'zwei' angeglichen haben: Im Dativ/Instrumental wurde der Stamm auf bloßem -a- jeweils durch den pronominalen Stamm ersetzt, im Altindischen mit dem Stammauslaut *ā* nach dem maskulinen Casus rectus, im Awestischen nach dem der anderen Genera.[36] Demgegenüber weisen im Dativ und Instrumental die anderen Sprachen den reinen Nominalstamm auf Kurzvokal auf, sei es das Slawische und Baltische mit den Formen aksl. *vlъkoma* aus protoslaw. **vilkamā* bzw. lit. *vilkám, -am̃* oder das Altirische mit *fer(a)ib* aus **wirob^hi-*, so daß für Indogermanische etwa die Grundform **wĺk^wob^hā* anzusetzen wäre. Diese Neuerung im

---

[33] Siehe Erörterungen zum gr. Dual der thematischen Stämme mit Literatur bei Meier-Brügger 1992: 68f. Das -ω in ζυγώ wurde zweifellos von den Maskulina her auf die Neutra übertragen, zumal bei den *o*-Stämmen ein Wechsel zwischen diesen beiden Genera nicht ungewöhnlich war, vgl. etwa gr. κύκλος 'Rad', Dual κύκλω 'Räderpaar' und Kollektiv κύκλα 'Radgarnitur' mit ai. *cakrá-* n., m. 'Rad', Dual *cakré* (nur RV 8,5,29 *cakrā́*); s. dazu Euler 1991: 41.

[34] Siehe Pedersen 1913: 84 und Pokorny 1969: 36 mit den Ansätzen **wirob^hēm* bzw. **wirob^him*, vgl. zu letzterem auch MacCone 1994: 203 mit urkelt. **wirobim*.

[35] Siehe Flexionsformen des protoslawischen Paradigmas für 'Vater', **atika-* (*a*-Stamm wie **vilka-*) bei Lunt 1998: 433 und Euler 2005/06: 45f. Zum Urbaltischen s. wiederum bei Zinkevičius 1984: 199 die Rekonstrukte des Substantivs für 'Gott': **deiwō*, *deiwamā* und sogar den Genitiv **deiwau(s)*.

[36] Siehe zum Instr. Dual im Altindischen bereits Wackernagel 1930: 98.

Stammauslaut hat das Indoiranische also ganz entsprechend wie im Plural vollzogen: Auch dort stehen die Formen ai. *vŕkebhyaḥ* und aw. *vəhrkaēˈbiiō* (vgl. auch ap. *dastaibyā* 'mit beiden Händen') mit ihrem ursprünglichen Diphthongauslaut im Stamm isoliert gegenüber den Formen im Slawischen und Baltischen, aksl. *vlъkomъ* (aus protoslaw. *vilkamo*) bzw. lit. *vilkáms* (alit. *vilkamus*) sowie auch dem altirischen Dativ *fer(a)ib* aus *wirobʰi-, vgl. außerdem venet. *louderobos* 'liberis' (Inschrift von Este, Lejeune Nr. 26) sowie keltib. *acainacuboś* 'von den Leuten von Acaina' und *arekoratikuboś* 'bei den Leuten von Arekorata' (Inschrift von Botorrita Nr. I bzw. von Luzaga) als Belege für pluralische Dative von *o*-Stämmen.[37] Bis in die voreinzelsprachliche, genauer ostindogermanische Sprachstufe reicht hingegen offenbar der Genitiv ai. *vŕkayoḥ* zurück, da das Griechische nicht nur in λύκοιν eine Endung mit *i*-Diphthong bietet, sondern eine dialektale Form, arkad. Διδύμοιιν sogar den Ansatz einer frühgriechischen Endung *-οιιν gestattet, die mit ai. *-ayoḥ* durchaus auf ostidg. *-oyou zurückgehen kann;[38] demgegenüber weicht auch hier das Altiranische ab mit den Formen jaw. *qsaiiå̄* 'der beiden Anteile' und ap. *gaušāyā* 'der Ohren', deren Endung nur iran. *-ayās* fortsetzen kann. Für air. *fer* wie für aksl. *vlъku* kommt hingegen nur die einsilbige Endung *-ou in Betracht; im Gemeinindogermanischen muß somit der Genitiv Dual für die Tierbezeichnung 'Wolf' *wl̥kʷou(s), im späteren Ostindogermanischen kann er indes schon *wl̥kʷoyou(s) gelautet haben.

Zumindest unter den Adjektiven entfalteten bereits im Indogermanischen die Feminina auf -*ā*- eine nicht mindere Produktivität als die Stämme auf -*o*-, weniger verbreitet waren die *ā*-Stämme unter den Substantiven. Ein Beispiel mit guter indogermanischer Etymologie stellt zwar das Substantiv für 'Stute' dar, das außer in ai. *áśvā*, aw. *aspā* und lit. *ašvà* auch in lat. *equa* eine genaue Entsprechung hat, wenngleich es sich hier um unabhängige Parallelbildungen handeln könnte im Gegensatz zum Maskulinum mit Fortsetzern aus idg. *éḱwos in den meisten indogermanischen Einzelsprachen. Da dieses Femininum mit Dualformen nur im Indoiranischen und Baltischen existiert, wird ersatzweise das Substantiv für 'Frau' mit noch besserer indogermanischer Grundlage, zugleich aber archaischem Ablaut der Wurzelsilbe für das Slawische und Keltische herangezogen, zumal dieses in allen eben genannten Sprachen als reines *ā*-Femininum mit einheitlicher Wurzelsilbe flektiert. Die iranischen Formen lassen sich anhand anderer *ā*-Feminina gut erschließen.

---

[37] Die Interpretation von *louderobos* ist allgemein anerkannt, s. nach wie vor Lejeune 1974: 91; zu den keltib. Formen s. jetzt bei Meid 1994: 25 und 41.
[38] Belegstellen der gr.-dial. Dualformen s. bei Schmitt 1977: 87.

	Altindisch	Jungawest.	Litauisch	Aksl.	Air.
Nom./Akk. f.	*áśve*	*aspe*	*ašvi*	*ženě*	*mnaí*
Gen.	*áśvayoḥ*	*aspaiiā̊*	–	*ženu*	(*ban*)
Lok.	*áśvayoḥ*	*aspaiiō*	–	*ženu*	–
Dat.	*áśvābhyām*	*aspābiia*	*ašvom*	*ženama*	*mnáib*
Instr.	*áśvābhyām*	*aspābiia*	*ašvom*	*ženama*	*mnáib*

Das Griechische weicht mit den Dualformen des Casus rectus, μάχᾱ 'zwei Kämpfe', χώρᾱ 'zwei Länder' wie des Obliquus μάχαιν bzw. χώραιν von den anderen Sprachen ab, hier handelt es sich um Analogiebildungen nach den *o*-Stämmen; doch findet sich im Mykenischen noch die Form *to-pe-zo* (= τορπέζω) 'zwei Tische' ebenso wie im Altattischen μεγάλω als genaue Parallele (aber auch als Beleg maskuliner *ā*-Stämme *we-ka-ta-e* (Ϝεργάτα-ε) 'zwei Arbeiter').[39] In den arischen Sprachen stimmt bis auf den Casus rectus die Flexion mit jener der *a*-Stämme überein und ist demnach ebenfalls als Einfluß vom Zahlwort her zu beurteilen; die Form *áśve* ist sogar in RV 3,33,1 belegt. Dagegen liegt im Dativ und Instrumental des Baltischen und Slawischen zwar ebenso der reine *ā*-Stamm vor, im Genitiv und Lokativ gleicht die Endung *-u* wiederum derjenigen der *o*-Stämme; für das Protoslawische wären somit die Formen **genāi*, *genau* und **genāmā* anzusetzen. Hiermit stehen die litauischen Formen nahezu in Einklang, für den Casus rectus wäre indes urbalt. **ašvai* zu rekonstruieren.[40] Im Altirischen lassen sich die Dualformen von *ben*, nämlich Nom./Akk. *mnai* und Dativ *mnáib* auf **gʷnai* bzw. **gʷnā-bʰi-* zurückführen, wogegen die Genitivform *ban* einen Einfluß vom Plural her bildet;[41] dies bestätigen auch die Dualformen von *túath* 'Volk', nämlich der Nom./Akk. *túaith* und Dativ *túath(a)ib*, die **teutai* bzw. **teutābʰi-* fortsetzen und sich somit ihrerseits mit lit. *tautì* bzw. *tautóm* (zu *tautà* 'Volk') nahezu decken.[42] Angesichts des Gesamtbefundes lassen sich die Dualformen des Substantivs für 'Stute' wie folgt erschließen: Nom./Akk. **éḱwāi*, Gen./Lok. **éḱwou* und Dat./Instr. **éḱwābʰi-*, wobei die Endung **-ou* schon im Indogermanischen offensichtlich für alle Deklinationsklassen verallgemeinert wurde.

Weitere Stammklassen tragen nicht allzu viel für die Erschließung von Dualformen bei. Unter den Feminina auf *-ī* im Nominativ Singular und *-yā-* in

---

[39] Siehe zu mykenischen Dualformen der Stämme auf *-ā-* jetzt Meier-Brügger 1992: 68 und ausführlich Hajnal 1995: 73-77 (zu den Feminina mit *-o* und zu den Maskulina mit *-ae*).

[40] Siehe Stang 1966: 199 mit dem idg. Endungsansatz **-ah₂i* aus **-eh₂i* und Mažiulis 1970: 181f. mit Ansatz **-āi*, aber Zinkevičius 1984: 203 mit **-ei* aus **-āi*.

[41] Siehe Rekonstrukte zu den *ā*-Stämmen im Keltischen bei Pedersen 1913: 87 und Pokorny 1969: 37.

[42] Siehe zu diesem Femininum gälische Rekonstrukte **tōtī* und **tōtābim* bei MacCone 1994: 203.

den meisten anderen Kasus gibt es kaum Substantive mit indogermanischer Herkunft, gerade in den obliquen Kasus herrschen weithin Analogiebildungen nach den Feminina auf -ā- vor, die die Rekonstruktion indogermanischer Formen zusätzlich erschweren.

Schließlich bliebe etwas zu den Wurzelnomina auf Diphthong zu sagen, hier kann man mit Fug und Recht archaische Formen erwarten, zumal kaum Analogiebildungen vorliegen; allerdings sind lediglich zum Substantiv für 'Rind' im Indoiranischen, Griechischen und Altirischen Dualformen belegt.

	Altindisch	Awestisch	Griechisch	Altirisch
Nom./Akk. m.	gā́vau	gā́uuā	βóε	bai
Gen.	gávoḥ	gauuå	βooῖv	bó, bao
Lok.	gávoḥ	gauuō	–	–
Dat.	góbhyām	gaobiia	–	buaib
Instr.	góbhyām	gaobiia	–	buaib

Grundlegend Neues tritt auch hier nicht zutage. Im Indoiranischen und Griechischen entspricht die Flexion derjenigen der konsonantischen Wurzelnomina wie jenem für 'Hund', im Altirischen unterscheiden sich die Dualformen kaum von jenen des Plurals.[43] Im Griechischen ist die Form βóε bei Hesiod (Erga 436) belegt; der Genitiv weist die Standardendung -oιv auf, die vielleicht von den o-Stämmen her übernommen ist. Für das Indogermanische wären somit die Formen *g^{w}ówe, *g^{w}owóu(s) und *g^{w}oub^{h}ā zu erschließen.

Damit wäre der Rundgang durch die nominalen Stammklassen abgeschlossen. Es gibt zu denken, daß gerade im spät überlieferten Slawischen der Formenbestand nahezu ebenso archaisch ist wie im Altindischen und Altiranischen, ja daß selbst innerhalb des Keltischen das Altirische die Dualformen trotz dem Endungsverfall eindeutig bewahrt hat. Wie bereits darauf hingewiesen, macht sich insbesondere bei den Stämmen auf -o- und -ā- allenthalben der Einfluß des Zahlwortes für 'zwei' mit demselben Stammauslaut bemerkbar. Daher soll dieses gleich als nächstes untersucht werden.

3. Der Dual des Zahlwortes für 'zwei' und des Demonstrativs idg. *to-

Daß der Dual sich innerhalb des Zahlwortes für 'zwei' am zählebigsten behaupten kann, bedarf keiner Erläuterung. Umso genauer stimmen hierin zugleich die Einzelsprachen miteinander überein, in erste Linie das Indoiranische

---

[43] Siehe hierzu Pedersen 1913: 92f. mit indogermanischen Rekonstrukten.

gerade mit dem Altkirchenslawischen und Litauischen, beides sehr spät überlie-
ferte Sprachen, von denen letztere als einzige baltische Sprache überhaupt den
Dual als Kategorie erhalten hat. Eine Tabelle mag dies verdeutlichen:

	Altindisch	Jungawest.	Aksl.	Litauisch
Nom./Akk. m.	*dváu, dvā́*	*duua*	*dъva*	*dù*
Nom./Akk. f.	*dvé*	*duiie*	*dъvě*	*dvì*
Nom./Akk. n.	*dvé*	*duiie*	*dъvě*	–
Gen.	*dváyoḥ*	*duuaiiā̊*	*dъvoju*	(*dviejṹ*)
Lok.	*dváyoḥ*	*duuaiiō*	*dъvoju*	*dvíejau(s)*
Dat.	*dvā́bhyām*	*duuaē̆ibiia*	*dъvěma*	*dvíem*
Instr.	*dvā́bhyām*	*duuaē̆ibiia*	*dъvěma*	*dviẽm*

Im Dativ/Instrumental (und Ablativ) weichen zwar wiederum das Altindische und Iranische mit den Stammauslauten untereinander ab, wobei sich im
Altindischen jene des Maskulinums durchsetzten, im Altiranischen hingegen
wie im Slawischen und Baltischen der Stamm mit Diphthongauslaut bewahrt
blieb.[44] Über die Diskrepanz zwischen den altindischen und awestischen Formen des Genitivs und Lokativs s. Seite 81f.

Angesichts der lautlichen Umwälzungen des Urslawischen würde dieses
Numerale im frühen Protoslawisch wie folgt lauten: im Nom./Akk. *d(u)vā*,
d(u)vai, d(u)vai, im Gen./Lok. *d(u)vajau* und im Dat./Instr. *d(u)vaimā*. Damit
zeigt das Slawische ungeachtet seiner späten Überlieferung hier eine deutlich
engere Verwandtschaft zum Indoiranischen als das Baltische: Im Litauischen ist
der Vokal der Endungssilbe des Dativs und Instrumentals geschwunden, der Lokativ *dvíejau* setzt protobalt. *dwaijau-* mit Diphthong fort gegenüber von
dváyoḥ, duuaiiō im Indoiranischen und aksl. *dъvoju* (protoslaw. *d(u)vajau*) aus
idg. *d(u)wo-yous*, und die Formen *dù, dvì* haben sekundär die nominalen Dualendungen der Maskulina auf -*a*- bzw. Feminina auf -*o*- angenommen; im Genitiv ist die Pluralform für den Dual eingetreten. – Bei diesem Numerale bietet
selbst das Lateinische mit den Formen *duō* m., n., *duae* f. und im Dativ/Ablativ
m., n. *duōbus* eindeutige Relikte des Duals, die ihrerseits mit dem Altindischen
im maskulinen Stamm genauer in Einklang stehen als mit jeder anderen Sprache, wiewohl die Endungen im Latein dem Plural angeglichen sind.[45]

Etwas aus dem Rahmen fällt das Griechische mit den Formen δύω (jünger
δύο) im Nominativ/Akkusativ aller Genera und δυοῖν in den obliquen Kasus, die
Endung -οιν kann zwar letztlich auf idg. *-oyous* basieren, zumal im Elischen

---

[44] Siehe zur innerarischen Diskrepanz im Dat./Instr. bereits Wackernagel 1930: 341.
[45] Leumann (1977: 485) vergleicht *duō* und *duōbus* mit dem Altindischen, auch Meiser
      (1998: 170) beurteilt die Nominativformen *duō* und *duae* als indogermanisch ererbt.

die archaische Form δυοῖις belegt ist, die dies nur bestätigt.[46] Entsprechungen zu den Endungen des Dativs im Indoiranischen und Slawischen fehlen, lediglich eine mykenische Form *du-wo-u-pi* (= *duwoup^hi*) mit einem diphthongischen Stammauslaut wie in hom. ἀμφουδίς 'auf beiden Seiten' (nur Od. 17,237) und der ursprünglichen (numerusindifferenten) Instrumentalendung *-φι* ist belegt; der Stammauslaut enthält hier also die Endung des Casus rectus, aber nicht als Langvokal, sondern Diphthong (beide basierend auf dem einstigen Langdiphthong.[47] Andererseits muß die Obliquusendung *-οιν* als ursprünglicher Lokativ die Funktionen des Dativs ebenso übernommen haben, wie dies unter den Konsonantstämmen im Singular die einstigen Lokative auf *-ι* und im Plural die Lokative auf *-σι* getan haben.

Die altirischen Formen lassen wie auch sonst verschiedene Deutungen zu. Im Nominativ/Akkusativ besteht für jedes Genus eine eigene Form, nämlich *da* m. (aus **dwō*), *di* f., *da n-* n., die Genitivform *da* (aus **de* < **dwiyou*?) beschränkt sich auf das Genus commune, während *da n-* n. auf eine pluralische Endung schließen läßt; die Dativform *dib n-* vertritt alle Genera und kann nur **dwib^him* fortsetzen (mit dem bloßen Stamm in Dvigu-Komposita).[48]

Im Germanischen haben sich dagegen (wie im Altpreußischen und Lettischen innerhalb des Baltischen) die Pluralformen durchgesetzt. Lediglich der Genitiv got. *twaddjē* (mit sekundärem *-ē*), ahd. *zweio* (nur in Otfrid 3,22,32 belegt) und an. *tveggja* könnten als Fortsetzer von urg. **twaj(j)ō(n)*, sofern dieses auf **twajau-* basiert, ihrerseits den indogermanischen Genitiv **d(u)wo-yous* widerspiegeln.[49]

Völlig gleich wie das eben behandelte Zahlwort flektiert die Bezeichnung für 'beide' in allen genannten indogermanischen Sprachen ungeachtet der Diskrepanzen im Anlaut, sei es ai. *ubhá̄*, *ubhé* (= ap. *ubā* m., gaw. *ubē* f.), aksl. *oba* m., *obě* f., n. oder lit. *abù* m., *abì* f., aber auch gr. ἄμφω und lat. *ambō*.[50]

Damit befinden wir uns bereits im pronominalen Bereich. Unter den Demonstrativa ist bekanntlich das Suppletivum idg. **só*, *sā́*, *tód* 'der, die, das; dieser, -e, -es' am weitesten verbreitet. Im Vergleich zu dem Numerale für 'zwei'

---

[46] Siehe dazu Schmitt 1977: 65 mit Stellenangabe.

[47] Siehe zu *du-wo-u-pi* jetzt Meier-Brügger 1993: 137-142, zustimmend Hajnal 1995: 105-109. Meier-Brügger (1993: 141) setzt den diphthongischen Stammauslaut in myk. *duwou-* nicht nur mit jenem in ἀμφουδίς gleich, sondern vergleicht auch damit die altindische Endung *-au* (einleuchtend).

[48] Siehe diese Rekonstrukte bei MacCone 1994: 202f.

[49] Dies setzt freilich eine Monophthongierung von **au* zu *ō* voraus (ähnlich wie in der verbalen Dualendung got. *-ōs*, s. Seite 98). Got. *ddj* und an. *ggj* basieren auf geminiertem *jj*.

[50] Siehe dazu Meiser 1998: 170 mit dem Vergleich von lat. *ambō* mit gr. ἄμφω und toch. *āmpi* 'beide' aus **h₂nt-b^hoh₁*. Zu ἀμφουδίς s. jetzt Meier-Brügger 1993: 137-142 und Hajnal 1995: 127-129, s. auch Anm. 47.

bietet es kaum Neues, vielmehr flektieren dessen Fortsetzer in den meisten Einzelsprachen fast genauso. Trotzdem soll der Dual dieses Pronomens im Indoiranischen, Baltischen und Slawischen ebenfalls in einer Tabelle vorgeführt werden:

	Altindisch	Jungawest.	Aksl.	Litauisch
Nom./Akk. m.	táu	tā	ta	tuõdu
Nom./Akk. f.	té	*tē	tě	tiẽdvi
Nom./Akk. n.	té	tē	tě	—
Gen.	táyoḥ	taiiā̊	toju	(tū̃dviejų)
Lok.	táyoḥ	taiiō	toju	(tuõ-, tiẽdviese)
Dat.	tā́bhyām	taēⁱbiia	těma	tíem-, tómdviem
Instr.	tā́bhyām	taēⁱbiia	těma	tiẽm-, tõmdviem

Da im Indoiranischen und Slawischen die Flexionen des Numerale und des Demonstrativs ai. sá, sā́, tád (aw. ha, hā, taṯ) bzw. aksl. tъ, ta, to miteinander übereinstimmen, entfallen diese Sprachen für die weitere Erörterung; für das Protoslawische wären im Casus rectus die Formen *tā m. und *tai f., n., sowie in den obliquen Kasus *tajau und *taimā anzusetzen.[51] Innerhalb des Griechischen wurden nur im Attischen zum Femininum analoge Formen mit a-Vokalismus neu hinzugebildet: τά im Casus rectus und ταῖν im Obliquus, sonst wurden die Formen der o-Flexion, τώ bzw. τοῖν für alle Genera benutzt. Im Litauischen jedoch erscheinen Dualformen nur mehr im Nominativ/Akkusativ und Dativ/Instrumental: So entsprechen die Nominativformen lit. tuõ-du m., tiẽ-dvi f. durchaus ai. tā́, aksl. ta wie auch gr. τώ bzw. ai. té, aksl. tě sowie die maskuline Dativ- und Instrumentalform tíem-dviem, tiẽm-dviem aksl. těma; ai. táyoḥ und aksl. toju setzen ihrerseits idg. *tóyou(s) fort.[52] Auch hier weist neben dem Indoiranischen nicht etwa das Griechische oder Litauische, sondern das Slawische den archaischsten Zustand auf.

Überblickt man den Bestand an Dualformen im nominalen und pronominalen Bereich zugleich, so läßt sich dessen morphologische Affinität zum Plural vor allem im Dativ und Instrumental nicht abstreiten, zumal ja grundsätzlich Pluralformen anstelle des Duals eintreten konnten; diesen Befund weisen das Indoiranische und Baltisch-Slawische eindeutig auf. Mit der Beibehaltung des Genitivs/Lokativs sowie den genauen Entsprechungen im Nominativ/Akkusativ aller Genera wie im Arischen erweist sich das Slawische ungeachtet seiner späten Überlieferung als eine noch archaischere Sprache als das Baltische. Dagegen hat bereits das homerische Griechisch auf dem Gebiet des Duals stärker geneuert als selbst das Baltische, in dem es die Endung -ε im Casus rectus wohl ausgehend von ὄσσε her auf die meisten Nominalklassen bis auf die o- und ā-

---

[51] Siehe protoslaw. Rekonstrukte dieses Demonstrativs bei Holzer 1998: 61f.
[52] Siehe diese Dualformen im Vergleich bei Stang 1966: 242 und 245.

Stämme ausgebreitet hat und im Obliquus die Endung -οιν nahezu gänzlich nach dem Verlust der labialhaltigen Dativendung verallgemeinert hat. Auch das Altirische hat wie das Arische und Slawische einen vergleichbar reichen Endungssatz im Dual beibehalten, infolge der durch Anfangsbetonung stark reduzierten Endungen gestattet es jedoch nicht immer klare Rückschlüsse auf deren ursprüngliche Gestalt; in der Dativendung aus urkelt. *-bi macht sich überdies der Einfluß des Plurals bemerkbar.

4. Der Dual im Verbalsystem

Wie auf dem Gebiet der Nominal- und Pronominalflexion nimmt auch hier das Altindische zusammen mit dem Altiranischen eine Schlüsselstellung hinsichtlich des Formenbestandes ein, während abermals mit Ausnahme des Slawischen – alle anderen Sprachen die Dualkategorien mehr oder weniger stark abgebaut haben. Im Griechischen hat die Nasalendung der 1. Person Plural -μεν (dor. -μες) jene wohl nahezu gleich lautende Dualendung *-wen, -wes verdrängt.[53] Dagegen war im Gotischen (wenn nicht schon im Germanischen) die Endung der 3. Person, wahrscheinlich ebenfalls *-ats, durch die formal eindeutige Pluralendung ersetzt worden. Im Baltischen hat die Singularendung (wie in apr. ast, lit. ẽsti 'ist', apr. ēit, lit. eĩti 'geht') sich in allen Numeri durchgesetzt; war die Plural- durch die Singularform ersetzt worden, so geschah dies unweigerlich auch mit der Form des ohnehin schon labilen Duals, die wohl ihrerseits eine t-haltige Endung gehabt haben muß wie in anderen indogermanischen Sprachen.[54] Im Keltischen (Altirischen) ist der Dual im Verbalsystem geschwunden.

Im folgenden wird der Bestand des Duals im Präsenssystem der thematischen Verben untersucht, da hier der größte Formenreichtum zu verzeichnen ist; zunächst werden die Dualformen des Verbums für 'tragen', ai. bhárati, aw. baraʼtī, gr. φέρειν und got. baíran im Indikativ, Konjunktiv, Optativ und Imperativ des Aktivs aufgelistet.

---

[53] Im Hethitischen stehen -meni, -men und -u̯eni, -u̯en als Pluralendungen der 1. Person nebeneinander (erstere nach u-Vokal), s. dazu Neu 1968: 123f., der von -u̯en als ursprünglicher Endung ausgeht.

[54] Die einstige Endung der 3. Person Plural erscheint stattdessen im Litauischen wahrscheinlich im Nominativ Plural des Präsenspartizips vežą (aus *vežant < idg. *wé-ǵʰonti, zu vèžti 'fahren'), s. dazu morphosyntaktische Überlegungen bei Cowgill 1970: 30-33, ferner auch bei Stang 1966: 410f. Anders Erhart (1987: 128f.) der als Grundlage für den Plural eine r-haltige Präteritalendung als ursprünglich perfektische Vorform ansetzt (hypothetisch).

Aktiv	Ai.	Aw.	Griech.	Gotisch
Indikativ				
1. Du.	*bhárāvas*	*barāuua*	–	*baírōs*
2.	*bhárathas*		φέρετον	*baírats*
3.	*bháratas*	*baratō*	φέρετον	–
Imperfekt				
1. Du.	*ábharāva*		–	–
2.	*ábharatam*		ἐφέρετον	–
3.	*ábharatām*	*baratəm*	ἐφερέτην	–
Imperativ				
2. Du.	*bháratam*		φέρετον	*baírats*
3.	*bháratām*		φερέτων	–
Konjunktiv				
1. Du.	*bhárāvas*	*barāuua*	–	–
2.	*bhárāthas*		φέρητον	–
3.	*bhárātas*	*barātō*	φέρητον	–
Optativ				
1. Du.	*bháreva*		–	*baíraiwa*
2.	*bháretam*		φέροιτον	*baírats*
3.	*bháretām*		φεροίτην	–

Innerhalb des Indikativs stehen das eigentliche Präsens als ursprüngliches hic-et-nunc-Tempus mit den sogenannten Primärendungen (auf deiktische Partikel *-i* auslautend) und die nichtpräsentische Kategorie mit den in Wahrheit ursprünglicheren Sekundärendungen nebeneinander, die von Haus aus als sog. "Injunktiv" nur erwähnende Funktion hatte (wie noch im Altindischen), im Indoiranischen und Griechischen aber mit Augment als Imperfekt[55] und im Slawischen als Aorist präteritale Bedeutung hatte.[56] Die Imperativendungen stimmen im Dual wie im Plural mit denen des Imperfekts im Altindischen und teilweise im Griechischen überein. Dagegen enthält der Konjunktiv in diesen Sprachen dieselben

---

[55] Daß das Augment zur Markierung der Vergangenheit, idg. *e-*, wie auch die obligatorische Perfektreduplikation nur in den östlichen idg. Sprachen nachgewiesen ist, führte schon früh zur Annahme, daß die gemeinsame Grundlage des Arischen und Griechischen lediglich ein Spätostindogermanisch sein könne, s. dazu Birwé 1956: 18f. und allgemein Meid 1975: 20. Im Awestischen ist das Augment selten, s. dazu Hoffmann / Forssman 2004: 181f., im homerischen Griechisch ist es metrisch bedingt.

[56] Zum Verhältnis von Präsens, augmentiertem Imperfekt und Injunktiv s. Allgemeines bei Meid 1975: 213ff., der aus dem Slawischen den Aorist *vede* 'führte' und als idg. Injunktiv *g^{wh}hent* 'schlägt' (neben markiertem Präsens *g^{wh}henti* und Imperfekt *eg^{wh}hent*) anführt. Speziell zur Funktion der Injunktive des Präsens und Aorists s. Hoffmann 1967: 119-134 bzw. 135-144; funktional stehen bes. Injunktive des Aoristes den gnomischen Aoristen im Griechischen nahe, s. dazu Euler 1995: 139f.

Primärendungen wie der Indikativ Präsens (im Altindischen nur noch in vedischer Zeit, vgl. dazu auch das lateinische Futur *feram, feres, feret* usw.), wogegen der Optativ wiederum die Endungen des Injunktivs (Imperfekts) hat. Es gibt zu denken, daß ausgerechnet bei den archaischeren "Sekundärendungen" das Indoiranische und Griechische am genauesten miteinander übereinstimmen, was aber durchaus seinen Grund hat: Die Imperfekt- und Imperativendungen basieren auf dem sogenannten Injunktiv – demgegenüber gehören die Präsensendungen mit der suffigierten deiktischen Partikel *-i* ja in Wahrheit ebenso einer jüngeren Sprachstufe an wie etwa im Neuenglischen die periphrastische Verlaufsform mit *to be* + Partizip im Gegensatz zu dem altererbten Präsens, das seinerseits in indogermanischer Zeit ebenso eine allgemeine Funktion angenommen hat, wie dies beim Injunktiv als "Memorativ" von Anfang an der Fall war.[57]

Soweit das Altiranische Dualformen bietet, stimmt es mit dem Altindischen weitgehend überein – mit Ausnahme der Sekundärendung der 3. Person *-tam* (und ap. *-tam* in *ajīvatam* 'sie lebten beide') gegenüber ai. *-tām*. Andererseits decken sich die Sekundärendungen des Altindischen derartig genau mit denen des Griechischen, daß bereits Brugmann hierzu die indogermanischen Vorformen $*eb^heretom$, $*eb^heretām$ für das Imperfekt, $*b^heroitom$, $*b^heroitām$ für den Optativ und $*b^heretom$, $*b^heretām$ für den Imperativ ansetzte; der *ā*-Vokalismus ist jedenfalls durch dorische Formen mit der Endung *-ταν* gesichert;[58] lediglich im Imperativ wird *φερέτων* zu Recht als Umbildung aus *φερέτην* nach dem Singular *φερέτω* interpretiert.[59] Im Präsens weicht demgegenüber das Griechische mit dem Nasalauslaut in *φέρετον* von ai. *bhárathas, bháratas* ab, während got. *bairats* hier mit dem Indoiranischen in Einklang steht, das *-t-* anstelle von *-þ-* (wie im Plural *bairiþ*) läßt sich leicht als Einfluß des Dualpronomens *jut* erklären; diese Endung *-ts* ist im Gotischen auch auf den Optativ und sogar ins Präteritum übertragen worden.[60] Demgegenüber kann die griechische Endung *-τον* durchaus mit toch. B *-tem* in *westem* 'sie sagen (beide)', *nestem* 'beides gibt es nicht' gleichgesetzt werden.[61]

---

[57] Siehe den Terminus "Memorativ" für Injunktiv bei Hoffmann 1967: 279, also am Schluß des Buches.

[58] Siehe Brugmann 1916: 670, 672 und 674; s. auch Birwé 1956: 12 (mit Imperfekt und Imperativ).

[59] So etwa Brandenstein 1959: 108; sonst s. Allgemeines zu den aktivischen Dualendungen des Griechischen bei Schwyzer 1939: 666f.

[60] Zur Endung *-ats* s. Bammesberger 1984: 100f. mit Ansatz urg. *-adiz* aus *-otes und Shields 1980: 221, der ebenso ai. *-thas* und got. *-ts* aus idg. *-te/os* herleitet, in einem späteren Aufsatz (2001: 120) das *t* (statt *þ* oder *d*) als Einfluß von der Singularendung *-t* im Präteritum wertet; wahrscheinlich liegt aber Einfluß des Personalpronomens *jut* vor.

[61] Siehe Hackstein 1993: 53f. mit dem Ansatz *-cə für die Primärendung, einer Vorstufe der tocharischen Dualendung allerdings ohne Nasalauslaut, der sie vielmehr mit den altindischen und gotischen Endungen mit *s*-Auslaut in Verbindung bringt, aber auch mit dem Rekonstrukt *-tó.

Die Endung der 1. Person im Gotischen, -ōs kann am ehesten unter Voraussetzung einer Monophthongierung aus *-aus und Verkürzung desselben aus *-awiz mit der Endung ai. -āvas etymologisch gleichgesetzt werden, sofern man nicht mit Ringe eine Entwicklung von idg. *-owos über *-o-os zu urg. *-ōs postuliert; die erweiterte Optativendung got. -aiwa mit erhaltenem -w- legt jedoch die erstere Theorie nahe.[62] Nicht übersehen werden darf ferner die Verallgemeinerung des a-Vokals im Gotischen. Die Endung der 1. Person Dual konnte somit nur als *bʰerowe(s) für das Indogermanische angesetzt werden, die Form der 2. Person wurde auf idg. *bʰeretes, -os zurückgeführt.

Vor einer systematischen Rekonstruktion der Dualformen müssen freilich noch das Slawische und Baltische betrachtet werden, in denen sich allerdings eher das Verbum für 'fahren' zum Vergleich mit dem Altindischen eignet, nämlich ai. váhati, aksl. vežti und lit. vèžti, vgl. auch lat. vehere; zu aksl. vežti sind zwar keine Formen des thematischen Aorists belegt, die dem altindischen Imperfekt entsprächen, wohl aber zum Verbum rešti 'sprechen, reden', das derselben Klasse wie vežti angehört. Hier entfallen aber der Konjunktiv und im Slawischen und Baltischen der indogermanisch ererbte Imperativ, da in diesen Sprachen dessen Funktion die ursprünglichen Optativformen übernommen haben (im Litauischen sind selbst diese Formen kaum mehr greifbar).

Aktiv	Ai.	Aksl.	Litauisch
Indikativ	Präsens	Präsens	Präsens
1. Du.	váhāvas	vezevě	vèžava
2.	váhathas	vezeta	vèžata
3.	váhatas	vezete	–
	Imperfekt	Aorist	
1. Du.	ávahāva	vezově	
2.	ávahatam	vezeta	
3.	ávahatām	vezete	
	Optativ	Imperativ	Imperativ
1. Du.	váheva	vezěvě	–
2.	váhetam	vezěta	*vežieta
3.	váhetām	–	–

---

[62] Siehe zur Dualendung der 1. Person -ōs Bammesberger 1986: 98f., der sie aus *-aus < *-awiz herleitet (ähnlich auch Ramat 1981: 168), sowie jetzt Shields 1994: 37, der als Vorform *-owos rekonstruiert; anders Ringe 2006: 136, der den Schwund von -w- schon früher ansetzt. Die Dualendung des Optativs -wa wird meist mit aksl. -vě verglichen; anders Bammesberger 1986: 99, der die Erweiterung in -aiwa mit der Pluralendung -aima verbindet.

Das Baltische, genauer Litauische steuert faktisch nur für das Präsens sichere Formen bei, wie im Gotischen ist auch hier -a- als Themavokal im Indikativ verallgemeinert. Demgegenüber weist das Slawische wie im Bereich der Deklination auch hier überraschend starke Gemeinsamkeiten mit dem Altindischen auf: In der 1. Person erscheint im Aorist noch der Ablautvokal -o-, während im Präsens -e- fast durchgängig verallgemeinert wurde, vgl. auch im Plural *vezemъ* 'wir fahren' gegenüber *vezomъ* 'wir fuhren'; das auslautende -ě in der Endung wurde überzeugend als Einfluß des Pronomen *vě* 'wir beide' erklärt.[63] In der 3. Person ist noch eine archaische Endung -ta belegt, die später durch -te verdrängt wurde, so daß für das frühe Protoslawische als Vorform *vežetā* und vom Altindischen und Slawischen her als indogermanische Grundform *$weĝ^{h}etā$* angesetzt werden kann.[64] Im Optativ enthalten die Endungen des Slawischen und Baltischen zweifellos den einstigen i-Diphthong -ai-, die Form der 2. Person Dual müßte also im Protoslawischen und -baltischen *vežaitā* lauten, vgl. noch den Imperativ apr. *īdaiti, -eiti* 'eßt' (Plural).

Weniger ergiebig ist die Suche nach indogermanischen Endungen im Bereich des Mediums, weil hier die Einzelsprachen, auch das Indoiranische stärker eigene Wege gegangen sind und einige Sprachen, das Slawische und Baltische hierzu keine Kategorien mehr bewahrt haben; im Gotischen gibt es innerhalb des Mediopassivs nur mehr Formen des Singulars und Plurals. Somit beschränkt sich der Vergleich der Dualendungen des Mediums auf die ostindogermanischen Sprachen.

Medium	Altindisch (Ved.)	Aawestisch	Griechisch
Indikativ			
1. Du.	*bhárāvahe*		–
2.	*bhárethe*		φέρεσθον
3.	*bhárete*	*baraētē*	φέρεσθον
Imperfekt			
1. Du.	*ábharāvahi*		–
2.	*ábharethām*		ἐφέρεσθον
3.	*ábharetām*	*baraētəm*	ἐφερέσθην
Konjunktiv			
1. Du.	*bhárāvahai*		–
2.	*bháraithe*		φέρησθον
3.	*bháraite*		φέρησθον

---

[63] So Arumaa 1985: 282.

[64] Siehe dazu Arumaa 1985: 283. Shields (1994: 38) vergleicht sogar die Endung lit. -ta mit ai. -tām und gr. -την, Endungen, die er aufgrund des auslautenden Nasals als Hypercharakterisierung beurteilt.

Medium	Altindisch (Ved.)	Aawestisch	Griechisch
Optativ			
1. Du.	*bhárevahi*		–
2.	*bháreyāthām*		φέροισθον
3.	*bháreyātām*	*baraiiatəm*	φεροίσθην
Imperativ			
2. Du.	*bhárethām*		φέρεσθον
3.	*bháretām*		φερέσθων

Hier gibt das Awestische seinen Charakter als "Zwillingsschwester" des Altindischen lediglich anhand der Dualformen der 3. Person eindeutig zu erkennen; für den außerarischen Vergleich kommt allenfalls eine Form wie toch. B *tasaitär* 'sind gleich' (Präsens Medium) in Betracht.[65] Im Griechischen dagegen, in der ohnehin Dualformen der 1. Person bis auf wenige Ausnahmen fehlen,[66] wurden dagegen die Formen mit dem Formans -σθ- von der Endung der 2. Person Plural -σθε her analog zum Aktivum mit jeweils entsprechendem Auslaut -ον, -ην und -ων gebildet; mag die Endung -σθε mit ai. -dhve (Primärendung) und -dhvam (Sekundärendung) auf idg. *-d^hwe beruhen, zum Dual lassen sich also im Mediopassiv nicht einmal für das Ostindogermanische gemeinsame Grundformen ansetzen.[67]

Nicht minder wertvolle Aufschlüsse als die thematischen Verben gewähren die archaischen athematischen Verben, zumal unter diesen zum Verbum für 'sein' auch in den ältesten Sprachen etliche Dualformen belegt sind. Dieses sei daher in denselben Sprachen aufgeführt wie das Verbum für 'tragen'; dabei können wir auf die wenigen Formen des Awestischen, die ohnehin mit dem Altindischen übereinstimmen, ebenso verzichten, wie auf die Formen im Gotischen,

---

[65] Dies nimmt K. T. Schmidt (1975: 289) an, der die Endung -*aitär* mit ai. -*ete* vergleicht; skeptisch dazu Hackstein 1993: 66, der auf die Endung ai. -*āte* bei den athematischen Verben verweist. Dagegen erklärte Pooth (2008), daß eine Rekonstruktion der Medialformen der 2. und 3. Person Dual nicht möglich sei; der Stammauslaut der thematischen Verben auf -*e*- in diesen beiden Formen gegenüber dem Auslaut der athematischen Verben auf -*ā*- ähnelt im Verhältnis jenem des Optativs der altindischen thematischen Verben auf -*e*- gegenüber den athematischen Verben mit -*yā*-. Pooth vertritt außerdem den Standpunkt, daß es gar keine Medialformen des Duals in der 2. und 3. Person gegeben habe, indem er auf die unterschiedliche Betonung in *dádvahe* (1. Person) gegenüber *dadáthe*, *dadáte* (2. und 3. Person) verweist.

[66] Die seltenen Formen der 1. Person lauten auf -μεθον aus, das seinerseits nach der Pluralendung -μεθα nachgebildet ist, s. dazu Schwyzer 1939: 672 und Duhoux 1992: 130-132.

[67] Der Ansatz *-d^hwe ist heute allgemein anerkannt, s. etwa Szemerényi 1989: 254 und Meier-Brügger 2000: 168; auch die heth. Endung des Mediopassivs -*duma*- wird auf *-d^hwo zurückgeführt, s. Neu 1968: 158.

die mit dem Stamm *sijai-* im Optativ und *siju-* im Indikativ durchweg als einzelsprachliche Analogiebildungen zu beurteilen sind.

Aktiv	Ai.	Griech.	Gotisch	Aksl.	Altlitauisch
Indikativ					
1. Du.	*svás*	–	*siju*	*jesvě*	*esvà*
2.	*sthás*	ἐστόν	*sijuts*	*jesta*	*estaũ*[68]
3.	*stás*	ἐστόν	–	*jeste*	–
Imperfekt					
1. Du.	*ā́sva*	–	–		
2.	*ā́stam*	ἤστον	–		
3.	*ā́stām*	ἤστην	–		
Imperativ					
2. Du.	*stám*	ἔστον	–		
3.	*stā́m*	ἔστων	–		
Konjunktiv					
1. Du.	*ásāvas*	–	–		
2.	*ásathas*	ἦτον	–		
3.	*ásatas*	ἦτον	–		
Optativ					
1. Du.	*syā́va*	–	*sijaiwa*		
2.	*syā́tam*	εἶτον	*sijaits*		
3.	*syā́tām*	εἴτην	–		

Abermals bietet lediglich das Griechische Vergleichsformen in annähern-
der Zahl zum Altindischen, auch hierzu wurden bereits Rekonstrukte von Brugmann erstellt. Soweit Formen im Altindischen und Griechischen nicht belegt
sind, lassen sich diese ohne nennenswerte Probleme erschließen.[69] Am genauesten decken sich die Formen des Imperfekts, so daß sie nicht anders als auf die
ostindogermanischen Grundformen *ḗstom* und *ḗstām* für die 2. bzw. 3. Person
zurückgeführt werden können;[70] auch die Formen der 2. und bedingt der 3. Person des Imperativ können auf ostidg. *stóm* bzw. *stā́m* basieren, zumal ἔστων
gewiß *ἔστην* verdrängt hat. Für den Indikativ Präsens gelten dieselben Vor-
behalte wie bei den thematischen Verben, denkbar wären als indogermanische
Grundform für die 1. Person idg. *(ə₁)swés*, für die 2. Person etwa idg. *(ə₁)stés*,
stós und angesichts des Slawischen für die 3. Person idg. *(ə₁)stā́*, sofern auch

---

[68] Siehe die alit. Formen bei Leskien 1919: 195.
[69] Siehe die Dualformen von εἰμί bei Brandenstein 1959: 163f. (zum Optativ veraltet).
[70] Siehe wiederum Brugmann 1916: 670 und Birwé 1956: 81. Da es sich bei den aug-
   mentierten Imperfektformen um spätostidg. Rekonstrukte handelt, wäre ein larynga-
   listischer Ansatz von *e-ə₁es-* ein Anachronismus, s. dazu Euler 1982: 67 A. 41.

dort *jeste* ein älteres **jesta* ersetzt hat.[71] Wenig ergiebig ist das Gotische mit Formen, die ausschließlich analog nach dem Optativstamm *sijai-* und dem sekundären Pluralstamm *siju-* gebildet sind, vgl. demgegenüber das Althochdeutsche mit dem schwundstufigen Optativstamm *sī-* und das Altnordische mit den indikativischen Pluralstamm *eru-*. Für den Optativ müssen auf jeden Fall im Dual wie im Plural schwundstufige Formen im Indogermanischen vorausgesetzt werden, wie der Vergleich von gr. εἴην : εἶμεν = alat. *siem* : *sīmus*, aber auch die Dualform εἴτην (mehrfach bei Platon belegt) bestätigen; im Altindischen haben sich im Dual wie im Plural die hochstufigen Formen durchgesetzt, im klassischen Latein hingegen wie im Westgermanischen die schwundstufigen Bildungen. Somit wären als ostindogermanische Optativformen des Duals **sīwé*, **sītóm* und **sītā́m* in den drei Personen anzusetzen. Die altindischen Konjunktivformen müssen zweifellos als alt angesehen werden, im Griechischen hat sich dagegen Langvokal als Stammauslaut nach dem Vorbild der thematischen Verben durchgesetzt, vgl. demgegenüber noch die Form der 1. Person Plural, hom. ἴομεν 'laßt uns gehen' mit kurzem Themavokal; als voreinzelsprachliche Grundform wäre demnach für die 2. Person **ésetes, -os* zu rekonstruieren.

Zu Dualformen innerhalb des Aoristsystems bleibt nichts Grundlegendes zu bemerken, da die Flexion des Aorists aller Modi mit jener des Präsenssystems allgemein übereinstimmt. Im Fall des Indikativs stehen also augmentierter Aorist im Altindischen und Griechischen miteinander in Einklang, ja im Slawischen übernehmen ähnlich wie im Armenischen bei thematischen Verben alte Imperfektformen die Funktion des Aorists, s. zum Slawischen Seite 98f. und vergleiche arm. *eber* 'trug' (Aorist) mit ai. *ábharat* und gr. ἔφερε. Trotzdem soll zur Veranschaulichung wenigstens ein eher abgelegenes und zugleich archaisches Beispiel vorgeführt werden, das diesen Sachverhalt bestätigt. Im Griechischen gab es zu reduplizierten athematischen Verben Wurzelaoriste mit intransitiver Bedeutung, aber aktivischen Endungen. So sind von ai. *á-sthām* und gr. ἔστην 'trat' (zu ai. *tí-ṣṭhati* 'steht' bzw. gr. ἵ-σταμαι 'stelle mich') die Dualformen aller drei Personen, ai. *á-sthāva*, *á-sthātam* und *á-sthātām* (schon aufgrund des Beleges *sthātam*) ebenso gesichert wie gr. ἔστητον und ἐστήτην für die 2. bzw. 3. Person (letztere als στήτην belegt) und können nur auf ostindogermanischen Grundformen **e-stātom* bzw. **e-stātām* zurückgehen; diese Aoriste treten auch in der dichtersprachlichen Formel ai. *ūrdhvó ... asthāt* im RV und gr. στῆ δ᾽ ὀρθός auf.[72] Eine ganz entsprechende Gleichung bilden die Aoriste ai. *á-gām*

---

[71] Pooth (2008) vergleicht die slaw. Endung -*te* jedoch mit ai. -*tas* (möglich, aber nicht zwingend).

[72] Siehe zu dieser ar.-gr. Aoristgleichung Schwyzer 1939: 742, zur dichtersprachlichen Formel s. Schmitt 1967: 248-252.

und gr. ἔβην (dor. ἔβαν) 'ging' (zu ai. *jí-gāti* 'geht' bzw. gr. βί-βημι 'schreite'), allerdings ist hierzu eine Dualform mit schwundstufiger Wurzel βάτην belegt.[73]

Schließlich stellt sich noch die Frage nach Dualformen indogermanischer Herkunft bei den Perfektopräsentia, deren Flexion ja von den Präsentien wie auch Aoristen stark abweicht. Am ehesten bietet sich hier das Verbum für 'wissen' an, das als Perfektopräsens in ai. *véda*, gr. οἶδα und got. *wait* am genauesten als Paradigma erhalten ist; wie im Plural herrscht auch im Dual Nullstufe vor. Verzichten können wir auf das Imperfekt, das sicher erst in den Einzelsprachen neu hinzugebildet wurde (als ai. *ávedam*, gr. ἤδη 'wußte').[74]

Aktiv	Ai.	Griech.	Gotisch
Indikativ			
1. Du.	*vidvá*	–	*witu*
2.	*vidáthur*	ἴστον	*wituts*
3.	*vidátur*	ἴστον	–
Imperativ			
2. Du.	*vittám*	ἴστον	–
3.	*vittā́m*	ἴστων	–
Konjunktiv			
1. Du.	*vedāvas*	–	
2.	*vedathas*	εἰδῆτον	
3.	*vedatas*	εἰδῆτον	
Optativ			
1. Du.	*vidyā́va*	–	*witeiwa*
2.	*vidyā́tam*	εἰδείητον	*witeits*
3.	*vidyā́tām*	εἰδειήτην	–

Gerade im indogermanisch ererbten Indikativ steht das Altindische mit den Formen der 2. und 3. Person isoliert da, während die griechischen Endungen mit denen der athematischen Präsentien identisch sind. Dagegen stehen ai. *vidvá* und got. *witu* miteinander in Einklang und können durchaus auf idg. *widwé zurückgeführt werden,[75] während *wituts* wiederum als Analogiebildung beurteilt werden muß. Die Formen der anderen Modi bieten nichts grundlegend Neues,

---

[73] Morphologische Untersuchungen zu den Wurzelaoristen *á-gām* und ἔβην im Verhältnis zu den reduplizierten Präsentien s. bei Strunk 1977: 19-29 mit dem idg. Ansatz des Aoristes *e-gʷah₂t 'machte einen Schritt' (S. 27f.).

[74] Rasmussen (2000: 443-453) vermutet sogar die Existenz eines Imperfekts zu diesem Perfektopräsens im (Ost)indogermanischen, wenngleich dessen Ansatz zahlreiche formale Probleme bietet, am ehesten könnte *ávedam* ererbt sein (eine Bildung entsprechend der Imperfekte athematischer Verben).

[75] So von Krause 1968: 261.

da deren Endungen in allen Sprachen mit denen der athematischen Verben übereinstimmen. Dennoch können für den Imperativ ostidg. *wid-tóm, wid-tā́m und
für den ohnehin athematisch flektierenden Optativ *widī-we, widī-tom und *widī-
tām als ostindogermanische Grundformen keineswegs ausgeschlossen werden,
wobei hier nicht nur im Altindischen, sondern auch im Griechischen das hochstufige Optativformans verallgemeinert worden ist im Gegensatz zu got. witei-ts
(vgl. außerdem zu εἰμί schwundstufiges εἴτην); weniger überzeugend sind voreinzelsprachliche Konjunktivformen des Duals.[76] Geneuert hat das Griechische
im Konjunktiv mit langvokalischen Endungen nach den thematischen Verben
und im Optativ mit dem sekundären Formans -ειη-.

5. Ausblick

Ein Thema, das in der Fachliteratur vielfach nur beiläufig behandelt wird,
fordert geradezu dann zu eigenen Forschungen heraus, wenn sich nicht nur zum
betreffenden Sprachmaterial selber, sondern auch zu Sprachverwandtschaft allgemein neue Erkenntnisse gewinnen lassen; dies hat sich bei der Untersuchung
der Dualformen ungeachtet – oder gerade wegen ihres relikthaften Charakters
sowohl im nominalen und pronominalen als auch verbalen Bereich klar heraus-
gestellt.

An dieser Stelle bliebe noch die Frage zu beantworten, warum innerhalb
des Germanischen das Gotische fast nur verbale Formkategorien des Duals unvollständig bewahrt hat, während innerhalb des Keltischen im Altirischen der
Dual im nominalen Bereich überlebt hat. Die ohnehin verstümmelten Endungen
im Altirischen lassen darauf schließen, daß spätestens innerhalb des Gälischen
verbale Dualformen geschwunden sind. Im Germanischen hingegen weist das
Gotische immerhin noch derartig farbige Endungen auf, daß ein Schwund des
Duals im Deklinationssystem anderweitige Ursachen haben muß. Tatsächlich
können ahd. zweio und an. tveggja durchaus als Fortsetzer von urg. *twajō(n)
oder sogar *twajau interpretiert werden (s. Seite 93). Wollte man jedoch Fortsetzer indogermanischer Nominalendungen des Duals z.B. von der produktiven
Klasse der a-Maskulina noch für das Urgermanische postulieren, müßte man
diese etwa im Nom./Akk. als *wulfau (vgl. got. ahtau) oder *wulfō, im Genitiv
wiederum *wulfau oder *wulfō und im Dativ *wulfam(ō) ansetzen, die Dualformen würden also ähnlich wie die Pluralformen lauten, und die Genitivendung
würde mit jener des Casus rectus geradezu zusammenfallen; spätestens im Urgermanischen muß demnach der Dual im Nominalsystem vom Plural gleichsam
absorbiert worden sein.

---

[76] Siehe zu den idg. Modusbildungen dieses Perfektopräsens Euler 1993: 34 (ohne
Dualformen).

Geradezu wie ein Leitmotiv ziehen sich die spezifisch indoiranisch-slawischen Gemeinsamkeiten durch diese Untersuchung – ein Beweis dafür, wie sehr sich morphologische Altertümlichkeiten über Jahrtausende hinweg in einer Sprache halten können, sofern dafür entsprechende Voraussetzungen vorliegen. Im Fall des Slawischen trifft dies tatsächlich zu, da die Slawen bis zu ihrer Ausbreitung nach allen Himmelsrichtungen im 5./6. Jahrhundert relativ abgeschlossen in einem Gebiet nördlich der Tatra und Karpaten siedelten, das im Osten bereits an iranisches Sprachgebiet grenzte.[77] Ja die vereinzelten spezifisch iranisch-slawischen Entsprechungen (wie in den Dualendungen des Numerale) lassen weiter darauf schließen, daß zwischen dem frühen Iranischen und dem Vorläufer des Slawischen während einer langen prähistorischen Epoche ein enger Zusammenhang, womöglich in Form eines Dialektkontinuums bestand, das seit dem Auseinanderdriften der indogermanischen Spracheinheit nie völlig abriß, so daß die Satemisierungswelle ausgehend vom Arischen (etwa Anfang des 2. Jahrtausends v.Chr.) sich ohne irgendwelche Hindernisse über den Vorläufer des Slawischen und weiter zu dem des Baltischen ausbreiten konnte.[78] Andererseits zeugen iranisch-slawische Wortgleichungen klar von einem Einfluß der Zarathustra-Religion weit über den iranischen Sprachraum hinaus bis hin zu den Slawen, darunter etwa slaw. *bogъ, protoslaw. *baga- 'Gott' aus iran. baga- 'ds.' und russ. div 'Unglücksvogel' aus protoslaw. *deiva-, wohl 'Dämon', vgl. awest. daēuua- (vorzarathustrischer Gott); ein Abbruch der protoslawisch-iranischen Kontakte kann somit kaum vor der Mitte des 1. Jahrtausends v.Chr. erfolgt sein.[79] Während freilich in späterer Zeit die iranischen Sprachen ihr Formensystem teilweise schon stark abbauen (wie das Mittelpersische während der Arsakidendynastie 247 v.Chr. – 224 n.Chr.), behält das abgelegene Slawische sein reiches Formeninventar wie gesagt bis über das Ende seiner Spracheinheit hinaus noch bei, wie das Altkirchenslawische klar vor Augen führt.

Im Bereich der Konjugation gibt ein weiterer Befund Anlaß zu grundsätzlichen Überlegungen: Ausgerechnet in den archaischen Sekundärendungen des Injunktivs (Imperfekt, Aorist) stimmen die Formen des Duals wie der anderen Numeri zwischen dem vedischen Altindisch und dem Griechischen so genau überein (selbst gegenüber dem Slawischen), daß selbst nach hundert Jahren die Rekonstrukte Brugmanns in ihrer Richtigkeit nicht angezweifelt werden können, sondern daß die These einer ursprünglich engeren arisch-griechischen Sprachverwandtschaft auf der Grundlage eines ostindogermanischen Dialektbereichs auch hier eine Bestätigung findet – ebenso wie im Bereich des Nomens, wenn

---

[77] Siehe Literatur zur Urheimat der Slawen bei Euler 2005/06: 41 A. 99.

[78] Siehe Schelesniker 1991: 16 mit einer Erklärung, daß das Iranische gleichsam als "Geburtshelfer" des Slawischen anzusehen sei.

[79] Siehe zu den prähistorischen Sprachkontakten des Protoslawischen Schelesniker 1985: 94-96 (Wortgleichungen) und jetzt Euler 2005/06: 50-53 (allgemein).

man etwa an den Reichtum der Neutra auf ursprünglichem *-es- denkt oder an einzelne Gleichungen wie ai. *paraśu-* = gr. πέλεκυς 'Beil' oder ai. *pīvā* m., *pīva-rī* f. = gr. πίων, πίειρα 'fett'.[80] Dies ungeachtet der Tatsache, daß zwischen dem Arischen und Griechischen die Scheidelinie zwischen Satem- und Kentum-Sprachen verläuft; dies wiederum setzt jedoch voraus, daß die Satemisierung kaum weiter als tausend Jahre vor den arischen Mitanni-Glossen und den myke-nischen Linear-B-Texten, nämlich bis zur Mitte des 3. Jahrtausends v.Chr. zu-rückreichen kann, eben bis zum Zeitraum, in dem sich die Vorläufer des Ari-schen und Griechischen voneinander getrennt haben müssen; demgegenüber muß der Zerfall der gesamten indogermanischen Spracheinheit noch früher, also wohl im 4. Jahrtausend eingesetzt haben.[81] Es brauchen also nicht immer nur ausge-tretene Wege der Indogermanistik sein, die zu grundsätzlichen Erkenntnissen führen, vielmehr können auch verschlungenere Pfade im Abseits zum Ziel führen.

Wolfram Euler
Malerwinkel 3
D – 81479 München
[wolfram.euler@t-online.de]

Bibliographie

Aitzetmüller, Rudolf (1978). *Altbulgarische Grammatik als Einführung in die slavische Sprachwissenschaft*. Freiburg i. Br.: Weiher.

Arumaa, Peeter (1985). *Urslavische Grammatik. Einführung in das vergleichen-de Studium der slavischen Sprachen*, III. Band: *Formenlehre*. Heidelberg: Winter.

Bammesberger, Alfred (1984). *Studien zur Laryngaltheorie*. Göttingen: Van-denhoeck & Ruprecht.

Bammesberger, Alfred (1986). *Der Aufbau des germanischen Verbalsystems*. Heidelberg: Winter.

Beekes, Robert S. P. (1985). *The Origins of the Indo-European Nominal Inflec-tion*. Innsbruck: Institut für Sprachwissenschaft.

---

[80] Siehe eine Zusammenstellung arischer-griechischer Gleichungen im nominalen Be-reich bei Euler 1979: 256-258 (bes. Einzelbeispiele) und 2000/01: 19-22 (auch Ver-ben).

[81] Die Datierung des Spätostidg. ins 3. und des Gemeinidg. ins 4. Jahrtausend s. bereits bei Meid 1975: 209 und Euler 1979: 260f., speziell des Ostidg. bei Euler 1998: 108 (anhand des Vergleichs mit der Aufgliederung der Romania). Weithin anerkannt ist die Datierung des Gemeinidg. ins 4. Jahrtausend, s. jetzt Meier-Brügger 2000: 59, der vom Zeitraum zwischen 3000 und 4000 v.Chr. spricht.

Birwé, Robert (1956). *Griechisch-arische Sprachbeziehungen im Verbalsystem.* Walldorf: Vorndran.

Brandenstein, Wilhelm (1959). *Griechische Sprachwissenschaft*, II: *Wortbildung und Formenlehre.* Berlin: de Gruyter.

Bräuer, Herbert (1969). *Slavische Sprachwissenschaft*, III: *Formenlehre, 2. Teil.* Berlin: de Gruyter.

Brockelmann, Carl (1908). *Grundriß der vergleichenden Grammatik der semitischen Sprachen*, Bd. I: *Laut- und Formenlehre.* Berlin: Reuther & Reichard.

Brugmann, Karl (1911/1916). *Grundriß der vergleichenden Grammatik der indogermanischen Sprachen*, Bd. II: *Lehre von den Wortformen und ihrem Gebrauch*, Teil 2 und 3. Straßburg: Trübner.

Burkert, W. (1977). *Griechische Religion der archaischen und klassischen Epoche*, in "Religionen der Menschheit", Band 15. Stuttgart: Kohlhammer.

Chantraine, Pierre (1968-1980). *Dictionnaire étymologique de la langue grecque.* Paris: Klincksieck.

Cowgill, Warren (1970). *The Nominative Plural and Preterit Singular of the Active Participles in Baltic*, in William R. Schmalstieg / Thomas F. Magner, "Baltic Linguistics". Pennsylvania, 23-37.

Duhoux, Yves (1992). *Le verbe grec ancien. Éléments de morphologie et de syntaxe historiques.* Leuven: Peeters.

Eckert, Rainer (1983). *Die Nominalstämme auf -i im Baltischen unter besonderer Berücksichtigung des Slawischen.* Berlin: Akademie der Wissenschaften der DDR. Zentralinstitut für Sprachwissenschaft.

Erhart, Adolf (1987). *Die Nichtunterscheidung von Numerus in der 3. Person des baltischen Verbs und ihre indoeuropäischen Grundlagen*, in "Baltistica" 23 (2), 126-130.

Euler, Wolfram (1979). *Indoiranisch-griechische Gemeinsamkeiten der Nominalbildung und deren indogermanische Grundlagen.* Innsbruck: Institut für Sprachwissenschaft.

Euler, Wolfram (1982). *Es war ein König – Eine Einleitungsformel mit indogermanischer Grundlage*, in Wolfgang Meid et al., "Sprachwissenschaft in Innsbruck". Innsbruck, 53-68.

Euler, Wolfram (1987). *Gab es eine indogermanische Götterfamilie? – Die Rolle der Verwandtschaftsbezeichnungen bei den Götternamen*, in Wolfgang Meid, "Studien zum indogermanischen Wortschatz". Innsbruck, 35-56.

Euler, Wolfram (1991). *Die Frage nach der Entstehung der indogermanischen Genera im Lichte der relativen Chronologie*, in "Indogermanische Forschungen" 96, 36-45.

Euler, Wolfram (1993). *Moduskategorien der Perfektopräsentien im Indogermanischen.* Innsbruck: Institut für Sprachwissenschaft.

Euler, Wolfram (1995). *Der Injunktiv, die archaischste Verbalkategorie im In-dogermanischen*, in Wojciech Smoczyński, "Kuryłowicz Memorial Volume", Part One. Krakau, 137-142.

Euler, Wolfram (1998). *Das indogermanische Ethnos – eine Fiktion oder geschichtliche Realität?*, in Wolfgang Meid, "Sprache und Kultur der Indogermanen". Innsbruck, 103-118.

Euler, Wolfram (2000/01). *Indogermanische Dichtersprache und Alteuropa – ein Widerspruch? (Überlegungen zur frühen Aufgliederung des Indogermanischen)*, in "Klagenfurter Beiträge zur Sprachwissenschaft" 26/27, 15-52.

Euler, Wolfram (2005/06). *Sprachwandel und -entwicklung in vorgeschichtlicher Zeit – Herausbildung indogermanischer Einzelsprachen, besonders des Germanischen und Slawischen*, in "Klagenfurter Beiträge zur Sprachwissenschaft" 31/32, 7-72.

Forssman, Bernhard (1969). *Nachlese zu ὄσσε*, in "Münchener Studien zur Sprachwissenschaft" 25, 39-50.

Gonda, Jan (1974). *The Dual Deities in the Religion of the Veda*. Amsterdam / London: North Holland Publishing Company.

Hackstein, Olav (1993). *On the Prehistory of Dual Inflection in the Tocharian Verb*, in "Sprache" 35, 47-70.

Hajdú, Péter / Domokos, Péter (1987). *Die uralischen Sprachen und Literaturen*. Hamburg: Buske.

Hajnal, Ivo (1995). *Studien zum mykenischen Kasussystem*. Berlin: de Gruyter.

Hoffmann, Karl (1967): *Der Injunktiv im Veda*. Heidelberg: Winter.

Hoffmann, Karl / Forssman, Bernhard (2004). *Avestische Laut- und Flexionslehre*. Innsbruck: Institut für Sprachwissenschaft.

Holzer, Georg (1998). *Zur Rekonstruktion urslavischer Lautungen*, in Jerzy Rusek / Wiesław Boryś, "Prasłowiańszczyzna i jej rozpad". Warschau, 57-72.

Igartua, Iván (2005). *On the Origin of the Genetive Dual in Lower Sorbian*, in "Historische Sprachforschung" 118, 294-302.

Klingenschmitt, Gert (1994). *Das Tocharische in indogermanistischer Sicht*, in Bernfried Schlerath, "Tocharisch. Akten der Fachtagung der Indogermanischen Gesellschaft Berlin 1990". Reykjavík, 310-411.

Krahe, Hans (1963). *Indogermanische Sprachwissenschaft*, II: *Formenlehre*, 4. Auflage. Berlin: de Gruyter.

Krahe, Hans (1965). *Germanische Sprachwissenschaft*, II: *Formenlehre*, 5. Auflage. Berlin: de Gruyter.

Krause, Wolfgang (1968). *Handbuch des Gotischen*, 3. Auflage. München: Beck.

Lambert, Pierre-Yves (1995). *La langue gauloise*, 2. Auflage. Paris: Édition France.

Lejeune, Michel (1972). *Le duel des thèmes en -ā*, in "Mémoires de philologie mycénienne" III. Rom, 275-283.

Lejeune, Michel (1974). *Manuel de la langue vénète*. Heidelberg: Winter.

Leskien, August (1919). *Litauisches Lesebuch mit Grammatik und Wörterbuch.* Heidelberg: Winter.

Leumann, Manu (1977). *Lateinische Laut- und Formenlehre*, 2. Auflage. München: Beck.

Lipiński, Edward (1997). *Semitic Languages. Outline of a Comparative Grammar*. Leuven: Peeters.

Lühr, Rosemarie (2000). *Zum Gebrauch des Duals in der Indogermania*, in Michaela Ofitsch / Christian Zinko, "125 Jahre Indogermanistik in Graz". Graz, 263-274.

Lunt, Horace G. (1998). *What Makes Slavic Slavic?*, in "Mír Curad. Festschrift für Calvert Watkins". Innsbruck, 423-439.

MacCone, Kim (1994). *An tSean Ghaeilge agus a Réamhstair*, in Kim MacCone, "Stair na Gaeilge in ómós do Pádraig Ó Fiannachta". Maigh Nuad, 61-219.

Mayrhofer, Manfred (1992/1996/2001). *Etymologisches Wörterbuch der altindoarischen Sprachen*, 3 Bände. Heidelberg: Winter.

Mažiulis, Vytautas (1970), *Baltų ir kitų indoeuropiečių kalbų santykiai*. Vilnius: Mintis.

Meid, Wolfgang (1975). *Probleme der räumlichen und zeitlichen Gliederung des Indogermanischen*, in Helmut Rix, "Flexion und Wortbildung". Wiesbaden, 204-219.

Meid, Wolfgang (1992). *Gaulish Inscriptions*. Budapest: Archaeolingua.

Meid, Wolfgang (1994). *Celtiberian Inscriptions*. Budapest: Archaeolingua.

Meier-Brügger, Michael (1992). *Griechische Sprachwissenschaft, II: Wortschatz, Formenlehre, Lautlehre, Indizes*. Berlin: de Gruyter.

Meier-Brügger, Michael (1993). *Homerisch* ἀμφουδίς, *mykenisch* du-wo-u-pʰi, in "Glotta" 71, 137-142.

Meier-Brügger, Michael (2000). *Indogermanische Sprachwissenschaft*, 7., völlig neu bearb. Auflage. Berlin / New York: de Gruyter.

Meiser, Gerhard (1998). *Historische Laut- und Formenlehre der lateinischen Sprache*. Darmstadt: Wissenschaftliche Buchgesellschaft.

Narten, Johanna (1969). *Idg.* Kinn *und* Knie *im Avestischen*, in "Indogermanische Forschungen" 74, 39-53.

Neu, Erich (1968). *Das hethitische Mediopassiv und seine indogermanischen Grundlagen*. Wiesbaden: Harrassowitz.

Pedersen, Holger (1913). *Vergleichende Grammatik der keltischen Sprachen*, Bd. II: *Bedeutungslehre*. Göttingen: Vandenhoeck & Ruprecht.

Pokorny, Julius (1969). *Altirische Grammatik*, 2. Auflage. Berlin: de Gruyter.

Pooth, Roland A. *Die 2. und 3. Person Dual und das Medium* (unveröffentlicht. Vortrag auf der XIII. Fachtagung der Indogermanischen Gesellschaft, Salzburg, 26.9.2008).

Ramat, Paolo (1981). *Einführung in das Germanische*. Tübingen: Niemeyer.

Rasmussen, Jens E. (2000). *Zur Vorgeschichte des Plusquamperfekts*, in Bernhard Forssman / Robert Plath, "Indoarisch, Iranisch und die Indogermanistik". Wiesbaden, 443-453.

Ringe, Don (2006). *From Proto-Indo-European to Proto-Germanic*. Oxford: University Press.

Rix, Helmut (1976). *Historische Grammatik des Griechischen*. Darmstadt: Wissenschaftliche Buchgesellschaft.

Schelesniker, Herbert (1985). *Die Schichten des urslavischen Wortschatzes*, in "ASlPh" 15/16, 77-100.

Schelesniker, Herbert (1991). *Slavisch und Indogermanisch. Der Weg des Slavischen zur sprachlichen Eigenständigkeit*. Innsbruck: Institut für Sprachwissenschaft.

Schmidt, Gernot (1978). *Stammbildung und Flexion der indogermanischen Personalpronomina*. Wiesbaden: Harrassowitz.

Schmidt, Klaus T. (1975). *Probleme der tocharischen Verbal- und Nominalflexion*, in Helmut Rix, "Flexion und Wortbildung". Wiesbaden, 287-295.

Schmitt, Rüdiger (1967). *Dichtung und Dichtersprache in indogermanischer Zeit*. Wiesbaden: Harrassowitz.

Schmitt, Rüdiger (1977). *Einführung in die griechischen Dialekte*. Darmstadt: Wissenschaftliche Buchgesellschaft.

Schwyzer, Eduard (1939). *Griechische Grammatik*, 1. Band: *Allgemeiner Teil, Lautlehre, Wortbildung, Flexion*. München: Beck.

Seebold, Elmar (1984). *Das System der Personalpronomina in den frühgermanischen Sprachen*. Göttingen: Vandenhoeck & Ruprecht.

Shields, Kenneth C. (1980). *The Gothic Verbal Dual in -ts and Its Indo-European Origins*, in "Indogermanische Forschungen" 84, 216-225.

Shields, Kenneth C. (1994). *On the Indo-European Origin of Lithuanian 2nd Dual Verbal Suffix -ta*, in "Baltistica" 29, 33-40.

Shields, Kenneth C. (1997). *On the Etymology of the Indo-European Third Person Dual Active Secondary Verbal Suffix -tām*, in "Folia Linguistica Historica" 18, 1/2, 39-48.

Shields, Kenneth C. (2001). *Gothic 2nd Dual -ts and West Germanic 2nd Singular -st: an Analogical Connection?*, in "North-Western European Language Evolution" 38, 115-123.

Stang, Christian S. (1966), *Vergleichende Grammatik der baltischen Sprachen*. Oslo: Universitetsforlaget.

Strunk, Klaus (1977). *Überlegungen zu Defektivität und Suppletion im Griechischen und Indogermanischen*, in "Glotta" 55, 2-34.

Szemerényi, Oswald (1967). *The History of Attic* οὖς *and Some of its Compounds*, in "Studi micenei ed anatolici" 3, 47-88.

Szemerényi, Oswald (1989). *Einführung in die vergleichende Sprachwissenschaft*, 3. Auflage. Darmstadt: Wissenschaftliche Buchgesellschaft.

Thumb, Albert / Hauschild, Richard (1959). *Handbuch des Sanskrit*, II. Teil, 3. Auflage. Heidelberg: Winter.

Wackernagel, Jacob (1930). *Altindische Grammatik*, III. Band: *Nominalflexion – Zahlwort – Pronomen*. Göttingen: Vandenhoeck & Ruprecht.

Zinkevičius, Zigmas (1984). *Lietuvių kalbos istorija*, I: *Lietuvių kalbos kilmė*. Vilnius: Mokslas.

Studia Etymologica Cracoviensia
vol. 15   Kraków 2010

Luciano ROCCHI (Trieste)

THE HUNGARIAN LINGUISTIC MATERIAL
IN EVLİYA ÇELEBİ

1. Introduction

1.0. Evliya Çelebi's *Seyahatname* ('Book of Travels'), the impressive his-torical-geographical work considered a masterpiece of seventeenth-century Turk-ish literature, is a veritable mine of linguistic information too. In fact, the "Otto-man globetrotter" (*giramondo ottomano*, as Bombaci 1969: 400 calls Evliya) proves greatly interested in the languages of the various countries visited and usually provides a number of samples of each of them. Among these languages is Hungarian, since he had the opportunity to pass several times through territo-ries inhabited by Hungarian-speaking people during his travels. The aim of this paper is to examine the Magyar lexical material scattered in the *Seyahatname*, pointing out that we will only deal with words, phrases and sentences specifical-ly mentioned by Evliya Çelebi as foreign vocabulary, not with (varyingly turki-cized) loanwords of Hungarian origin found in his work, which are generally known from other sources too (f.ex. *biro(v)* 'judge, head of a village' < *bíró*, *er-şek/irşek* 'archbishop' < *érsek*, *nemeş* 'noble' < *nemes*, *papişta* 'catholic' < *pá-pista*, *turvin* 'assembly' < *törvény*, *varoş* 'suburb' < *város*, etc).[1] We only made an exception for *tabur*, including this item given the importance of Evliya's ac-count.

1.1. *Seyahatname*'s Hungarian linguistic corpus essentially consists of a list of about eighty words and sentences (numerals, terms of basic lexicon, vulgar expressions) placed within the description of a long journey through Transylva-nia and eastern Hungary Evliya made in 1661 and whose report occupies a large part of the sixth book of his work. On his arrival in Nagybánya (today's Ru-manian town Baia Mare), the Turkish traveller says that "as this town is ancient the Hungarian language had its first origin in this region" (*bu şehir kadîm olmağile ibtidâ lisân-ı Macar-ı füccâr bu diyârda peydâ olmuşdur*: VI 9a = EÇS

---

[1]   On these loans, see Fekete 1930, Rocchi 2005.

6, 14) and this fact gives him a chance to provide the mentioned list. Soon after he adds that people in "Middle Hungary" (*Orta Macar*) – by this name he designates Magyar territories which had not been subjected to Ottoman domination – usually count in a different way, namely "in groups of ten each" (*onar onar*), and makes a list of these numbers. In addition, further Hungarian lexical samples are quoted by Evliya on various occasions (see the corpus below).

1.2. Scholars studying the material in question have to face both an objective difficulty, the absolute inability of the Arabic-Ottoman script to represent some Hungarian sounds, and a subjective difficulty, the often unreliable variant readings of the codices containing the *Seyahatname*. As a result of this, if we compare the various editions of this material published so far, we can easily note glaring textual divergences between them, not only due to different systems of transcription. In fact the first who were concerned with it (Karácson, Ligeti) essentially worked on the text of the *editio princeps* of the work, which was brought out in Istanbul over forty years (1898 to 1938); this edition came in for a lot of criticism, not only for its philological defects, but also for printing errors, omissions, and several censored passages. Instead, subsequent scholars (Halasi-Kun, Dankoff) used the manuscripts kept in the Topkapı Sarayı (those signed Bağdat Köşkü and Revan Köşkü), which are regarded as autographs. In recent years, a new complete edition of the *Seyahatname*, based on the Topkapı codices, was published in Istanbul by Yücel Dağlı, Seyit Kahraman and others, in a transcription in Latin characters according to the modern Turkish alphabet (it is quoted as EÇS).

1.3. In our edition of the material, we followed these criteria: the Hungarian entries are listed according to the various spellings found in **(a)** the text of EÇS, in bold; **(b)** the papers of Karácson (K), Ligeti (L), Halasi-Kun (HK) and Dankoff (D), in roman; **(c)** the present-day Hungarian language, in italics, with English (or Latin[2]) translation. Next, we quote in brackets Evliya's Turkish equivalents (numbers are written in figures) of the Hungarian words; this Turkish text is accompanied by an English translation if it has a different meaning from the Hungarian one, while as for the numerals wrong equivalences are marked with an asterisk. Lastly, we add short explanatory notes by means of the symbol • where we thought it appropriate.

The entries from 1 to 78 correspond to the list of Nagybánya (VI 9a = EÇS 6, 14-15), those from 79 to 88 to the numbers of *Orta Macar* (VI 9b = EÇS 6, 15), the subsequent ones being taken from other passages shown in the explanatory notes.

---

[2] In the case of vulgar expressions; instead of writing *f.ck* or *c..t* we preferred a Latin translation.

2. Hungarian corpus

1. **eg** egy (K); eǵ (L); eď (HK); eg (D); *egy* 'one' [1] • For rendering the non-Turkish palatals [ɟ] and [c] the Ottoman script usually resorts to the grapheme ⟨k⟩ (ﻙ), which also stands for /g/ with its allophone [gʲ], the latter being acoustically rather similar to the mentioned Hungarian sounds. For other instances see 4, 14, 30, 35, 42, 48, 49, 56, 57, 60, 71, 90.

2. **ketö** kettő (K): ket(t)ŏ (L); ketö (HK); ketö (D); *kettő* 'two' [2].

3. **harm** három (K); ḥārôm (L); har(o)m (HK); ḥarm (D); *három* 'three' [3].

4. **nig** négy (K); nēǵ (L); niď (HK); nig (D); *négy* 'four' [4] • Hungarian [eː] is so close that it can easily be taken for [i], especially to a Turkish ear, cf. 26, 54 (*ayandik*), 58.

5. **höt** öt (K); ȫt (L); höt (HK); höt (D); *öt* 'five' [5] • The initial ⟨h⟩ of the Turkish is undoubtedly due to the analogical influence of the following numbers.

6. **hat** hat (K); ḥat (L); hat (HK); ḥat (D); *hat* 'six' [6].

7. **het** hét (K); hét (L); het (HK); het (D); *hét* 'seven' [7].

8. **noç** nyolcs (K); njôlč (L); n'oç (HK); goç (D); *nyolc* 'eight' [8] • The spellings of EÇS, Halasi-Kun and Dankoff are different transcriptions of the same Ottoman writing ⟨kWç⟩. The grapheme ⟨k⟩ also stands for the velar nasal [ŋ], but in this case it stands for the palatal [ɲ]. This latter sound is usually represented by a simple ⟨n⟩ (see 21, 41, 43, 57, 61, 70), once also by ⟨ny⟩ (78). It is a rule that Turkish renders *c* [ts] with *ç* [tʃ], the only unvoiced affricate occurring in its phonetic system, see 9, 34, 54, 63.

9. **kilenç** kilencs (K); kîlenč (L); kil(e)nç (HK); kilénç (D); *kilenc* 'nine' [9].

10. **tiz** tíz (K); tīz (L); tiz (HK); tiz (D); *tíz* 'ten' [10].

11. **husvan** husz (K); ḥūs (L); husvan (HK); ḥusvan (D); *húsz* 'twenty' [20] • Form analogically reconstructed on the other numerals in -*van*.

12. **kötvan** (missing in K and L); ketvan (HK); kötvan (D); (it does not exist in Hungarian) [30*] • Evliya "regularizes" in his own way the formation of multiples of ten by adding -*van* to the numbers from 'two' to 'ten'. However, as 'twenty' had already been assigned, he gives the value 'thirty' to the *kötvan* arbitrarily reconstructed on *ketö* 'two', thus wrongly increasing by ten the numerical value of all the subsequent numbers. Instead, in the text followed by Karácson and Ligeti, where the "ghost" word *kötvan* is missing, indications are correct, as well as for the numerals of *Orta Macar* (81-88).

13. **harvan** harmincs (K); ḥârmînč (L); har(minç) (HK); ḥarvan (D); *harminc* 'thirty' [40*].

14. **negvan** negven (K); neǵvân (L); n(e)ď'ven (HK); ngvan (D); *négyven* 'forty' [50*].

15. **hötvan** ötven (K); ȫtvân (L); hötven (HK); hötvan (D); *ötven* 'fifty' [60*].

16. **hatvan**   hatvan (K); ḥâtvân (L); hatvan (HK); ḥatvan (D); *hatvan* 'sixty' [70*].

17. **hetvan**   hetven (K); hetvân (L); hetven (HK); hetvan (D); *hetven* 'seventy' [80*].

18. **goçvan**   nyolcsvan (K); njôlčvân (L); n'oçvan (HK); goçvan (D); *nyolcvan* 'eighty' [90*] • On the rendering of the palatal nasal see 8. Here EÇS follows Dankoff's spelling (cf. instead 8). The same numeral appears as *noçvan* in the list of *Orta Macar* (86).

19. **kilençvan**   kilencsven (K); kîlenčvân (L); kil(e)nçven (HK); qilénçvan (D); *kilencven* 'ninety' [100*].

20. **tizvan**   [száz (K); ṣāz (L);] tizvan (HK); tizvan (D); (it does not exist in Hungarian) [200*] • This "ghost" number occurs in 79 too, in the list of *Orta Macar*, but there it is given the value 'ten'. In place of this *tizvan*, Karácson and Ligeti have the correct *száz* 'hundred' here.

21. **kener**   kenir (K); keñēr (L); k(e)nir (HK); kéner (D); *kenyér* 'bread' [*etmek*].

22. **viz**   víz (K); viz (L); viz (HK); viz (D); *víz* 'water' [*su*].

23. **şov**   só (K); šō (L); şo (HK); şov (D); *só* 'salt' [*tuz*].

24. **şajtun**   sajt (K); šâjt (L); şayt (HK); şayṭun (D); *sajt* 'cheese' [*peynir*] • The ending *-un* is not clearly explicable.

25. **vaj**   vaj (K); vâj (L); vay (HK); vay (D); *vay* 'butter' [*yağ(dır)*; we put in brackets the Turkish copula *-dır*, see 26, 36, 59, 76, 77, 78].

26. **miz**   miz (K); mēz (L); miz (HK); miz (D); *méz* 'honey' [*bal(dır)*].

27. **ney [tey]**   tej (K); tej (L); tey (HK); ney (*tey) (D); *tej* 'milk' [*süt*] • The *ney* written in the codex should evidently be amended to *tey*, as EÇS and Dankoff correctly do. The initial allographs ⟨n⟩ (ﻧ) and ⟨t⟩ (ﺗ) can easily be confused in the Arabic-Ottoman script. Cf. 75, 93.

28. **teyfel**   tejfel (K); tejfel (L); teyfel (HK); teyfel (D); *tejfel* '(sour)cream' [*kaymak*].

29. **aluttey**   alutej (K); âlut(t)ej (L); aluttey (HK); aluttey (D); *aludttej* 'curdled milk' [*yoğurd*].

30. **hagma**   hagyma (K); hâǵmâ (L); had'ma (HK); ḥagma (D); *hagyma* 'onion' [*soğan*].

31. **kanal**   kanál (K); kanāl (L); kanal (HK); qánal (D); *kanál* 'spoon' [*kaşık*].

32. **kej**   kézs (K); kéš (L); keş (HK); kej (D); *kés* 'knife' [*bıçak*] • Evliya's data reflect a Hungarian dialect form *kézs* (the grapheme ⟨j⟩ represents the post-alveolar [ʒ]), or, according to Ligeti's explanation, it has resulted from a graphical error; namely the text originally recorded the correct *kés*, but later the final allograph of [ʃ] (ﺵ) was copied out as [ʃr] (ﺷﺮ) by mistake – in fact the word appears as [kʃr] in some codices – and finally this last spelling gave rise to the reading with [ʒ] (ﮊ).

33. **talt** tál (K); tāl (L); tal(a)t (L); ṭalṭ (D); *tál* 'dish' [*çanak*] • The Hungarian word is put in the accusative *tál(a)t*.

34. **pinçebe** pincse (K); pînče (L); pinç(e)be (HK); pinçebe (D); *pince* 'basement, cellar' [*zîr-i zemîn*] • The Hungarian word is put in the illative *pince-be* 'to the cellar'.

35. **gerka** gyergya (K); ǵerkâ (L); ďerťa (HK); gerka (D); *gyertya* 'candle' [*mûm*] • On the rendering of the palatals see 1.

36. **lonak** ló (K); lō (L); lonak (HK); lonaq (D); *ló* 'horse' [*at(tır)*] • The Hungarian word is put in the dative *lónak*.

37. **tüz** tüz (K); tüz (L); tüz (HK); tüz (D); *tüz* 'fire' [*âteş*].

38. **disno** disznó (K); disnō (L); disno (HK); disno (D); *disznó* 'pig' [*domuz*].

39. **hozza buzat** hozzá buzát (K); hôz(z)ā būzāt (L); hozza buzat (HK); hozzá buzat (D); *hozz búzát* 'bring wheat!' [*getir buğday*] • We do not know the origin of the final *-a* in the imperative given by Evliya.

40. **hozza abrakat** (missing in K and L); hozza abrak(o)t (HK); hozza abraqt (D); *hozz abrakot* 'bring fodder!' [the Turkish translation is missing].

41. **liyan** lián (K); lejāń (L); liyan (HK); liyan (D); *leány* (with many dialect forms such as *léján, lyiány, lián*, see TESz 2, 734) 'girl; daughter' [*kız*].

42. **germek** gyermek (K); ďerm(e)k (L); ǵermek (HK); germék (D); *gyermek* 'child' [*oğlan*].

43. **asson** asszon (K); âs(s)ôń (L); asson (HK); aṣṣon (D); *asszony* 'woman' [*karı*].

44. **seme** szem (K); sem (L); seme (HK); seme (D); *szem(e)* '(his/her) eye' [*göz*] • As was to be expected, the parts of the human body appear with the third person possessive suffix, see 46, 47 (but cf. 45). The same suffix occurs in 53, 62 too.

45. **zorot** zorot (K); zôr(r)ôd (L); (a)z orot (HK); zorot (D); *orr* 'nose' [*burun*] • The initial *z* of Evliya's word undoubtedly represents the Hungarian article *az* with loss of *a-*. As to the ending *-ot*, it is interpreted by the scholars in different ways: Halasi-Kun considers it the mark of the accusative *orrot*, Ligeti – an unvoiced variant of the second person possessive suffix *-od*, according to this reasoning: Evliya must have asked his informant: "What is the word for this?", showing his own nose, and the reply was: "It's your nose (*az orrod*)".

46. **saya** száj (K); sāj (L); saya (HK); ṣayá (D); *száj(a)* '(his/her) mouth' [*ağız*].

47. **haşa** has (K); hâš (L); haşa (HK); haşá (D); *has(a)* '(his/her) belly' [*karın*].

48. **gövel** gyüvel (K); ǵuvel (L); ďövel (HK); gövel (D); *jöjjél* 'come!' [*gel*] • The word reflects a Hungarian imperative *gyövel*, which is found in a record of 1718 (TESz 2, 282).

49. **ereg** eregy (K); ereǵ(ǵ) (L); ered' (HK); ereg (D); *eredj* 'go (away)!' [*git*].

50. **hamar hoz** hamar hozz (K); hamâr hôz(z) (L); hamar hoz (HK); hámar hoz (D); *hamar hozz* 'bring quickly!' [*tiz getir*].

51. **seker** szeker (K); sekér (L); seker (HK); seker (D); *szekér* 'waggon' [*araba*].

52. **mojmege [mojdmeg]** mozs meg (K); môžmek (L); mojt ke (HK); mojme-ke (*mojtke) (D); *mosd meg* 'wash (it)!' [*yayka*] • We cannot understand the correction *mojtke* made by Dankoff in accordance with Halasi-Kun, since the reading *mojmege* of the manuscript seems much nearer to the Hungarian word.

53. **inge** ing (K); îng (L); inge (HK); inge (D); *ing(e)* '(his/her) shirt' [*gömleği*] • The Turkish translation *gömleği* has got the possessive suffix too.

54. **hoça nekem ayandik** hocsa nekem ajándik (K); hôça nekem âjāndēk (L); hoça nekem ayandik (HK); hoçá neqem ayandiq (D); *ho(c)ca nekem ajándék* 'give me a gift!' [*vere bana bağışla* literally 'give, donate to me!'] • *Hoça* represents the old, dialect Hungarian *hoc(c)a* 'bringe her! gib her!', formed by the imperative *hozz* (see 39, 40, 50) + intensive particle *sza* (TESz 2, 127).

55. **fokmeg** fokmeg (K); fôkmeg (L); fok meg (HK); foqmeg (D); *fogd meg* 'catch (him/her/it)!' [*tuta*].

56. **guk** gyuk (K); kūk (L); t'uk (HK); guq (D); *tyúk* 'hen' [*tavuk*].

57. **gukman** gyukmon (K); kukmôń (L); t'ukmon (HK); guqman (D); *tyúk-mony* (old, dialect) 'egg' [*yumurta*].

58. **körtvil** körtvil (K); kortvēl (L); körtvil (HK); qörtvil (D); *körtvély* (old, dialect; the modern standard form is *körte*) 'pear' [*armud*] • These data are important evidence that the Hungarian spoken in the area of Nagybánya still preserved the sound [ʎ] at that time, even though "the phonetic change *l'* > *j* started in the eastern regions in the sixteenth century" (Kálmán 1972: 56).

59. **alma** alma (K); almâ (L); alma (HK); elma (D); *alma* 'apple' [*elma(dır)*].

60. **meg** meggy (K); meǵ(ǵ) (L); med' (HK); meg (D); *meggy* 'sour cherry' [*vişne*].

61. **çereşne** cseresne (K); čerešne (L); çereşne (HK); çereşne (D); *cseresznye* 'cherry' [*kiraz*].

62. **hala** hal (K); hâl (L); hala (HK); halá (D); *hal(a)* '(his/her) fish' [*balık*].

63. **çonpo** csompo (K); čômpō (L); çompo (HK); çonpo (D); *compó* 'tench' [*sazan balık* 'carp'].

64. **list** liszt (K); list (L); list (HK); list (D); *liszt* 'flour' [*un*].

65. **söl** szőlő (K); sōlō (L); söl(ö) (HK); söl (D); *szőlő* 'grape' [*üzüm*] • In this case the codices on which the text followed by Karácson and Ligeti is based are those that give the most correct reading.

66. **silva** szilva (K); szîlvâ (L); silva (HK); silva (D); *szilva* 'plum' [*erik*].

67. **fayı** fa (K); fâ (L); faya (HK); fayı (D); *fa* 'tree; wood' [*odun* 'firewood'] •
The form *fayı* is problematic, unless we suppose that Evliya added the
Turkish accusative suffix to the Hungarian word, which would be surpris-
ing, but not impossible. According to their reading, Ligeti and Halasi-Kun
interpret the term as a possessive *fája* '(his/her) wood'.

68. **diyo** dio (K); dijō (L); diyo (HK); diyo (D); *dió* 'walnut' [*ceviz*].

69. **anber** ember (K); âmber (L); ember (HK); anber (D); *ember* 'man' [*â-
dem*].

70. **manaçke** menecske (K); meńačke (L); meneçke (HK); menaçke (D); *me-
nyecske* 'bride' [*gelin*].

71. **ki vagon** ki van ott (K); kî vân ôt(t) (L); ki vaďon (HK); qıvagon (D); *ki
vagyon?* (old; modern standard *van*) 'who is it?' [*kimdir o*] • Karácson and
Ligeti have a different reading, whose meaning is 'who is there?'.

72. **nem tudom** nem tudom (K); nem tûdôm (L); nem tudom (HK); nem tudom (D); *nem tudom* 'I don't know' [*bilmem*].

73. **nem latom** nem látom (K); nem lāt(t)am (L); n(e)m lat(t)am (HK); nem
latm (D); *nem láttam* 'I did not see' [*görmedim*] • Hungarian *látom* is the
first person of the present (objective conjugation) 'I see (him/her/it)', but
Evliya's translation corresponds to the past tense *láttam*.

74. **hunlakot** hun lakol (K); hûn lâkôl (L); hun lakol (HK); hunlaqot (D); *hun
lakol?* 'where do you live?' [*nerelisin* 'where are you from?'] • The text of
EÇS and Dankoff has certainly to be amended to *lakol*, as the other scholars read.

75. **in [it] lakom** itt lakom (K); ît(t) lâkôm (L); it lakom (HK); in (*it) laqom
(D); *itt lakom* 'I live here' [*buralıyım* 'I am native of this place'] • On the
graphical confusion between ⟨n⟩ and ⟨t⟩ (though the final allographs of
these graphemes have a slightly different duct) see 27, 93.

76. **hoza kiçi valakat** (missing in K and L); hoz(z)a kiçi valakat (HK); hozá
qiçi valaqat (D); *hozd (a) kicsi valagod!* 'affer parvum cunnum tuum!' [*av-
retden ol şeyi istemek(dir)* 'to ask a woman for that thing'] • For the imperative *hoza* cf. 39, 40, 54; however, in this sentence the correct form should
be the objective one *hozd*. The word *valag* means 'buttocks' in the present-
day Hungarian, but its original meaning was 'weibliche Scham' (TESz 3,
1076). In the oldest Italian-Hungarian glossary *fregna* (a vulgar term for
vulva) was translated *valag* (Rocchi 1994: 194).

77. **basom segget** (missing in K and L); basom şeget (HK); başom şeget (D);
basszom segged 'futuo culum tuum' [*oğlanın kıçına söğmek(dir)* 'to penetrate into a boy's buttocks'].

78. **basa manya [bastam anyat]** (missing in K and L); bastam anyat (HK);
başá manyá (*bastam anyat) (D); *basszam anyád* 'futuo matrem tuam'

[*anasına söğmek(dir)* 'to penetrate his mother'] • The correction *bastam* (namely *basztam*, past tense of *baszik* 'futuere') made by Dankoff and EÇS (following Halasi-Kun) is superfluous in our opinion, because this curse is often found also in the present tense. In another passage Evliya records it with unvoiced initial stop: *pasa manya* (VII 8a = EÇS 7, 13).

79. **tizvan** tizvan (K); tīzvân (L); (missing in HK); tizvan (D); (it does not exist in Hungarian) [10] • See 20.

80. **husvan** huszvan (K); ḥusvân (L); (missing in HK); ḥusvan (D); *húsz* 'twenty' [20] • See 11.

81. **harminç** harmics (K); ḥârmîč (L); (missing in HK); ḥarminç (D); *harminc* 'thirty' [30].

82. **negvan** negven (K); negvân (L); (missing in HK); negvan (D); *négyven* 'forty' [40].

83. **hetven** ötven (K); ötvân (L); (missing in HK); hetven (D); *ötven* 'fifty' [50].

84. **hatvan** hatvan (K); hâtvân (L); (missing in HK); hatven (D); *hatvan* 'sixty' [60].

85. **ötven** hetven (K); hetvân (L); (missing in HK); ötven (D); *hetven* 'seventy' [70].

86. **noçvan** nocsvan (K); njōčvân (L); (missing in HK); noçvan (D); *nyolcvan* 'eighty' [80].

87. **kilençven** kilencsven (K); ḳilenčvân (L); (missing in HK); qilénçven (D); *kilencven* 'ninety' [90].

88. **saz** száz (K); sāz (L); (missing in HK); saz (syaz?) (D); *száz* 'hundred' [100] • The form *syaz* with a question mark in Dankoff's text is obscure for us.

89. **beştelelen kurafiya** bestelélek kurafia (K); bešte-lélek ḳûrâfija (L); (missing in HK); beştelelen (*beştelen) qurafiya (D); *bestelélek kurafia* 'damn son of a bitch!' [the Turkish translation is missing] • This curse is put in Hungarian cavalrymen's mouths during their engagements with Ottoman troops and occurs in the *Seyahatname* no less than three times: in the mentioned form (VI 124a = EÇS 6, 216), as *beştelen kurafiye* (VI 103b = EÇS 6, 180) and as *beştele len kurafiya* (VII 8a = EÇS 7, 13). In the Hungarian literature, the phrase is recorded f.ex. in a Mihály Horváth's humorous letter of 1663 (*beste lélek kurafi*),[3] and – with last element *kurafia*, just as Evliya gives it – in a document of 1684.[4] Etymologically it is formed by *beste* 'beast' (probably of Italian origin), *lélek* 'soul' and *kurafi(a)*, variant of *kurvafi* 'whore's (*kurva* < Slavic) son (*-fi*)'. As to the readings of the Turk-

---

[3]   G. Szentmártoni Szabó, A fele sem tréfa – *Bárka* 13 (2005/5): 61.

[4]   Attila T. Szabó, Magyar szitkozódások és esküdözések a XVII-XVIII. századból – *Magyar Nyelv* 36 (1940): 269.

ish text, the right one is clearly provided by the manuscripts on which Ka-rácson and Ligeti are based. The incorrect *beştele(le)n* of the usually most reliable codices misled Dankoff, who thinks it represents the adjective *becstelen* 'good-for-nothing' (1991: 115, n. 1).

90. **gingöşiyye** (missing in K, L and HK); gingöşiyye (D); *gyöngyösi* 'of/from Gyöngyös' [*bu şehr-i Budun'un harâbât erenlerine gûna-gûn müskirât şe-killi meşrûbâtları var, ammâ gingöşiyye nâm bir gûne sarı yâkût renginde billûr-misal berk urur bir hamr-ı harâmı olur* 'innkeepers of Buda have various kinds of alcoholic drinks, for example an intoxicant topaz-coloured crystal-clear wine called *gingöşiyye*' (VI 88a = EÇS 6, 153)] • Talking about fine Hungarian wines Evliya cites the one produced in Gyöngyös, a town in northern Hungary lying at the foot of the Mátra mountains, in a region that has been renowned for production of grape and wine since the Middle Ages. For instance, old chronicles make mention of Gyöngyösi Olaszrisling, a full-bodied fragrant white wine. The Turkish rendering of the Hungarian word shows noteworthy phonetic (vowel dissimilation $ö - ö > i - ö$) and morphological (addition of the Arabic-Ottoman adjectival suf-fix *-iyye*) features.

91. **in tudom makı penlatot** én tudom magam látom (K); ēn tudom maḳam lāt(t)am (L); (missing in HK); in tudom maqi penlatot (D); *én tudom magam láttam* 'I know, I myself saw it' [*ben kendi gözümle gördüm* 'I saw with my own eyes' (VII 90a = EÇS 7, 160)] • Evliya considers the Hun-garians to be a people of Persian origin, and as proof of this says that their language contains a great number of Persian words, quoting the above-mentioned sentence. Seeing his translation, where the verb 'to know' is left out (though *nem tudom* is correctly translated 'I don't know' in the list of Nagybánya, see 72), he might have linked *tudom* with the Persian word *ḥudam* 'I myself' by assonance; perhaps also the final *-tot* reminded him of the verb *dīdan* 'to see'. In any case the reading needs substantial amend-ments in its last part: Ligeti thinks that the original text should be ⟨'yn twdm mkm l'tm⟩.

92. **istenamasa nacramasa** (missing in K, L and HK); istenamaṣa nacramaṣa (D); (according to our interpretation) *Isten á[ldo]mása...* 'God's bless-ing...' [the Turkish translation is missing] • Words spoken by Hungarians when drinking wine (VI 30b = EÇS 6, 51). Dankoff's translation is 'a toast for wine' with this explanation: "Based on Hungarian *isten éltesse* 'God give life' = 'To your health!' (also ? *nagyon* 'very much')" (1991: 47). In our view, *istenamasa* could represent *Isten áldomása*, with a syllable syn-cope in the latter word; the phrase already occurs in sixteenth-century Hun-garian literature (see, for example, Bálint Balassi's verse *véled Isten áldo-*

mása 'with you (be) God's blessing'[5]). As to the rest of Evliya's data, we dare not put forward suggestions, because the reading is certainly spoilt and suspected of contamination with the previous word.

93. **kıpona** (missing in K, L and HK); qıpona (D); (according to our interpretation) *ki[rályi] pa[lo]ta* 'royal palace' [*Bu sarâyın nâmına «Kızıl[elma] sarâyı» deyü nâm kodular, zîrâ her kralın odaları üzre kızıl altundan toplar olduğu cihet i Kızılelma Sarâyı ve Kızılelma-yı Ungurus deyüp Budin kal'asına nâm kodular. (...) lisân-ı {Macar'da kızılelmaya kıpona* (in our view to be amended to **kıpota) derler}*[6] 'This palace (*scil.* the royal palace of Buda) is called «Red Apple palace» because of the reddish golden balls placed on each dome, and the city Buda itself is named Hungarian Red Apple. *Kıpona (*kıpota)* means «red apple» in the Hungarian language' (VI 73b = EÇS 6, 127)] • In this passage Evliya describes Buda's imposing royal palace and his information about the name *Kızılelma* ('Red Apple'), due to the splendid golden domes of the building,[7] is amply confirmed by other Ottoman sources: "*Red Apple* is an expression which occurs in written sources from the 16th century onwards; (...) It refers to a legendary city which was to be the ultimate goal of Turko-Muslim conquests, and some versions explain the term from the resemblance between a red apple and the golden dome of a building – in this latter case it refers to a large church situated in the area. In the Ottoman period Kızıl-Elma tended to be identified with the large cities associated with Christianity – Constantinople, Budapest, Vienna and Rome"[8] (P. N. Boratav, EI 5, 245; see also E. Rossi, La leggenda turco-bizantina del Pomo Rosso, *Actes du Ve Congrès international des études byzantines*, Roma 1936: 542-53). Dankoff is cautious in interpreting the *kıpona* of our text and annotates it with a simple "fanciful?" (1991: 73). Taking into account that confusion between the medial allographs of ⟨n⟩ ن and ⟨t⟩ ت is very easy in Arabic-Ottoman script, especially in writing foreign words, we suppose that the form found in the codex is

---

5   *Balassi Bálint versei*, szerkeszti Kőszeghy Péter, Budapest 1993: 80.

6   The words in brackets are written by another hand.

7   "Gab es doch noch viele Reichshauptstädte und Glaubenszentren der «Giauren» im Abendland, jeweils geschmückt mit einem himmelhoch ragenden Wahrzeichen, von dessen Kuppeln oder Türmen mächtige goldene Kugeln weithin glänzten und als «Goldene Äpfel» die nach neuen Ruhmestaten dürstenden Janitscharen des Sultans lockten. (...) Da war (...) auch – gar nicht mehr weit von der türkischen Grenze – die stolze Königsburg im ungarischen Buda, auf deren Dächern vergoldete Kugeln im Sonnenlicht blitzten" (Kreutel 1963: 11).

8   In the following lines of *Seyahatname*'s quoted passage Evliya says that the cities referred to with the epithet *Kızılelma* are six: Rome, Buda, Vienna, and three other Hungarian towns: Ustolni-Belgrad (Székesfehérvár), Üstürgon (Esztergom) and Eğre (Eger).

a mistake for *kıpota/kipota* and therefore this term can be explained as a kind of taking down in shorthand of the Hungarian phrase *királyi palota* 'royal palace'.

94. **külvaroş** (missing in K, L, HK and D); *külváros* 'suburb' [*Ve bu kal'anın lisân-ı Macar'da {ismi} Külvaroş'dur ve lisân-ı Nemçe'de (...) dir, lisân-ı Latin'de (...) ve lisân-ı Yûnân'da (...) dır, lisân-ı Ervâm'da Beç'dir* 'the name of this city (*scil.* Vienna) is in Hungarian Külvaroş, in German (…), in Latin (…), in Greek (…) and in Turkish Beç' (VII 56a = EÇS 7, 97)] • In describing Vienna, Evliya also gives information about what the city is called in various languages. On account of gaps in manuscripts only two names are actually recorded, the Turkish one (*Beç*) and the Hungarian one (*Külvaroş*).[9] As a matter of fact, the true Magyar name of Vienna is *Bécs* (from which the Turkish *Beç* is borrowed), while *külváros* means 'suburb', etymologically 'out(er) (*kül*) city/town (*város*)'. It is probable that Evliya, when arriving in the outskirts of Vienna, was told by a Hungarian escort: "This is *külváros*" and our traveller misunderstood the piece of information, taking it for a toponymic indication. Evliya's data are important for Magyar lexicography too, as it allows backdating the first occurrence of the word considerably. In fact the journey to Vienna referred to took place in 1665, while *külváros* is found in Hungarian records not earlier than 1781, just with reference to the Austrian capital: *Betsben a' külvároson* (TESz 2, 689).

95. **nem** (missing in K, L and HK); nem (D); *nem* 'not' [*Evvelâ Nemçe lisân-ı Macar'da lafz-ı nem «değilim» ma'nâsınadır, ya'nî «Çeh değilim Nemse'yim» derler* 'Nemçe (= Austrian) derives from the Hungarian word *nem* «I am not», namely the (real) meaning of *Nemse'yim* (= I am Austrian) is «I am not Czech»' (VII 72a = EÇS 7, 126)] • Evliya places the wrong meaning 'I am not' on the Hungarian *nem* as a result of his fanciful etymology of the Turkish *Nemçe* 'Austrian, German' (obviously a borrowing from Slavic *nemec* 'German'), analysing it as *nem* + *çe* and identifying this latter with the ethnic *Çeh* 'Czech'.

96. **tabur** ṭābūr (K); (missing in L and HK); ṭabur (D); *tábor* 'camp, encampment' [*lisân-ı serhadli'de tabur ana derler kim yâ bir sahrâda yâhûd bir buheyre ve nehir kenârında bir iki kerre yüz bin küffâr ol sahrâda toprakdan kal'a yapup ve kar'ı azîm handaklar kazup içinde mütehassın oldukları yere tabur derler* 'in the frontier language *tabur* means a fortified place on a plain or along the shore of the sea or of a lake built by one or two hundred thousand infidels, where they shut themselves up raising ramparts and digging deep pits' (VI 179a = EÇS 6, 312)] • The word *tabur* occurs many

---

[9] Other codices have the reading *külvar* (Kreutel 1963: 82).

times in the *Seyahatname*, always as a specific designation of Hungarian soldiers' fortified camps (while the Turks' one is called *ordu*). The term is well recorded in various sources and entered in Ottoman dictionaries, beginning from Meninski's one: 'Castra curribus vallata, exercitus' (1680: 2, 3062); it survives in modern Turkish as a technical military term with the meaning 'battalion'. Evliya's account is an authoritative confirmation for the thesis that the Turkish word is a Magyarism originally meaning 'christliches Lager' (Németh 1953: 434). We therefore cannot accept the opinion of some scholars who consider *tabur* a native Turkic word, derived from *tapḳur*, which is an old Mongolian loan[10] (Dörfer 1963-75: 2, 429), found for instance in Ottoman as 'Reihe, Linie, besonders Pferde oder anderes Vieh in Reihen aufgestellt; Palissaden-Einzäunung; Wagenburg' and in Chaghatay as 'zur Recognoscirung oder zum Rauben ausgeschickte Truppenabteilung' (Radloff 1893-1911: 3, 953-54). However, this Turkic-Mongolian word is probably the source of Hungarian *tábor*, originally 'army', cf. its first occurrence of 1383: "Hungari dicti *Thabor* in Hungarica lingua, in Latino exercitus et congregacio bellancium" (TESz 3, 818), so after all the Turkish *tabur* would be a backborrowing.

97. **var/vâr** vár (K); (missing in L and HK); var (D); *vár* 'castle, fortress' [*bu diyârda* var *lafzı kal'a demekdir* 'in this country (*scil.* Hungary) the word *var* means «castle»' (VI 3b = EÇS 6, 5); *Macarca* vâr *kal'aya derler* 'the Hungarian word for «castle» is *vâr*' (VI 183a = EÇS 6, 319)] • This correct explanation of the word is given by Evliya talking about Hungarian placenames ending in *-vár*. Cf. also: *(Köyvar) lisân-ı Macar'da* «*taş kal'a*» *demekdir* 'Köyvar (= Kővár) means «stone castle» in Hungarian' (VI 8a = EÇS 6, 13; similarly at VII 91a = EÇS 7, 162); *lisân-ı Macar'da ismi Uğvar'dır, yâ'nî* «*yeni kal'a*» *demekdir* 'the Hungarian name (of this town) is Uğvar (= Újvár), which means «new castle»' (VI 108a = EÇS 6, 189; the same at VI 130b = EÇS 6, 226).

Luciano Rocchi
Scuola Superiore di Lingue Moderne per Interpreti e Traduttori
via Filzi 14
I – 34132 Trieste
[lrocchi@units.it]

---

[10] Cf. mod. Mongolian *ðавхар* 'layer, stratum; row, storey or tier' (Hangin 1986: 151). Chaghatay also gives the form with voiced initial stop, nearer to the Mongolian source, *dapḳur* 'troupe, rangée de troupes' (Pavet de Courteille 1870: 314).

Bibliographical references

EÇS = Y. Dağlı, S. A. Kahraman *et alii*, *Evliya Çelebi Seyahatnamesi*, İstan-
        bul, (6. kitap) 2002, (7. kitap) 2003.
EI   = *The Encyclopaedia of Islam*, 1-11, Leiden 1979-2002.
TESz = *A magyar nyelv történeti etimológiai szótára*, 1-4, Budapest 1967-
        1984.

Bombaci, A. 1969: *La letteratura turca*, Milano.
Dankoff, R. 1991: *An Evliya Çelebi Glossary. Unusual, Dialectal and Foreign
    Words in the Seyahat-name*, Harvard University.
Dörfer, G. 1963-75: *Türkische und mongolische Elemente im Neupersischen*, 1-
    4, Wiesbaden.
Fekete, L. 1930: Az oszmánli-török nyelv hódoltságkori magyar jövevényszavai
    − *Magyar Nyelv* 26: 275-265.
Halasi-Kun, T. 1979-80: Evliya Çelebi as Linguist − *Eucharisterion: Essays
    Presented to Omeljan Pritsak on His Sixtieth Birthday by His Colleagues
    and Students − Harvard Ukrainian Studies* III/IV: 376-382.
Hangin, G. 1986: *A Modern Mongolian-English Dictionary*, Indiana University.
Kálmán, B. 1972: Hungarian historical phonology − Benkő L., Samu I. (ed.):
    The Hungarian Language, The Hague − Paris: 49-83.
Karácson, I. 1985 (1904[1]): *Evlia Cselebi török világutazó magyarországi utazá-
    sai 1660-1664*, Budapest.
Kreutel, R. F. 1963: *Im Reiche des Goldenen Apfels*, Graz − Wien − Köln.
Ligeti, L. 1971: Evlija Cselebi magyar szójegyzéke − *Magyar Nyelv* 67: 394-409.
Meninski, Fr. à Mesgnien 1680: *Thesaurus linguarum orientalium turcicae-
    arabicae-persicae. Lexicon turcico-arabico-persicum*, 1-3, Vienna [reprint
    İstanbul 2000].
Németh, J. 1953: Neuere Untersuchungen über das Wort *tábor* 'Lager' − *Acta
    Linguistica Academiae Scientiarum Hungaricae* 3: 431-446.
Pavet de Courteille, A. 1870: *Dictionnaire turk-oriental*, Paris [reprint Amster-
    dam 1972].
Radloff, W. 1893-1911: *Versuch eines Wörterbuches der Türk-dialecte*, 1-4,
    Sankt Peterburg.
Rocchi, L. 1994: Il più antico glossario italo-ungherese − *Incontri Linguistici*
    17: 187-199.
────── 2005: Turcohungarica − Elementi magiari diretti e indiretti nella lingua
    turca − *Plurilinguismo* 12: 91-129.

Studia Etymologica Cracoviensia
vol. 15   Kraków 2010

Marek STACHOWSKI (Kraków)

IST DAS SLAVISCHE SCHAF (*ovьca*, *ovьcь*)
BIS NACH TRANSKAUKASIEN (*hōgač*)
UND ANATOLIEN (*öveč*, *ögeč*) GEWANDERT?

1.

Die Tatsache, daß das ttü. Wort *öveç* 'Widder im Alter von 2-3 Jahren'[1] dem slav. *ovьcă* 'weibliches Schaf' bzw. *ovьcь* 'männliches Schaf, Widder' mehr oder weniger ähnlich ist, fällt leicht auf, besonders wenn man das ttü. Wort mit den neuzeitlichen Reflexen des urslav. Maskulinums zusammenstellt, vgl. sloven. (18. Jh.) *ovec*, russ.dial. (Archangelsk) *ovéc*, sowie mit dem Diphthong im Anlaut: pomoran. *u̯ovc* und obersorb. *u̯ou̯c* (Furlan 2000: 164). A. Loma (2006: 36, Anm. 14) äußert sich hierzu vorsichtig: "[…] one might keep in consideration […] the similarity of the Turkish form *öveč* cited above with Common Slavic *ovьcь* 'ram, wether; sheep in general' (an old masculinum to *ovьca* f. […])".

Da das slav. Wort einen idg. Hintergrund hat (lett. *avs*, lit. *avìs*, lat. *ovis* id., etc.), ist es im Slav. ganz sicher einheimisch.[2] Ist dann aber das ttü. Wort eine Entlehnung aus dem Slav. oder ist die Ähnlichkeit zwischen den beiden Wörtern nur zufällig?

Die phonetischen Unterschiede zwischen den beiden Wörtern sind gering genug, so daß die Herleitung des osm. Wortes aus dem Slav. durchaus möglich erscheint. Da die Türksprachen kein *c* (= *ts*) kennen, ersetzen sie ein solches häufig durch *č*. Da sie jedoch eine Vokalharmonie haben, müssen sie die Vokale

---

[1] Eine Anmerkung zur Transkription: Das moderne orthographische ttü. Auslaut-⟨ç⟩ (= -*č*) wird in diesem Wort beim Antritt von Suffixen in intervokalischer Position stimmhaft, d.h. man könnte es als *öveč* ~ *öveǯV* notieren. Um diese lange Transkription zu vermeiden, notiere ich es entweder in der heutigen ttü. Schreibung (*öveç*) oder aber symbolisch als *öveǯ*. – Der Buchstabe ⟨ẹ⟩ steht für eng(er)es *e*. – Die Notation *ju/ogač* ist zu lesen als: *jugač* ~ *jogač*.

[2] Hier wird mit Furlan 2000 – zumindest probeweise – angenommen, daß *ovьcь* neben *ovьcă* schon im Urslaw. existiert hat (d.h. daß es ein aus der Ursprache ererbtes und heute nur noch in einigen Randsprachen belegtes Wort ist), und von der Möglichkeit abgesehen, daß *ovьcь* auch eine jüngere Neubildung zu *ovьcă* oder gar eine mehr oder weniger moderne Neubildung in einigen Randsprachen sein könnte.

des entlehnten Wortes entsprechend ändern. Vom slav. *ovьcǎ wäre im Tü. –
wegen des slav. Akzentes auf der Ultima – eine Form zu erwarten, die ich hier
tentativ als *ovyča notieren möchte. Diese müßte dann je nach der zugrunde-
liegenden Türksprache in *ovyča ~ *ovuča ~ *uvyča ~ *uvuča umgestaltet
werden. Da dies aber nicht der Fall ist, entfällt das slav. Femininum *ovьcǎ als
das Etymon.

Geht man dagegen vom slav. Maskulinum (*ovьcь 'ram, wether; sheep in
general', Loma 2006: 36, Anm. 14) aus, so ist die Adaptation sehr wohl vor-
stellbar: (a) das unbetonte slav. *-ь → altanatolisch-tü. (= aatü.) -∅; (b) das betonte slav. *-ь- → aatü. -i- [oder vielleicht ein eng artikuliertes *-ę-?]; (c) slav.
*-c- → aatü. -č-; (d) Vokalharmonie: slav. *o – ь → aatü. ö – i [bzw. ö – ę]. Das
sind alles leicht verständliche Änderungen.

Da zu derselben Wortfamilie sicher auch azerb. ögeǯ ~ öjeǯ 'Schaf im Alter von 2-3 Jahren' (Ščerbak 1961: 116) gehört, und weil uns ein Reflex dieser
Wörter im Kurd. in Form von (h)ōgač ~ hōgič '1. zwei Jahre alter Widder; 2.
unfruchtbares Schaf' (Cabolov 2001: 445) vorliegt, scheint es so, daß das slav.
Wort bis hin nach Transkaukasien und Anatolien gewandert ist, von wo es –
sicherlich über das Osm.-Tü. – bis auf den Balkan gelangt ist, wo es – zumeist
mit der Bedeutung 'Schafbock, Widder, Leittier in einer Schafherde' – heute als
serb. ugič, mazed. jugič, alb. ugiç ~ ogiç, usw., (Loma 2006: 34f.) auftritt. Dies
würde bedeuten, daß sich die slav. Benennung für 'Schaf' ungefähr von Osteu-
ropa aus vielleicht über Transkaukasien und Anatolien zum Balkan hin verbreitet hat – eine wahrhaftig lange Strecke, selbst für so gute Wanderer wie es Scha-
fe einmal sind.

Es fragt sich nun: War das tatsächlich der Fall? Oder mit anderen Worten:
Geht ttü. öveç tatsächlich auf Reflexe von slav. *ovьcǎ ~ *ovьcь zurück?

Allem voran darf man historisch-kulturelle Zweifel anmelden. Warum soll-
ten erfahrene Wanderhirten, wie es türkische Nomaden waren, einen so spezifi-
schen Terminus der Hirtenwirtschaft von den Slaven entlehnt haben? Ausgeschlossen ist das nicht, denn wir wissen, daß ttü. çoban 'Hirte' aus pers. čōbān
~ šōbān id. stammt (Clauson 1972: 397f.; Eren 1999: 96ab). Die Türken unter-
schieden nämlich – gerade weil sie in der Hirtenwirtschaft so sehr engagiert
waren – sehr genau zwischen den einzelnen Typen von Hirten, was auch im
Vokabular deutlich seinen Niederschlag gefunden hat, so ist z.B. sygyrtmač ein
'Viehhirte, Kuhhirte', kojču jedoch ein 'Schafhirte'. Und aus diesem Grund ver-
fügten sie über keine eigene Benennung für 'Hirte (im allgemeinen)'. Man könnte
also vielleicht mutatis mutandis annehmen, daß die Türken auch hier einen
Oberbegriff wie 'Schaf' entlehnt haben. Restlos überzeugend ist diese Erklärung jedoch nicht. Zum einen deshalb, weil die Slaven ja selber den Unterschied
zwischen männlich (*ovьcь) und weiblich (*ovьcǎ) machten, so daß sich eigentlich keine der beiden slav. Bezeichnungen wirklich als Oberbegriff eignete.

Zum anderen deshalb, weil das Wort in den Türksprachen ebenfalls keine allgemeine Bedeutung aufweist, sondern – ganz im Gegenteil – eine ganz konkrete.

Auch die phonetische Seite ist nicht so recht klar. Zu erwarten wäre nämlich,
daß aus slav. *-ь- ein tü. *-i- entsteht, also tü. *öviç, welches später – unter der
Einwirkung der tü. Vokalharmonie – die Form *övüç angenommen hätte. Eine ty-
pologische Parallele finden wir im slav. Wortmaterial des Ung. vor, nur hier än-
derte sich das slav. *-ь- zuerst → altung. -i-, und dann tatsächlich > heut.ung. -ę-,
wie in slav. *pьsarjь (> russ. psař) → altung. *picēr > heut.ung. pęcēr ‹pecér›
'(Hunde-) Abdecker, Racker' (Helimski 2000: 422f.). Das ung. Entwicklungs-
modell würde sich für unseren Fall eigentlich sehr gut eignen (etwa slav. *ovьcь
→ tü. *öviç > öveç), nur daß sich die Vokalsequenz in den Türksprachen nicht
zu *ö – e, sondern zu ö – ü entwickelt haben müßte, was hier nicht der Fall war.

Schwierigkeiten ergeben sich auch beim Konsonantismus. Das Alttü. kannte
kein labiodentales v. Dies ist nämlich ein relativ junger Laut im Ttü., und es gibt
auch keinerlei Gründe, ein labiodentales -v- fürs Urtü. – oder generell: für älteres Tü. – zu postulieren. Dies bedeutet, daß die osm.-tü. Reflexe an dieser Stelle
ein bilabiales -b- haben müßten (*obyča ~ *obuča ~ *ubyča ~ *ubuča bzw.
*öbič ~ *öbęč). Solche Belege gibt es jedoch nicht.

Die slav. Etymologisierungsmöglichkeit wird in Eren's Wörterbuch (1999:
318) nicht einmal erwähnt. Stattdessen findet man dort: ttü. öveç < öğeç ←
alttü. ög 'ein Tier im mittleren Alter' ~ kipč. 'Schaf in seinem 4. Lebensjahr'.

Zu den gerade genannten Zweifeln kommt, wie ersichtlich, noch der Umstand hinzu, daß das osm. Wort öveç eine morphologisch klare türkische Etymologie hat.

Einen Schatten auf das schöne Bild wirft die Tatsache, daß das Wort ög im
großen vergleichenden Wörterbuch von W. Radloff fehlt. Auch A. M. Ščerbak
war es allem Anschein nach unbekannt, da er das azerb. Äquivalent ögeӡ ~ öjeӡ
(Ščerbak 1961: 116) ohne Etymologie anführt, d.h. es nur mit dem viel aussa-
genden Zeichen "(< ?)" versieht und sich auf die Aufzählung der Bedeutungs-
nuancen beschränkt: '1. weibliches Schaf im Alter von zwei-drei Jahren; 2.
weibliches Schaf im Alter von vier Jahren; 3. männliches Schaf (~ Schafbock,
Widder) im Alter unter drei Jahren'.

Das Wort ög ist in der Tat nur ganz wenig belegt. Man begegnet ihm lediglich im Mitteltü., d.h.

• in Maḥmūd al-Kāšgarī's Wörterbuch (11. Jh.): ö:g 'any animal which has
  reached maturity and grown up' (Clauson 1972: 99b: "hence a horse which
  has passed the age of four is called ö:g at");[3]

---

3 Die Vokallänge in Clausons Notation spiegelt nur die plene-Schreibung im arabisch-
   schriftlichen Original wider, und sagt als solche nichts über die tatsächliche Aussprache aus. Im weiteren bleibe ich beim kurzen ö-, da mir kein anderer Hinweis bekannt ist, der auf Vokallänge hindeuten würde.

- in einem arab.-tü. Vokabular (14. Jh.), 1894 von Martin Th. Houtsma ediert: *ö:g* 'four-year old' (Clauson a.a.O.: "and those past this age are called *öge:* [= *öge*]"; Clauson hält das Wort, wenn auch mit Fragezeichen, für eine entstellte Variante von *ö:g*).

Das von Houtsma herausgegebene Vokabular enthält in erster Linie kipč. Wortgut, das teilweise aber mit trkm. Wörtern vermischt ist. Gerade das Wort *öge* soll trkm. sein (Clauson a.a.O.), was bedeutet, daß wir in Wirklichkeit über nur éinen kipč. Beleg verfügen.

Die geographische und chronologische Verteilung der Belege ist wie folgt:

- 11. Jh., Maḥmūd al-Kāšgarī *ög*, Ostturkestan;[4]
- 13. Jh., kipč. *ög* 'vier Jahre altes Tier';
- 14. Jh., trkm. *öge* 'ein mehr als vier Jahre altes Tier';
- 14. Jh., osm.-tü. *ögeč* 'Schaf in seinem 2. Lebensjahr' (DKK 200);
- moderne Belege: ttü. *öveç* 'Widder im Alter von 2-3 Jahren'; azerb. *ögež* ~ *öjež* 'Schaf im Alter von 2-3 Jahren'.

Mit anderen Worten, *ög* war vermutlich ein alter Fachterminus, der ein Mal im Osten (Maḥmūd al-Kāšgarī), ein Mal im Westen (kipč.), und vom 14. Jh. an nur noch im Süden, d.h. im Oghusischen (trkm., osm.-tü., azerb.) belegt ist, d.h. er lebt heute nur noch am geographischen Rande der Türkenwelt fort, und zwar nur in *-eč*-Derivaten.

2.

Was nun die Phonetik angeht, bilden die tü. Belege zwei ungleich große Gruppen: das moderne ttü. Wort hat ein *-v-*, während die sonstigen Belege stets ein *-g-* aufweisen. Dies legt den Gedanken nahe, daß es sich hier um einen sporadischen *-g-* > *-v-*-Wandel handelt. Dieser tatsächlich nur sporadisch auftretende Wandel ist aber seit langem bekannt.

Der Wechsel von *g-* und *v-*Varianten kann im Osm.-Tü. schon sehr früh beobachtet werden,[5] so z.B. im Wort für 'kleine oder unreife Melone': *düvlek* (14. Jh.; DKK), während noch 200 Jahre später die Form *düglek* id. (GHP 281) neben dem daraus resultierenden *düylek* (GHP 282) im Gebrauch ist. Alternierende Wortpaare dieser Art finden sich auch in den darauffolgenden Jahrhunderten wieder. Hier nur éin Beispiel: 1668 *üveyik* 'wilde Turteltaube' (TSU 203) =

---

[4] Clauson a.a.O. stuft den Beleg als "Xākānī" ein, das eine Art Zwischenstufe zwischen dem Runen-Tü. und dem Altuig. gewesen sein soll. Man kann den Beleg aus chronologischen Gründen (im 11. Jh. existierte das Runen-Tü. nicht mehr) für mitteltü. halten.

[5] Zum Alter des Wandels vgl. auch MK. (11. Jh.) *tög-* 'zerschlagen, zerstoßen' = AH. (14. Jh.) *töv-* 'schlagen, prügeln' (ÈSTJa III 270).

1680 *ögeyik* id. (Men. 535) = 1838 *ögeyik* ~ *öveyik* id. (Hind. 84b) = heut.ttü. *üveyik* id. Wie ersichtlich, ist der *g* ~ *v*-Wechsel immer nur eine Tendenz geblieben. Trotzdem erübrigt sich hier ganz gewiß die Annahme eines Einflusses des slav. **ovьcь* (bzw. seiner Reflexe), um den *g* > *v*-Wandel zu verstehen.

Ist das *-v-* in ttü. *öveç* aber sekundär aus dem ursprünglichen *-g-* entstanden, so kann das ganze Wort kein slav. Lehnwort sein.

Es steht daher nichts im Wege, hier tentativ eine urtü. Form wie **ögeč* vorzuschlagen. Wegen des *č* ~ *ǯ*-Wechsels im Auslaut muß aber im urtü. Rekonstrukt ein langes **ē* angenommen werden. Ob es ursprünglich offen oder geschlossen artikuliert wurde, bleibt unklar, weil die beiden Arten von *ē* mit der Zeit im Osm.-Tü. kurz und geschlossen wurden, d.h. urtü. **ē*, **ẹ̄* > osm. *ẹ*.[6] Somit notiere ich: urtü. **ögēč*, aatü. osm. **ögẹǯ*.

Die Formen vom Balkan, und zwar serb. *ugič*, mazed. *jugič*, alb. *u/ogiç* sowie der Beleg kurd. *hōgič* können ohne weiteres osm. **ögeč* ~ **ögẹǯV* widerspiegeln.[7] Etwas problematischer ist das *-a-* in bulg. *ju/ogač*. Möglicherweise könnte man dies als eine Spur der Einwirkung des slav. Suffixes *-ač* ansehen, was allerdings für kurd. Form *hōgač* nicht zutreffen kann. Trotzdem erscheint es mir völlig plausibel, daß all diese Varianten – ob nun mit *-ič* oder mit *-ač* – Reflexe von osm. **ögẹǯ* sind.

3.

Zu besprechen ist hier noch ein anderer Reflex, und zwar ung. *üvecs* 'junges (weibliches) Lamm', das laut EWU s.v. aus einer Türksprache entlehnt sein soll. Die Kommentare in EWU bedürfen jedoch selber eines Kommentars.

Zum einen ist die in EWU angegebene tü. Wurzel **ök* oder **ög* in dieser Form inakzeptabel – damit das ursprüngliche *-k* (in **ök*) intervokalisch (in **ök+ēč*) im Oghuz. stimmhaft wird, muß der ihm vorangehende urtü. Vokal lang gewesen sein, d.h. **ȫk* → **ȫk+ēč* > **ögēč* > *ögẹč* ~ *ögẹǯV*.

Clauson verzeichnet zwar tatsächlich einen Langvokal in diesem Wort. Das bedeutet aber, wie bereits erwähnt, nicht viel, denn er gibt nur die *plene*-Schrei-

---

6   Das weitere Schicksal des Vokals ist schleierhaft: in den meisten Fällen wurde er zu *e* geöffnet (so in osm. **vẹr-* 'geben' > heut.ttü. *ver-* id.), zum Teil aber auch zu *i* geschlossen (wie in osm. *kẹp* (> ttü.dial. *kip* 'Form, Bild, Muster') → *kẹp-i*, wörtl. 'sein Bild' > heut.ttü. *gibi* 'wie, ähnlich wie').

7   Die Wiedergabe des osm.-tü. *ö* durch *ü* ~ *u* in den Balkansprachen ist so gut wie regelmäßig, vgl. z.B. serb. *ćumur* = alb. *kümür* ~ *kumur* < osm. (**kümür* ~) *kömür* 'Kohle', u.a.m. (Németh 1953; Stachowski S. 1962: 155f.; 1967: 182). – Etwas komplizierter ist alb.dial. *ürič* ~ *ürüč* 'direkt nach vorn' < balkantü. **uğrič* ~ **uğrüč* < **ögrič* ~ **ögrüč* ~ **öŋriç* ~ **öŋrüč* ~ **öŋeriç* id. < **öŋ* 'vordere Seite' + Dir. **+eri* + wortbild. Suffix **+č* (Stachowski S. 1995: 470).

bung des arabisch-schriftlichen Originals wieder, die häufig durch eine Schreib-tradition oder aber durch orthographische Regeln bedingt war. Es steht außer Zweifel, daß die *plene*-Schreibung keinen sicheren Hinweis auf die tatsächliche Aussprache gibt.

Clausons Formen haben darüber hinaus ein stimmhaftes *-g*, d.h. eine Form wie *$\bar{o}k$* – wenn auch theoretisch denkbar – ist nur wenig wahrscheinlich, da keine Reflexe auf ein stimmloses *-k* hinweisen.

Das in EWU statt *$\bar{o}k$* angeführte Rekonstrukt *$ök$* ist dagegen völlig un-wahrscheinlich und auch unbegründet.

Zum anderen werden von den Autoren des EWU selbst Zweifel angemeldet, wenn sie schreiben, daß das ung. Wort aus dem osm. *öveç* hätte hergeleitet wer-den können, wenn es im Ung. nicht sehr spät, d.h. erst 1838 zum ersten Mal be-legt wäre.

Bei dieser Sachlage muß man sich fragen, ob ung. *üvecs* nicht vielleicht ein Reflex der slav. Benennung für 'Schaf' ist. Wegen der späten Belegzeit im Ung. ist hier wohl eher von einer modernen Folgeform wie etwa sloven. *ovec* 'Ham-mel' auszugehen als von urslav. *$ov\check{b}c\check{b}$*, obwohl sich letzteres phonetisch gut als Etymon des ung. Wortes eignen würde, da slav. *$-\check{b}$* stets > ung. *$-\emptyset$* wurde (wie in slav. *$obr\varrho\check{c}\check{b}$* → ung. *abroncs* 'Reifen', Helimski 2000: 418). Damit soll natürlich nicht gesagt werden, daß ung. *üvecs* geradewegs aus dem Sloven. entlehnt worden ist. Ich betrachte die sloven. Form eher als eine Spur der ehe-maligen Anwesenheit der Reflexe des urslav. Maskulinums *$ov\check{b}c\check{b}$* in den slav. Balkansprachen.

Das ung. Wort bezeichnet jedoch ein weibliches Lamm, weswegen es aus semantischer Sicht eher mit dem slav. Femininum *ovca* (< *$ov\check{b}c\check{a}$*) korrespon-diert. In diesem Falle ist aber aus formaler Sicht der Abfall des slav. *-a*, welches im Ung. generell bewahrt bleibt, unklar (vgl. slav. *$g\varrho ba$* 'weicher Auswuchs, Gewächs' → ung. *gomba* 'Pilz'). Andererseits finden wir im slav. Wortmaterial des Ung. das Wort *szombat* 'Samstag', das auf slav. *$s\varrho bota$* (~ *sobota*) id. zu-rückgeht und somit ein Beispiel für den Abfall eines Auslaut-*a* bietet. Das Phä-nomen ist, wenn auch nur ganz spärlich, aber doch belegt. Weil das maskuline *ovec* im russ. Dialektmaterial eine allgemeinere Bedeutung hat ('Widder oder Schaf im allgemeinen', Furlan 2000: 164, 170), ist letzten Endes auch nicht aus-zuschließen, daß das Wort in einigen Dialekten relativ früh verallgemeinert wurde. Damit wäre der Umstand zu erklären, daß sein Reflex im Ung. auf die Struktur der maskulinen Form hinweist und doch die Bedeutung der femininen hat.

Sowohl für das tü. wie das slav. Etymon kann noch ein weiterer Zweifel – und zwar phonetischer Art – angemeldet werden: warum hat das Ung. ein *ü*- im Anlaut, kein *ö*-? Für die Lautadaptation der tü. Lehnwörter kann gesagt werden, daß das tü. *ö-* im Ung. üblicherweise ungeändert bleibt. In zwei Fällen jedoch wurde das *ö-* tatsächlich zu *ü-* geschlossen (zit. nach Gombocz 1912: 158):

- urtü. *sön-* 'erlöschen, ausgehen' → altung. *szön-ik* > heut.ung. *szün-ik* ~ *szűn-ik* 'vergehen, nachlassen';
- urtü. *tör-* 'ertragen, erdulden' → altung. *tör* > heut.ung. *tür* ~ *tűr* id.

Ein slav. *o-* sollte dagegen im Ung. *å-* ergeben, das unter dem Einfluß des betonten palatalen Vokals der nächsten Silbe zum offenen *e-* geworden wäre (Helimski 2000: 422), wie in urslav. *obědъ* 'Mittagessen' → ung. *ebéd* id., urslav. *solьnĭca* 'Salzdose, Salzfäßchen' → ung. *szelence* 'Schatulle, Büchse' (a.a.O. 460).[8] Andererseits ist uns auch ein Beispiel für die Labialisierung des (slav. *o-* →) ung. *e-* > *ö-* bekannt, und zwar: urslav. *ostьnъ* 'Instinkt, Trieb' → ung. *ösztön* id. (a.a.O. 461). Ein *ö-* ist allerdings noch immer kein *ü-*.

Wie ersichtlich, ist die tü. Herkunft des ung. *üvecs* in lauthistorischer Sicht ein wenig realistischer als die slavische, ganz besonders wenn man anhand der balkanslav. Beispiele die Existenz einer Nebenform wie *üveč* im Osm.-Tü. angenommen hätte.

In den beiden Fällen ist es darüber hinaus möglich, daß es hier zu einer Kontamination des altung. Wortes *övecs* mit ung. *ünő* '1. Kuh; 2. Ricke, Schmaltier' (EWU 1588) gekommen ist,[9] infolge deren jenes *övecs* in das heutige *üvecs* entstellt wurde. Daß diese Vermutung aber nicht nachzuweisen ist, das liegt auf der Hand.

Alles in allem verfügen wir zur Zeit, wie es scheint, über keine Argumente, die eindeutig für die tü. oder die slav. Etymologie des ung. *üvecs* sprechen würden.

In beiden Fällen darf man vermuten, daß das Wort – generell ein dialektaler Fachterminus – im Ung. schon wesentlich früher vorkam, aus semantischen Gründen jedoch ist es als mundartliches Spezialwort erst sehr spät belegt. Das ist natürlich eine unsichere Erklärung; doch vorläufig gibt es wohl keine bessere.

4.

Eine Verbindung zwischen den kurd. Formen und dem mong. *hōkar* 'Stier' (Cabolov 2001: 445) gehört ins Reich der Phantasie. Zu mong. *hōkar* und seinen tü. Entsprechungen ist schon viel geschrieben worden (s. z.B. Stachowski 1996: 101f.), eines steht aber fest: es läßt sich mit kurd. *(h)ōgač* ~ *hōgič* aus phonetischen Gründen ganz sicher nicht verbinden – schon die Zusammenstellung des mong. Auslaut-*r* mit dem kurd. *-č* ist kaum möglich, und dazu gesellen

---

[8] Beispiele für ung. *å-* ‹a-› in anderer Lautumgebung sind: *obrǫčь* 'Reifen' (s. oben); urslav. *ócělь* 'Stahl' → ung. *acél* id. (Helimski 2000: 418, 460).

[9] Mein Dank für diese Idee gilt Michał Németh, MA (Krakau).

sich einige andere Zweifel. Es sei nur gesagt, daß das mong. Wort für 'Stier, Ochse' nicht *hōkar* lautet, sondern *üker* (klassisches schriftmong.), weiterhin vgl. chalcha und burj. *üxer*, dagur. *xukur*, usw. Die urmong. Form wird üblicherweise als **xüker* (= **hüker*) rekonstruiert. Es ist also kaum möglich, kurd. *(h)ōgač ~ hōgič* mit einer der mong. Realformen zu verbinden, selbst wenn man ein urtü. **ökür ~ *öküz* als Bindeglied dazwischen annehmen würde.

5.

Fassen wir alles kurz zusammen:

[1] Ttü. *öveç*, azerb. *ögeǯ ~ öjeǯ* sind einheimische, d.h. innertürkische Derivate von der Wurzel **ög*.

[2] Ttü. *öveç* ist kein slav. Lehnwort, denn dagegen sprechen sowohl kultur- wie lauthistorische Argumente.

[3] Ttü. *öveç* ist eine Folgeform des osm.-tü. **ögeǯ*.

[4] Das ttü. Wort wurde in die Balkansprachen sowie ins Kurd. entlehnt.

[5] Das *-a-* im kurd. *hōgač* und im bulg. *ju/ogač* bedarf noch einer Erklärung.

[6] Eine Verbindung zwischen den kurd. Formen und dem mong. *hōkar* 'Stier' ist illusorisch. Die Vokallänge der kurd. Varianten (*hōgi/ač*) muß auch erst noch geklärt werden.

[7] Ung. *üvecs* kann ein tü., wie ein slav. Lehnwort sein, obwohl bei den beiden etymologischen Ansätzen die späte Belegzeit des ung. Wortes (sowie zum Teil das ung. *ü-* statt des zu erwartenden **ö-*) gewisse Zweifel erwecken.

Wie ersichtlich (s. das nachfolgende Schema), mußte das slav. Schaf doch nicht so weit weg wandern, wie es im ersten Augenblick erscheinen mochte...

→   sicher(er)e Entwicklung

⇢   fragliche Entwicklung

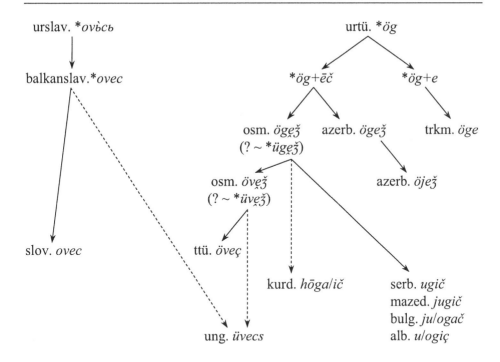

urslav. *ovьcь

urtü. *ög

balkanslav.*ovec

*ög+ēč   *ög+e

osm. ögeǯ   azerb. ögeǯ   trkm. öge
(? ~ *ügeǯ)

osm. öveǯ   azerb. öjeǯ
(? ~ *üveǯ)

slov. ovec   ttü. öveç

kurd. hōga/ič   serb. ugič
                    mazed. jugič
                    bulg. ju/ogač
ung. üvecs   alb. u/ogiç

Marek Stachowski
Inst. Fil. Orient. UJ
al. Mickiewicza 9/11
PL – 31-120 Kraków
[stachowski.marek@gmail.com]

Bibliographie

AH.   = Abu Hayyan: *Kitâbü'l-idrâk li-lisâni'l-Etrâk*, ca. 1313.
DKK   = Ergin M. (ed.): *Dede Korkut kitabı*, Ankara 1964.
ÈSTJa   = Sevortjan È. V.: *Ètimologičeskij slovaŕ tjurkskich jazykov*, Bd. III: *Obščetjurkskie i meztjurkskie osnovy na bukvy "v", "g", "d"*, Mos-kva 1980.
EWU   = Benkő L. (ed.): *Etymologisches Wörterbuch des Ungarischen*, Bd. 2, Budapest 1994.
GHP   = Yıldız M.: *Ġazavat-ı Ḫayreddīn Paşa (MS 2639 Universitätsbiblio-thek Istanbul). Kommentierte Edition mit deutscher Zusammenfas-sung*, Aachen 1993.

Hind. = Hindoglu A.: *Dictionnaire abrégé turc-français*, Vienne 1838.
Men.   = Meninski à Mesgnien F.: *Thesaurus Linguarum Orientalium Turcicae, Arabicae, Persicae*, Viennæ 1680 [2. Auflage: ed. M. Ölmez / S. Stachowski, İstanbul 2000].
MK.   = Mahmud Kaşgarî: *Divânü lûgati't-Türk*, 1077.
TSU   = Németh J.: *Die türkische Sprache in Ungarn im siebzehnten Jahrhundert*, Budapest 1970.

Cabalov R. L. 2001: *Ètimologičeskij slovaŕ kurdskogo jazyka*, Bd. 1, Moskva.
Clauson G. 1972: *An etymological dictionary of pre-thirteenth-century Turkish*, Oxford.
Eren H. 1999: *Türk dilinin etimolojik sözlüğü*, [2]Ankara.
Furlan M. 2000: Praslovansko **ovьcь* (m.) : **ovьcă* (f.). – *Studia Etymologica Brunensia* 1: 163-170.
Gombocz Z. 1912: *Die bulgar-türkischen Lehnwörter in der ungarischen Sprache*, Helsinki.
Helimski (= Хелимский) E. A. 2000: *Komparativistika, uralistika. Lekcii i statʹi*, Moskva.
Loma A. 2006: Albano-Caucasica pastoralia. – *Južnoslovenski Filolog* 62: 31-38.
Németh J. 1953: Le passage *ö > ü* dans les parlers de la Roumélie nord-ouest. – *Rocznik Orientalistyczny* 17: 114-121.
Ščerbak A. M. 1961: Nazvanija domašnich i dikich životnych v tjurkskich jazykach. – Ubrjatova, E. I. (ed.): *Istoričeskoe razvitie leksiki tjurkskich jazykov*, Moskva: 82-172.
Stachowski M. 1996: Über einige altaische Lehnwörter in den Jenissej-Sprachen. – *Studia Etymologica Cracoviensia* 1: 91-115.
Stachowski S. 1962: Die osmanisch-türkischen Lehnwörter im Serbokroatischen und ihre Bedeutung für die historische Phonetik des Osmanisch-Türkischen. – *Folia Orientalia* 4: 143-170.
––––––– 1967: Der türkische Dialekt des XVII. Jh. in Albanien. – *Folia Orientalia* 8: 177-195.
––––––– 1995: Turzismen im Dushmani-Dialekt des Albanischen. – *Acta Orientalia Academiae Scientiarum Hungaricae* 48/3: 465-472.

Studia Etymologica Cracoviensia
vol. 15   Kraków 2010

Robert WOODHOUSE (Brisbane)

REFINING PHRYGIAN DIACHRONIC PHONOLOGY:
THE CASE OF PHRYGIAN (?) γάλλος 'PRIEST'

Sowa (2007: 157) casts doubt on the Diakonoff/Neroznak (1985: 109) derivation of alleged Phrygian γάλλος 'castrated priest of Attis and Cybele' from a PIE base *$g_2{}^h\!l$-los[1] 'cut short, shave', chiefly on the ground that the analysis of the word as an *l-deverbative on this basis is "dubious".[2] Instead, Sowa tentatively suggests a connection with PIE *$gelH$- 'gain power over', as reconstructed in LIV₂ (p. 185f.).[3] Since an appeal to the *l-deverbative is the most obvious way of accounting for the medial geminate in both suggestions, which I shall refer to as [1] and [2], respectively, as well as being the most interesting from the point of view of my (2006) theory of Phrygian conditioned devoicing of mediae, my intention here is to assess the phonology of both suggestions in the light of that theory. Obviously for this purpose I am assuming the word is Phrygian.

An important initial difficulty with [1], which has also been highlighted by Sowa, is Diakonoff/Neroznak's unappetizing equation of the alleged Phrygian word with both Slav. *golъ* 'naked' and Balto-Slav. *$galHwaH$[4] 'head'. Clearly the chief semantic focus of Diakonoff/Neroznak's comparison is the 'cutting short' and 'shaving' implied in the 'naked' word, which is usually reconstructed on the basis of Germanic *$kalw$- and Armenian *kołr* as PIE *g_2ol-, and not the

---

[1]   I operate with a bitectal PIE containing prevelars *k_1, g_1, etc., which give rise to palatovelars and pure velars in satem languages and pure velars in centum languages, and backvelars *k_2, g_2, etc., which give rise to labiovelars and pure velars in centum languages and pure velars in satem languages (Woodhouse 1998, 2005); as a rule, reconstructions adopted from other authors are amended accordingly.

[2]   Haas (1966: 161) records similar misgivings over Olsen's (*IF* 38: 168) derivation from PIE *$g^h\!lno$- (with pure or indeterminate velar) which the latter finds also in ON *gelda* 'castrate'. Pokorny (1959: 434) reconstructs the same root with palatovelar initial, admitting that the connections are uncertain; if they are accepted, Olsen's protoform in my scheme would be *$g_1{}^h\!l$-no- and would yield Phryg. **gel- in the first syllable (see below).

[3]   Note that the root form "*$gelH^0$-" cited by Sowa (fn. 10) on the basis of LIV₂ is a misprint for *$gelH$-^{0}, the zero simply signalling a footnote.

[4]   Reconstruction based on Kortlandt's Slavic chronology §§5.2, 5.3 (e.g. 2007: 1).

'head' word, which is usually reconstructed with initial $*g_2{}^h$- on the basis of Armenian *glux* 'id.' (cf., e.g., Vasmer/Trubačev 1986-1987 s.vv. *gólyj*, *golová*). Thus the primary purpose behind the Diakonoff/Neroznak inclusion of the 'head' component in the etymology was clearly to satisfy these authors' belief in universal media devoicing in Phrygian, a belief evidently not shared by Sowa, nor of course by myself. Dispensing with the requirement to avoid a media initial is a first step towards putting the two suggestions [1] and [2] on a somewhat more equal footing.

My proposal to start with an *$*l$-deverbative in both cases is not without its problems. It will be recalled that I have suggested elsewhere (2006: 169-172) that in Phrygian consonantal *$*l$ may be an actuator of devoicing, i.e. it may condition devoicing of a PIE media in the same word, particularly when it is within one intersyllabic node of the target consonant. Consideration of [1] and [2], both with media initials in their protoforms, may thus lead either to scrapping of *$*l$ altogether as a conditioner of devoicing or to a refinement of the general conditions under which devoicing is predicted to occur. Scrapping *$*l$ as a devoicer would clearly be the simplest procedure but also the least interesting. First, therefore, we shall endeavour to see what happens if we attempt to retain *$*l$ as a devoicing actuator.

Clearly an elementary requirement is that in both suggestions the *$*/l/$ of the root must be vocalic, i.e. *$*\underset{.}{l}$. Further, since previous research on the Hesychian item *γελαρος* (defined as *ἀδελφοῦ γυνή*) < $*g_1\underset{.}{l}h_2\text{-}(w)er\text{-}os$ suggests that $*g_1\underset{.}{l}(H)\text{-}$ > Phryg. *gel-* (Woodhouse 2006: 173), we must suppose the root initial in both suggestions is *$*g_2$ and that the labiovelar that would have developed from this in early Phrygian did not yield **$**b$- because it was delabialized beforehand by dissimilation against *$*\underset{.}{l}$, much as *$*w$ was lost by dissimilation against *$*\underset{.}{l}$ in $*g_1\underset{.}{l}h_2\text{-}wer\text{-}os$. Thus we might expect that at the time of media devoicing in Phrygian the by then delabialized initial *$*g$- in both proposed protoforms [1] $*g\underset{.}{l}los$ and [2] $*g\underset{.}{l}Hlos$ would undergo devoicing, unless we can refine the conditions in such a way as to avoid this.

For [1] the required refinement would clearly be that where a normally actuating consonantal resonant is separated from the target consonant by the corresponding vocalic resonant, the consonantal resonant loses its ability to initiate devoicing, perhaps because the contrast between the voicing strengths of the two consonants is diminished by the general phonetic similarity of the intervening resonant.

For [2] the most appropriate refinement would be to assume that the laryngeal is voiceless (which in the view of many, though not all, would, I believe, narrow the choice to between *$*h_1$ and *$*h_2$) and that such a voiceless consonant intervening between the target consonant and the would-be actuating consonant destroys the effectiveness of the latter as an actuator, a proposal that agrees well enough with all the other data known to me that have a bearing on the question (see below). There remains then the small problem of what happens to the expected vocalic reflex of the laryngeal after dissolution of the syllabic resonant. The only suggestion I can make is that in the phonologically weak position of being sandwiched between identical segments, in this case *l, either the laryngeal itself or its vocalic reflex is subject to syncope.[5]

Reviewing my evidence for conditioned devoicing I find the above proviso concerning the inhibiting effect of an intervening voiceless consonant contributes as follows. First it agrees with my (2006: 173) provisional proposal to abandon the connection of τετικμενος with Greek δείκνυμι in favour of one with Greek στίζω, στίγμα or with Old Irish *tongid*. Secondly, it supplies an alternative, and perhaps more plausible, explanation for the initial consonant of δεκμουταη/ις (cf. 2006: 162f.). Thirdly, it eliminates the possibility that the devoicing of the initial of κολταμαν (< *g₁olth₂mņ) is due to the medial *m and thus simplifies the argument promoting this word and κολταη as evidence for *l as an actuator of devoicing (cf. 2006: 169-172).

In addition, if *h₂ is indeed voiceless, the new proviso may have some potential to simplify the discussion of γελαρος < *g₁lh₂-wer-os by reducing the significance of the proposed medial *w (cf. 2005: 226; 2006: 173), though on maturer reflection it is likely that the *w would have been eliminated before the change of *sw- to voiceless *(s)w̥-, otherwise we might have to consider the possibility of *-h₂w- yielding *h₃ or its voiceless analogue in prehistoric Phrygian.

The *s reconstructed in the protoform *dwis-dʰregʰ-ro- > τιδρεγρουν is no bar to the devoicing of the initial (cf. 2006: 166f.) because, as made explicit in my discussion of Old Phryg. *lakedo* (in press b §3), the medial cluster *sdʰr would have been simplified to *dʰr at the same time as the initial cluster *dw was simplified to *d, i.e. prior to the devoicing.

As far as I can see the new proviso raises no problems for any of the other data adduced in support of my conditioned devoicing proposal. Even in the ultimately fictitious derivation proposed for πεις (pl. πειες) < *g₂eywis the laryngeal *h₃ has been indicated as lost well before the putative devoicing (Woodhouse 2007: 198);[6] and even if it were to be regarded as somehow remaining until after the devoicing, this laryngeal is in my view characteristically voiced[7] and the voicedness of the laryngeal would no more inhibit the devoicing of the adjacent

---

[5]   For other examples of weakening between phonologically identical segments, see Woodhouse in press a §5.1.

[6]   The loss was no doubt by dissimilation against *g₂ or *w or both in PIE *g₂h₃eywis or (with laryngeal metathesis) *g₂eyh₃wis – a point somewhat neglected in my original treatment (as also ibid., p. 197).

[7]   The idea that characteristically voiced consonants were not a feature of PIE is scarcely tenable even for the precursor dialects of the Anatolian languages and Tocharian (see Melchert 1994: 13-21, 117-119, 253-256; Adams 1988: 38, §3.43 a, b).

initial consonant than the voicedness of *n* and *m* inhibits the devoicing of adjacent **g* > *κ* in *κναικαν* and *τετικμενος*, respectively,[8] the nasals representing on the contrary significant factors (50% and 100%, respectively) contributing to the devoicing.

We thus have plausible ways of avoiding devoicing of the initial consonant by the medial **l* in both scenarios [1] and [2], so that neither rules out **l* as an actuating consonant for media devoicing in Phrygian. The fact that [2] demonstrably takes its point of departure from a verb and also contributes significantly to the devoicing theory, while [1] does neither, means that until such time as future research either proves that *γάλλος* does not originate in Phrygian or comes down definitively on the side of [1], preference must obviously go to [2].

The new conditions for PIE media devoicing in Phrygian arising from our analysis of [2] can now be stated – taking a small plunge with respect to **l* – as follows:

(1)   the target media is in the same word as and not more than one intersyllabic node distant from the nonfinal consonantal reflex of any of PIE **m*, **w*, **l*, **bʰ*, **dʰ*, provided that no voiceless consonant intervenes between the two consonants during the period of devoicing; or

(2)   the target media is adjacent to consonantal **n* within the same word and in addition within one intersyllabic node of the reflex of a PIE tectal aspera (no doubt also provided no voiceless consonant intervenes, etc.); or

(3)   the target media is adjacent to both word boundary and consonantal **n* in the same word.

The contrast proposed above between Phryg. *gel-* < **g₁lH-* and **gal-* < **g₂lH-* means that there is some tidying up to be done on the contents of stages 3-5 and 10 of my relative chronology of Phrygian sound changes as follows (some adjacent unchanged stages are reproduced in square brackets):

[1. $K_2 > K^o$]
[2. $uK^o > uK_1/(uK^o)$]
  3.   before *e/i*: $K_1 > c\,j\,j^h$
  4. $K^o > K^w/K$, one mechanism for the delabialization being by dissimilation against *w/l̥*, thus **gᵒl̥Hlos* > **gl̥Hlos* *'one who has gained power'; also during the same period, dissimilative loss of **w* in **g₁l̥h₂weros* > **g₁l̥h₂eros*

---

[8]   For discussion see Woodhouse (2006: 158-162); note that my agreement with the "tendency to weaken the voicing of *n* in the vicinity of certain stops" (p. 159) I now replace by asserting the universal tendency to weaken the voicing of nasals (or resonants in general) in the vicinity of voiceless stops and see this in the appropriate Phrygian cases as a consequence of the devoicing of the stop and not as a cause of it.

'brother's wife' (< 'husband's sister', perhaps with "spiteful" masc. suffix *-wer-, see Beekes 1976: 15f. with lit.)

5. $K_1 l > K l'$: $*g_1 l h_2 eros > *g l h_2 eros$
and generally $K_1 > K$, thus merging with the reflexes of K_2 – at least before back vowels

[6. before e/i: $K > k \acute{g} \acute{g}^h > k \acute{g} j^h$
otherwise $K > k g g^h$].

Then in stage 10 "$l > el$ ..." is replaced by "$l > al, l' > el$".

It remains only to thank Professor Sowa for his stimulating suggestion.

Robert Woodhouse
School of Languages and Comparative Cultural Studies
University of Queensland
Brisbane QLD 4072, Australia
[r.woodhouse@uq.edu.au]
[jandrwoodhouse@bigpond.com]

References

Adams, Douglas Q., 1988, *Tocharian historical phonology and morphology*. New Haven, Connecticut: American Oriental Society.

Beekes, Robert Stephen Paul, 1976, Some Greek aRa-forms, *MSS* 34: 9-20.

Diakonoff, Igor M. and Neroznak, Vladimir P., 1985, *Phrygian*. Delmar, New York: Caravan Books.

Haas, Otto, 1966, *Die phrygischen Sprachdenkmäler* (Linguistique Balcanique 10). Sofia: Académie Bulgare des Sciences.

Kortlandt, Frederik, 2007, *On the relative chronology of Slavic accentual developments*, [www.kortlandt.nl].

LIV₂ = 2001, *Lexikon der indogermanischen Verben: die Wurzeln und ihre Primärstammbildungen*, unter Leitung von Helmut Rix, bearbeitet von Martin Kümmel, Thomas Zehnder, Reiner Lipp, Brigitte Schirmer, 2. erweiterte und verbesserte Aufl. bearbeitet von Martin Kümmel und Helmut Rix. Wiesbaden: Dr. Ludwig Reichert.

Melchert, H. Craig, 1994, *Anatolian historical phonology*. Amsterdam / Atlanta, Georgia: Rodopi.

Pokorny, Julius, 1959, *Indogermanisches etymologisches Wörterbuch*, 1. Heidelberg: Carl Winter.

Sowa, Wojciech, 2007, A note to "Phrygian" words in Greek, *SEC* 12: 153-170.

Vasmer/Trubačev = Fasmer, Maks and Trubačev, O. N., 1986-1987, *Ètimologi-českij slovař russkogo jazyka*, 2nd ed., 4 vols. Moscow: Progress.

Woodhouse, Robert, 1998, On PIE. tectals, *IF* 103: 40-60.

————, 2005, Assibilative palatalization of tectals in Phrygian and the adequacy of bitectal frameworks for Proto-Indo-European, *IF* 110: 205-234.

————, 2006, Conditioned devoicing of mediae in Phrygian, *SEC* 11: 157-191.

————, 2007, New Phrygian ζειρα(ι), ζως, πεις and πειες, *SEC* 12: 189-201.

————, in press a, The distribution of the reflexes of Proto-Slavic *ǫ in the Freising Texts: an updated restatement, *HS*.

————, in press b, Devoicing of PIE mediae in Phrygian, *HS*.

Studia Etymologica Cracoviensia
vol. 15   Kraków 2010

Michael KNÜPPEL (Göttingen)

ANTWORT AN R. A. MILLER

Je schärfer eine Kritik formuliert wird, je polemischer ein "übelmeinender Rezensent" wird, desto überlegter und gründlicher sollte seine Besprechung gehalten sein – "anderenfalls wird es lächerlich". So jedenfalls lautete einer der Grundsätze von G. Doerfer (der ja bekanntlich ein Freund besonders deutlich formulierter Kritik war). Dessen nun posthum erschienenes "Etymologisch-ethnologisches Wörterbuch tungusischer Dialekte",[1] an dem mitarbeiten zu dürfen, dem Vf. dieser Zeilen eine besondere Freude war, wurde in einer der vorangegangenen Ausgaben der *Ural-Altaischen Jahrbücher* von R. A. Miller besprochen (oder besser gesagt: verrissen).[2] Für den Vf. des vorliegenden Beitrags, der – und das sei an dieser Stelle vorausgeschickt (allein schon um keine falschen Erwartungen zu erwecken) – den Kollegen Miller und dessen Arbeiten (besonders zur Altaistik) ansonsten sehr schätzt, ist dies aufgrund der vollkommen inakzeptablen Art und Weise, in der die Rezension ausgeführt war, Grund genug, sich in einigen Worten zu dem recht fragwürdigen Beitrag zu äußern.[3] Stellvertretend für so Vieles, zu dem sich Miller in seiner immerhin zehneinhalbseitigen Rezension ausläßt, seien hier nur einige seiner "Kritikpunkte" angesprochen.

Besonders deutlich und ausführlich geht der Rezensent darauf ein, daß Doerfer sich an keinen altaischen Etymologien versucht hat (p. 287 "The «Vorwort» … promises that «[d]ie Lemmata sind etymologisiert, also auf das Urtungusische usw. zurückgeführt». Of course, it will hardly come as a surprise to anyone acquainted with GD's views on historical linguistic relationships as documented in the magisterial series of publications that began with his 1960 Göttingen *Habilitationsschrift* to discover that the «usw.» in this statement of purpose

---

[1] Doerfer, Gerhard: *Etymologisch-ethnologisches Wörterbuch tungusischer Dialekte (vornehmlich der Mandschurei)*. Unter Mitwirkung von Michael Knüppel. Hildesheim, Zürich, New York 2004; in der Folge kurz EEW.

[2] Miller, Roy Andrew. In: *UAJb* 20. 2006, pp. 285-296.

[3] Da es offenbar nicht der "Politik" der Herausgeber der UAJb entspricht, Gegendarstellungen und Antworten (wie die vorliegende) abzudrucken (eine frühere Antwort G. Doerfers [an A. Manaster Ramer, P. Sidwell et al.] war ebenfalls nicht angenommen worden), wurde die hier vorliegende Antwort in die SEC aufgenommen, wofür der Vf. sich an dieser Stelle beim Hrsg. bedanken möchte.

emphatically does *not* embrace «Altaic» or even «the Altaic languages» viewed as an original historical linguistic unity"). Was auf den anschließenden Seiten folgt, sind zahlreiche direkte oder indirekte Versuche, Doerfers Standpunkt in der "altaischen Frage" (die überhaupt nicht Gegenstand des EEW ist!) ins Spiel zu bringen – wenn nicht gar anzugreifen – und die Nichtberücksichtigung neuerer altaist. Forschungen (p. 290 "In a word, the «etymological» portion of this «etymological-ethnological» dictionary still takes on Altaic historical linguistics at just about the stage where things stood shortly before 1960. It virtually ignores everything that has been done since, with the possible exception of a few denials (but never refutations) of comments by others on some of GD's earlier rulings" – Miller wird hier neben seinen eigenen Beiträgen ja wohl hoffentlich nicht die Bemühungen Starostins und seiner Jünger meinen!) zu kritisieren. Davon einmal abgesehen, daß auch diese neueren Forschungen die "anti-altaischen" Argumente Doerfers nicht wirklich widerlegen, gab es für diesen überhaupt keinen Grund, anläßlich etymologischer Untersuchungen tung. Materials mehr oder weniger wissenschaftliche Publikationen zu einem vollkommen anderen Problemkreis zu rezipieren – zumal G. Doerfer bekanntlich den Methoden ihrer Vertreter (weniger den "Ergebnissen" dieser Unternehmungen) überwiegend ablehnend gegenüberstand. Daß im EEW zunächst die innertung. Etymologien im Vordergrund stehen und anschließend stets die Möglichkeiten der Entlehnung aus einer der Nachbarsprachen erörtert werden, kann ja wohl nicht ernsthaft Gegenstand irgendeiner Kritik sein. Selbst dann, wenn man, wie Miller, von einer altaischen Urverwandtschaft ausgeht, sollte die Behauptung einer solchen doch stets am Ende aller Untersuchungen stehen – d.h. Urverwandtschaft mehrerer Sprachen sollte nur angenommen werden, wenn alle übrigen Möglichkeiten ausscheiden.[4] Da bei Doerfer diese Möglichkeiten hier aber zumeist positiv beantwortet werden, stellte sich für ihn diese Frage gar nicht erst – womit sich die Berücksichtigung der "Altaic … linguistic literature over the past several decades" (p. 287) für ihn erübrigte.

Ein weiteres hervorstechendes Merkmal der Rezension Millers ist dessen seitenlange Kritik an den Ungenauigkeiten bei den zu den einzelnen Lemmata angebrachten engl. Übersetzungen (was ihm als Muttersprachler keine allzu große Mühe bereitet haben dürfte). Darüber hinaus läßt der Rezensent sich über tatsächlich – wie auch vermeintlich – nicht benutzte Literatur aus (was – wie der Vf. des vorliegenden Beitrags gelegentlich einmal bemerkte – bevorzugt dann angemerkt wird, wenn einem Rezensenten gerade nichts Besseres einfällt[5]) –

---

[4]   Selbstverständlich sollte sie auch nicht von vornherein ausgeschlossen werden, wie dies durch einige "Anti-Altaisten" erfolgte.

[5]   Vgl. hierzu Anm. in: Knüppel, Michael: [Bespr. v.] Klein, Wassilios: *Das nestorianische Christentum an den Handelswegen durch Kyrgyzstan bis zum 14. Jh.* Turnhout 2000 (Silk Road Studies III) 464 pp. In: *CAJ* 51. 2007, pp. 155-159.

freilich ohne zu fragen, ob diese denn im Hinblick auf den Inhalt des besprochenen Werkes überhaupt von Nutzen gewesen wäre (so etwa die "Altaic … linguistic literature over the past several decades").[6] Daß die tatsächlichen Schwächen der Arbeit[7] Miller hingegen offenbar vollkommen entgangen sind, verwun-
dert da nicht weiter. Was die vom Rezensenten genannten, akribisch aufgezeigten Ungenauigkeiten betrifft, so würde dem Vf. dieser Antwort, unter anderen
Umständen umgekehrt gar nicht erst in den Sinn kommen, bei einem Nicht-
Muttersprachler Schreibfehler im Deutschen, wie jene des Rezensenten (p. 287:
lies "Gründe" statt "Grunde", p. 293: lies "…, ob und inwieweit" statt "…, ob
and inwieweit", p. 285: lies "Manuskripts" statt "Manuscripts" etc. etc.), zu be-
mängeln (was würde da wohl auf 932 Seiten [dem Umfang des EEW] so alles
zusammenkommen?).

Auf p. 292 bemängelt der Rezensent – nicht ganz zu Unrecht – das Fehlen
eines Registers. Daß ein solches längst angekündigt ist (und die Arbeiten an sel-
bigem inzwischen wohl bereits seit längerem abgeschlossen sein dürften), wird
Miller – als eifrigem Leser (auch von Nachrufen auf G. Doerfer) und gelegentli-
chem Autor der UAJb – wohl kaum entgangen sein.[8] Das mag zwar nichts am
Umstand des Fehlens eines Registers im besprochenen Band ändern, doch läßt
solche Art der Kritik den Rezensenten in keinem besonders vorteilhaften Licht
erscheinen.

Auf derselben Seite belehrt Miller uns hinsichtlich des Erscheinungsjahres
von J. Benzings "Die tungusischen Sprachen – Versuch einer vergleichenden
Grammatik" ("the «Literaturverzeichnis» of the volume under review … lists
two works by J. Benzing – his Lamut grammar of 1955 … and his comparative
treatment of Tungus, also published 1955 as Nr. 11 in the *Abhandlungen der
Geistes- und Sozialwissenschaftlichen Klasse* of the Mainz Akademie der Wissenschaften und der Literatur, which it misdates into 1956"). Wie im Falle aller

---

6   Eine Erwähnung S. M. Širokogorovs und seines "Tungus Dictionary" (in der Folge
     "TD" abgekürzt) im Titel des "Etymologisch-ethnologischen Wörterbuchs" wäre
     zwar auch ganz im Sinne des Vf.s dieser Zeilen gewesen, was aber die Berücksichti-
     gung der von Miller auf p. 285 angeführten Lit. zu Širokogorov für das EEW hätte
     erbringen können, bleibt ein Rätsel. Schließlich handelt es sich hierbei um keine
     Biographie des großen Tungusologen und Ethnologen. Und selbst dann, wenn man
     dem Wb. eine solche hätte voranstellen wollen, wäre die Berücksichtigung etwa des
     Beitrages von Ė. V. Revunenkova u. A. M. Rešetov ganz unmöglich gewesen, da
     das Werk zum Zeitpunkt des von Miller erwähnten "workshops" bereits dem Druck
     übergeben war.
7   Cf. Knüppel, Michael: Zum Problem der Behandlung des Jukagirischen in der Tun-
     gusologie und Altaistik. In: *UAJb* 20. 2006, pp. 241-251; u. ders.: Einige sinolo-
     gische Ergänzungen zum "Etymologisch-ethnologischen Wörterbuch tungusischer
     Dialekte". In: *SEC* 12. 2007, pp. 81-89.
8   Knüppel, Michael: Gerhard Doerfer (8. März 1920 – 27. Dezember 2003). Ein
     Nachruf. In: *UAJb* N.S. 19. 2005, pp. 1-7, hier p. 6.

anderen Titel, die im Literaturverzeichnis erscheinen, wurde auch hier von den
Vf.n das tatsächliche Erscheinungsjahr (erschienen 1956 in Komm. bei Steiner
in Wiesbaden) und nicht etwa – entgegen bestehender Gepflogenheit – der Jahr-
gang der Abhandlungen angegeben!

An einer anderen Stelle (p. 296) äußert Miller seinen Verdacht, daß weder
G. Doerfer noch der Vf. des vorliegenden Beitrags mit Širokogorovs "Ethnological and linguistical aspects of the Ural-Altaic hypothesis"[9] vertraut ist. Dies ist
in der Tat eine schon ganz erstaunliche Annahme, wurde die betreffende Arbeit
doch für verschiedene der "Anti-Altaica" Doerfers herangezogen, was Miller
natürlich bekannt ist. Zudem ist die Identifizierung der von Širokogorov im
"TD" verwendeten Abkürzungen teilweise unter Hinzuziehung dieses Beitrages
erfolgt. Letzteres u.a. in dem auch von Miller für seine Rezension berücksich-
tigten und von diesem zitierten Beitrag des Vf.s "Noch einmal zu den Orts- und
Dialektangaben in S. M. Širokogorovs «Tungus Dictionary»"![10] Hier dürfte der
Vf. der vorliegenden Antwort sicher nicht der einzige Leser der Rezension sein,
der sich unweigerlich die Frage stellt, was der Rezensent denn eigentlich mit
solchen Mutmaßungen wider besseren Wissens bezweckt.

An verschiedenen Stellen kritisiert Miller, daß Parallelen und einander
ähnelnde Formen in verschiedenen altaischen Sprachen nicht i.S. einer genet.
Verwandtschaft erklärt wurden, sondern mehr oder minder unetymologisiert geblieben sind und an den betreffenden Stellen keine weitergehenden Angaben gemacht wurden und auch keine über das Tungusische in dessen denkbare weitere
verwandtschaftliche Verhältnisse reichenden Etymologisierungsversuche unter-
nommen wurden (so p. 287 "… there is no attempt further to trace etymologies
that might point to genetic inheritance from larger linguistic entities beyond
Tungus. If «parallels» or «look-alikes» in Turkic or Mongolian exist they are
often mentioned, but only as evidence for loanword borrowing, never for genetic relationship"). Es gilt hier, was bereits oben zur Frage der Nichtberücksichtigung der neueren altaistischen Lit. gesagt worden ist. Ein anderer Kritikpunkt
richtet sich gegen den von Doerfer vorgenommenen Ausschluß bestimmter
Wortgruppen von etymolog. Untersuchungen aufgrund der Ungeeignetheit der
entsprechenden Formen (p. 287 f.: "But it would be a mistake to assume from
this that there is nothing new here in GD's approach to the question of whether
or not there ever was an «Altaic» linguistic unity later inherited by Turkic,
Mongolian, and Tungus, and as a consequence to overlook a methodological innovation that he introduces in these pages. This is his setting up five [or more]
classes of words that he believes directly reflect the semantic content of the en-

---

[9]   Shirokogoroff, S[ergey] M[ikhaylovich]: *Ethnological and linguistical aspects of
      the Ural-Altaic hypothesis*. Peiping 1931 (*Tsing Hua Journal*, Vol. 9) [Neudruck:
      Anthropological Publications, Oosterhout N. B. – The Netherlands 1970].
[10] In: *CAJ* 48 (2). 2004, pp. 226-233.

tities that they represent by means of their phonetic configuration"). Folgt man Millers weiteren Ausführungen, so drängt sich dem Leser der Verdacht auf, daß der Rezensent möglicherweise annimmt, daß sich nahezu alle im TD gegebenen Formen, die im EEW – zumeist aus gutem Grunde – nicht etymologisiert sind (und dazu noch zahlreiche der etymologisierten Formen), vielleicht i.S. einer genet. Verwandtschaft mit den übrigen altaischen Sprachen erklären lassen. Natürlich weiß auch Miller, daß immer dann, wenn man von einem vorliegenden, fest umrissenen Corpus lexikalischen Materials, das es zu etymologisieren gilt, ausgeht, auch nahezu immer Formen verbleiben, deren Herkunft sich nicht ermitteln läßt. Dies zumal in einer Region, in der eine Vielzahl von Sprachen in den vergangenen drei Jahrhunderten vor unseren Augen erloschen ist. Von einigen dieser Sprachen sind bescheidene Vocabularien erhalten geblieben, andere wiederum kennen wir nur "dem Namen nach". Von einer sicher erheblich größeren Anzahl untergegangener sibirischer Idiome haben wir niemals Kenntnis erlangt. Sollte der Rezensent ernsthaft annehmen, für all diese unetymologisierten Formen überzeugende Herleitungen (womöglich gar "altaische Etymologien") geben zu können, mag er dies gern versuchen – dem Leser der Rezension freilich enthält er solche vor.

Auf p. 294 weist Miller auf die "unanswered editorial query" im Eintrag Nr. 10960 des EEW hin ("cf. tura [wo?]"). Zwar ist hier sein Verweis auf Menges (1983)[11] und Naumann/Miller (1995)[12] durchaus konstruktiv, ergänzend sollte allerdings festgestellt werden, daß sich an dieser Stelle eine der Schwächen des TD offenbart. Der Ausgangstext enthält zahlreiche solcher Verweise, die zu keinen Einträgen führen. Diese sind kein Mangel der Bearbeitung, vielmehr zeigt sich hier der provisorische Charakter des TD – auf den ja im übrigen bei verschiedenen Gelegenheiten hingewiesen wurde.[13] Dies gilt insbesondere auch für die zahlreichen russ. Übersetzungen des im TD erfaßten tung. Materials. Häufig ergeben diese überhaupt keinen Sinn, sind vollkommen unverständlich, gar nicht lesbar, bis hin zu Unkenntlichkeit abgekürzt oder schlichtweg falsch (was

---

[11] Menges, Karl Heinrich: *Materialien zum Schamanismus der Ewenki-Tungusen an der mittleren und unteren Tunguska. Gesammelt und aufgezeichnet von I(nnokentij) M. Suslov.* Eingeleitet, übersetzt, mit Anmerkungen, etymologischem Glossar und Indices versehen von K. H. Menges. Wiesbaden 1983 (Studies in Oriental Religions 8).

[12] Naumann, Nelly / Miller, Roy Andrew: Old Japanese sword names and stories relating to swords. In: *ZDMG* 145. 1995, pp. 373-434.

[13] So z.B. in Doerfer, Gerhard: Eine vorläufige Auswertung von Shirokogoroff: A Tungus Dictionary. In: *Europa et Sibiria. Beiträge zu Sprache und Kultur der kleineren finnougrischen, samojedischen und paläosibirischen Völker. Gedenkband für Wolfgang Veenker.* Hrsg. v. Cornelius Hasselblatt und Paula Jääsalmi-Krüger. Wiesbaden 1999 (VdSUA 50), pp. 107-116, hier pp. 107 f.; EEW, p. 5; Knüppel, Michael: Noch einmal zu den Orts- und Dialektangaben in S. M. Širokogorovs "Tungus Dictionary". In: *CAJ* 48 (2). 2004, pp. 226-233, Anm. 17.

dem Rezensenten, wenn er mit dem Werk vertraut ist [wovon wir ausgehen], sehr wohl bekannt sein dürfte). Die Angaben Širokogorovs wurden ins EEW übernommen und dort ins Dt. und Engl. übersetzt – ganz gleich wie unverständlich oder ungenau diese Angaben waren (was übrigens bereits einen Teil der "fehlerhaften Übersetzungen" erklärt [s.o.]). Der Rezensent hat sich hier entweder den Blick in den Ausgangstext erspart oder – was viel schlimmer wäre – war sich dessen bewußt und wollte einen vollkommen überflüssigen Kritikpunkt nicht auslassen.

Natürlich ließe sich auf etliche andere Ausführungen und Mängel der Rezension eingehen. So finden sich in Millers Beitrag zahlreiche "kleinere Schnitzer" – der erste Fehler schon auf p. 285 im Nebentitel des besprochenen Werks (Z. 2: lies "der Mandschurei" statt "des Mandschurei"), G. Doerfer wurde nicht am 8.20.1920 [sic!] geboren, sondern am 8.3.1920,[14] S. M. Širokogorovs Name wird bereits auf der ersten Seite der Rezension gleich zweimal falsch geschrieben (Z. 29: lies "Mixajlovič" statt "Mixalovič" und Z. 42: lies "Širokogorov" statt "Širokogoro"), der russ. Titel des "Vergleichenden Wörterbuchs" von V. I. Cincius et al. lautet "Sravniteľnyj slovaŕ" (nicht "Sravniteľnaja slovaŕ" [p. 287]), auf p. 289 wird großzügig auf die "dän." Schreibung des Namens von V. Thomsen verzichtet ("W. Thomson"), der von Miller p. 293 f. erwähnte Aufsatz von G. Doerfer "Altaistik? Ein subjektiver Überblick" findet sich zwar in "Tunguso-Sibirica" 9[15] (nicht "Tunguso-Sibirca" [sic!]), allerdings erschien der Band im Jahr 2004 und nicht, wie vom Rezensenten angegeben, 2002,[16] etc. etc. Wie man auf nur zehneinhalb Seiten so viele Fehler unterbringen und dabei eine derartige Selbstgefälligkeit an den Tag legen kann, wie der Rezensent es hier tut, dürfte wohl nicht nur beim Vf. völliges Unverständnis hervorrufen!

Der Beitrag Millers reiht sich in all seiner Schärfe, Unsachlichkeit und – das muß an dieser Stelle zum Bedauern des Vf.s gesagt werden – Unaufrichtigkeit (der eingangs erwähnte Grundsatz jedenfalls scheint ihm gänzlich fremd zu sein!) in einen sich nun schon über Jahrzehnte hinziehenden Schlagabtausch mit G. Doerfer ein. Den Auftakt hierzu bildete das Erscheinen von Millers Mono-

---

[14] Auch nicht am 8.2.1920, wie in dem von Miller (p. 285) zitierten Nachruf von J. Reckel (Nachruf auf Gerhard Doerfer [8.2.1920-27.12.2003]. In: *CAJ* 48 [2]. 2004, pp. 308-309) angegeben (p. 308) – vgl. Doerfer, Gerhard: Gerhard Doerfer. In: *Journal of Turkish Studies. Türklük Bilgisi Araştırmaları* 13. *Gerhard Doerfer Festschrift. Essays presented to Gerhard Doerfer on his seventieth birthday by his colleagues and students.* Harvard University 1989, pp. I-IV, hier p. I.

[15] Dies = *Proceedings of the first international conference on Manchu-Tungus studies (Bonn, August 28 – September 1, 2000).* Vol. II: *Trends in Tungusic and Siberian linguistics.* Ed. by Carsten Naeher. Wiesbaden 2004.

[16] Es sei an dieser Stelle bloß auf den oben angesprochenen Hinweis Millers auf die angeblich falsche Angabe des Erscheinungsjahrs von J. Benzings "Die tungusischen Sprachen – Versuch einer vergleichenden Grammatik" verwiesen!

graphie "Japanese and the other Altaic languages"[17] resp. Doerfers Aufsatz "Ist das Japanische mit den altaischen Sprachen verwandt?",[18] für den das Erscheinen von Millers Arbeit zum Anlaß genommen wurde. Es folgte Millers "A reply to Doerfer"[19] und in der gleichen Ausgabe der ZDMG Doerfers "A reply to Miller's reply".[20] Erst mit Doerfers Rezension auf Millers "Languages and history. Japanese, Korean and Altaic"[21] kam es zum Angebot eines "Waffenstillstands" (um sich in eine bevorzugte Terminologie Doerfers zu begeben). Ein "Waffenstillstand", den Miller nun "gebrochen" hat. Daß dies nach dem Verscheiden Doerfers geschehen ist, läßt, ebenso wie die Form, in der die Kritik geäußert wurde, den unangenehmen Eindruck aufkommen, daß hier mit einem "alten Gegner" abgerechnet werden sollte. Einem Gegner, der sich nun nicht mehr verteidigen kann. Wie er sich verteidigt hätte, bedarf keiner besonderen Phantasie – und es darf angenommen werden, daß auch R. A. Miller über diese Phantasie verfügt. Ob der Beitrag zu Doerfers Lebzeiten sachlicher ausgefallen wäre, mag dahingestellt bleiben, aber es darf vermutet werden, daß der Rezensent ihn erheblich zurückhaltender formuliert hätte.

Michael Knüppel
Seminar für Turkologie und Zentralasienkunde
Waldweg 26
D – 37073 Göttingen
[MichaelKnueppel@gmx.net]

---

[17] Miller, Roy Andrew: *Japanese and the other Altaic languages*. Chicago, London 1971.

[18] Doerfer, Gerhard: Ist das Japanische mit den altaischen Sprachen verwandt? In: *ZDMG* 124 (1). 1974, pp. 103-142.

[19] Miller, R. A.: A reply to Doerfer. In: *ZDMG* 126 (2). 1976, pp. 53-76.

[20] Doerfer, Gerhard: A reply to Miller's reply. In: *ZDMG* 126 (2). 1976, pp. 76-77.

[21] Doerfer, Gerhard: [Bespr. v.] Miller, Roy Andrew: *Languages and History. Japanese, Korean and Altaic*. Bangkok 1996. In: *CAJ* 42 (2). 1998, pp. 318-321.

Studia Etymologica Cracoviensia
vol. 15   Kraków 2010

Krzysztof Tomasz WITCZAK (Łódź)

THE CATCHER IN THE RYE-VIEW?
SOME REFLECTIONS ON REVIEWER'S RESPONSIBILITY

In the eleventh issue of *Studia Etymologica Cracoviensia* (SEC 11, 2006, pp. 193-205) Dr. Wojciech Sowa published a bizarre review of my book on the Indo-European cereal names (Witczak 2003) under the deriding title "The Catcher in the Rye?". It is an ostentatious example of a text, which being written intentionally contains no unbiased assessment of the author's achievement. There are numerous incorrect or false statements in Sowa's review and multiple strong opinions are expressed with no justification. The reviewer demonstrated clearly that his knowledge of Indo-European linguistics is too modest to prepare a valuable assessment of a book devoted to historical-comparative problems.

The aim of my reply is to demonstrate Sowa's objections and critical remarks that are based on his exaggerated and unmotivated hypercriticism. First of all I must verify Sowa's mistakes of minor importance. Firstly, he wrote that "This book is based on the author's doctoral thesis defended in 1995". As a matter of fact it was finished in October 1995 but defended in March 1996. Secondly, on p. 194 he refers to Mallory (1994) as "quoted in Witczak's bibliography". Five contributions by J. P. Mallory (published in 1973, 1982, 1983, 1989, 1996, respectively) and one co-authored by him, *Encyclopedia of the Indo-European Culture* (Mallory, Adams 1997), are mentioned in my bibliography. No work, dated 1994, appears in my book. Thirdly, Lycian *xqqase* 'Futtermittel' (p. 197) should be corrected as *xθθase*.

My book is written in Polish. This language does not belong to the international languages, thus it is obvious that my monograph will be hardly available to a broad circle of linguists or Indo-Europeanists. The reviewer, who presents such a book in an international language, should summarize conscientiously and correctly the views, arguments and conclusions of the author. This is not what Sowa did.

In footnote 1 (pp. 193-194) he refers to my views on the Proto-Indo-European homeland problem in the following way: "Witczak contests the Kurgan hypothesis of Gimbutas and follows the views of Gamkrelidze-Ivanov, Dolgopolsky and Sevoroshkin and especially Renfrew, who are looking for the homeland of the Proto-Indo-European among the agricultural tribes of Anatolia (the neolithic centre in Çatal-Hüyük). [...] Witczak follows these opinions tendentiously, taking a priori someone's side in the discussion of the problem, which in fact does not bear much on the questions of Indo-European grammar". It is an imperfect presentation of my ideas. I accept the Kurgan area as a homeland of the Indo-Iranians, one of the main nations of Indo-European origin. Thus – in my opinion – it was one of the secondary homelands of the Indo-European people. As far as I know, it is now the most popular interpretation, accepted by numerous scholars, both the adherents of Gimbutas's hypothesis and those who localize the Indo-European homeland in other places. It is not true that I completely and "tendentiously" follow the views of Gamkrelidze, Ivanov, Dolgopolsky, Shevoroshkin and Renfrew. Firstly, in my book I presented five most popular opinions as to the location of the Indo-European homeland (Anatolia, Balkans, Eastern Europe, Central European lowland, Black Sea steppes, pp. 29-30), referring to as many as 27 authorities. What is more, I indicated (in footnotes) some extraordinary locations (suggested by W. Merlingen or J. Hodge) and the Central Asiatic hypothesis, present in the Polish scientific literature (H. Łowmiański, Z. Gołąb). Thus the reader was informed (pp. 29-32) that the Indo-European homeland problem remains unsolved, that my view should be treated as possible or probable, but not certain. Secondly, my opinion was formed on the basis of the archaeologically established centers of the neolithic agriculture and independently from Renfrew's book (1987).[1] According to Shnirelman (1989), four or five main areas of the neolithic agricultural culture can be distinguished:

(1) Southern Anatolia (VII-VI mill. BC) – I place here the Indo-Hittite homeland and also the homeland of the Anatolian languages.

(2) Balkan and Danubian Area (VI-V mill. BC) – I place here the homeland of the Central Indo-European tribes, who spoke so called Balkan-Indogermanisch.

(3) Eastern European and/or steppe centre (V-IV mill. BC) – Indo-Iranian (and Tocharian) homeland.

(4) Central European area (V-IV mill. BC) – the North-Western tribes of the Indo-European family, who used the traditional Indo-European language, as codified by J. Pokorny (1959).

Sowa makes a FALSE statement, indicating that my vision does not take in account the Indo-European grammar. I must stress in this place that my work referred mainly to the cereal names, thus I could not express my opinion on the Indo-European homeland at full scope. But the linguistic arguments are not ab-

---

[1]   During a Polish conference of young linguists organized in 1990 in Wenecja, I presented the same or similar view on the Indo-European homeland (Witczak 1995a), though I bought and read Renfrew's (1987) book one or three years later, during my research stay in Greece (in 1991 or 1993).

sent from my research. For example, I distinguish four Indo-European subgroups, connected with four different localizations of the neolithic centers, taking into account the laryngeals and their vocalic equivalents:

(1) Anatolian – the Anatolian languages present both laryngeals and their vocalic allophones.

(2) Balkan – the Palaeo-Balkan languages lose laryngeal, but they preserve three different reflexes of the laryngeal vocalic allophones ($*\partial_1$, $*\partial_2$, $*\partial_3$), also in the initial position (so called "prothetic" vowels).

(3) Indo-Iranian (and Tocharian) – these languages express the loss of the vocalic allophones of the laryngeal sonants also in the diphthongs ($*\partial i$, $*\partial u$).

(4) North-Western Indo-European – here the laryngeal vocalic allophones are completely lost initially (but not in diphthongs), but usually (sometimes for a time) preserved medially.

This one example (not included in my book) demonstrates clearly that my view on the Indo-European ethnogenesis is also confirmed by arguments taken from Indo-European phonology.

Sowa continues (fn. 1, pp. 193-194): "Witczak does not bring the arguments of Gimbutas to the discussion [...] Works such as M. Gimbutas, «Die Ethnogenese der europäischen Indogermanen», Innsbruck 1992, or M. Gimbutas, «Das Ende Alteuropas», Innsbruck 1994, are not mentioned at all. Witczak does not quote any argument against Renfrew's opinion [...], e.g. the similarities between Proto-Indo-European and Uralic, and he does not understand the absurdity of the presumed existence of a language ancestral to Greek in Greece at around 6500 B.C. [...] Witczak passes over in silence the heroic epic poetry among the Indo-Europeans (indogermanische Dichtersprache), which could point to the warrior (nomadic) character, even if not of the whole Indo-European population, then at least among the aristocratic class". It is a flawed argument. I quote in my bibliography four earlier works of Gimbutas (published in 1963, 1970, 1982, 1985) and one citation (on p. 33). Thus the scientific achievements of M. Gimbutas were known to me and two above-mentioned books contain the same arguments, which are presented in her earlier works. The similarities between Proto-Indo-European and Uralic are, of course, expected in sense of a distant "Nostratic" relationship. There are numerous similarities and mutual borrowings between Indo-Iranian and Ugro-Fennic, which can be explained better in the case of accepting the interpretation of the Kurgan cultures as Indo-Iranian. The imputed "absurdity" as to the origins of the Hellenic nation is Sowa's own. There are some language layers in the area of the continental (and insular) Greece. Some of them are evidently of Indo-European origin, namely of Palaeo-Balkan and Anatolian. A non-Indo-European ingredient was also possible, but its character and origin (from Africa?, Asia?) is unclear. I did not state anywhere in my book that the Greeks are autochthonous in Greece, as it is tacitly suggested by Sowa. It is evident, however, that the Greek language, which belongs to the Palaeo-Balkan subgroup, had to originate somewhere in the heart of the Balkan Peninsula. It is worth adding that the heroic epic poetry is a late phenomenon (evidently late Indo-European or even post-Indo-European) and, pace Sowa, it points hardly to the nomadic character of the Indo-European society.

Passing to the main theme of my book Sowa states as follows (p. 194): "Without any doubt the author worked hard to find the rich comparative material from so many (not only Indo-European) languages. But the general impression after reading the book is that in fact it was vain work [...] the book is a mere enumeration of forms found in etymological dictionaries, with some non-linguistic, botanical, or archeological commentaries. Unfortunately, they, and not the linguistic comments, are the advantages of this study".

In my book I collected and explained as many as 36 Indo-European reconstructed archetypes referred to the cereals and I discussed etymologically as many as 49 additional cereal names, which are attested in only one language or in one language subgroup. Even if some reconstructed forms are faulty or doubtful, most of them may be accepted with no problem. I published my Ph.D. dissertation in order to convince modern, especially young linguists, of the complete incorrectness of the words expressed by the well known American Indo-Europeanist that the Proto-Indo-European language demonstrates "the lack of specific terms for grains or vegetables" (Lehmann 1973). This opinion is – as I tried to demonstrate – incorrect, but Sowa says nothing about it. At the same time his words "vain work" suggest that he agrees with Lehmann's statement. The cereal terminology is ample and very archaic in most Indo-European languages. It suggests that cereals were known to our Indo-European ancestors.

Further remarks by Sowa are peremptory and sharp like a razor (pp. 194-195): "Reading Witczak's book, one quickly gets the impression that the author actually misunderstands the methods of comparative Indo-European linguistics. As the main criterion of the Indo-Europeanness of a form he treats its occurrence in Hittite and other IE languages or the existence of related Nostratic forms (!). The author totally ignores morphological analyses; most important to him seem to be semantic similarities and phonetic correspondences between the languages". However, Sowa ascribes to my analysis his own ignorance and misunderstanding of the comparative and lexical studies. It is a well known fact that the oldest Indo-European languages, such as Hittite, Luwian, Sanskrit (especially Vedic), Avestan, Ancient Greek (especially Mycenaean Greek) and the like, contain a wealthier and relatively more archaic vocabulary than the younger or modern languages. What is more, the Anatolian subgroup (with Hittite as the most representative member) must be treated as being in opposition to all the remaining non-Anatolian subgroups (and languages). If an Anatolian appellative is related to some close or exact equivalent(s) attested in the European languages, then we may expect that it belongs to the oldest layer of the Indo-European vo-cabulary. It is not true that I ignore morphological analyses, but it should not come as surprise that I lay stress on the phonetic and semantic questions. Mor-phology can rarely indicate whether the analyzed word is a borrowing or a cog-nate form, but the regular or irregular phonology decides the question with a high degree of probability. However, the reconstruction of an Indo-European arche-type is not possible without both the phonological and morphological analyses. The semantic analysis of the cognate words makes it possible to reconstruct the original meaning of the reconstructed lexeme, as well as to explain multiple changes of the sense in some particular Indo-European languages.

Nostratic parallels are included for that reason that they give possibility to explain better the history of the reconstructed words. They may represent loan-words (also typical Wanderwörter) or accidental convergences or some distant cognates. The present-day phase of the development of the Nostratic studies gives relatively few possibilities to determine the result in the positive way. Anyway, Nostratic parallel(s) may be neither the main nor additional criterion of the Indo-European character of a lexeme. This is my opinion, though it seems that Sowa thinks differently.

Here I would like to return to my morphological analyses and to the credi-bility of impressions of the reviewer. In another place Sowa repeats his statement "The author totally ignores morphological analyses", indicating "the absolute lack of strict morphological analyses" (p. 199). However, in yet another place Sowa writes: "author does not quote any bibliographical references on the occa-sions of the (rarely) mentioned grammatical (phonological or morphological) problems". The reviewer suggests to the reader that there are no morphological analyses in my book, although later he is forced to admit that they are "rarely" mentioned. Thus it is clear now that the tendentious biased expressions like "TOTALLY ignores" or "ABSOLUTE lack" were introduced contrary to facts. All the words and reconstructions are explained from the morphological point of view in the standard way by means of abbreviations, e.g. ***pūrós** m., rarely ***pūróm** n., with indication (in my comments) of verbal root **pu-* plus the suf-fix *-ro-*. The stem (in this case *o*-stem) is always demonstrated in necessary cases. Morphological analyzes are present, but Sowa seems to ignore them. Should the reader compare Sędzik's book *Prasłowiańska terminologia rolnicza* (1977) and my book, he might easily conclude that the commentaries and detailed morpho-logical analyses in both these works are similar and analogous. Sędzik renounces the morphological analysis and additional information in such cases, which are obvious for each Slavist. By analogy, I introduced explanations and comments in some ambiguous or uncertain cases. Words or reconstructions, which are, or should be, clear for each Indo-Europeanist, are deprived of superfluous informa-tion or analysis. Sowa wants to have all the basic information, as he is a begin-

ner in the field of Indo-European studies. He does not take into account the fact
that the lexical entries in my dissertation are formed as headings in the standard
comparative and etymological dictionaries. To the best knowledge of mine there
is no comparative or etymological dictionary, which would give more lexical materials, ample comments and further information on the morphology, structure
and derivation. A comparison of my book with other publications of similar type
(e.g. Sędzik 1977, Rogowska 1998) clearly demonstrates that Sowa is wrong.

The next reproach is formed in the following way (p. 195): "One misses
also detailed commentaries on individual forms, and on the kind of evidence
which allows him to bring together all kind of forms at disposal in (mostly old)
dictionaries. Cf. e.g. Gk. Thess. δάρατος, Delph. δαράτα, Maced. δράμις 'bread'
(p. 84), which are quoted without pointing out the source of the forms". Sowa
demands the exact sources of the data, which are completely superfluous from
the comparative point of view. Each classical philologist can easily find the exact
references to the literary sources, as well as to the published inscriptions. Also
linguists or Indo-Europeanists, not educated as classical philologists, should ob-
tain necessary data without any problem. The words in question do not denote a
cereal plant, thus they remain beyond the scope of our theme. Therefore it is obvious that detailed comments on these individual forms might be omitted.

In the next passage Sowa introduces subsequent fiction (p. 195): "Words
are cited without differentiation into more archaic forms and younger innovations, into inherited forms and loan-words, and so on". This sentence gives
strong impression that Sowa did not read my study at full extent. Chapter X (pp.
121-124) is devoted to the stratification of the Indo-European cereal terminology. I differentiate the following groups: 1. Nostratic heritage; 2. "Indo-Hittite"
cereals; 3. Ancient wandering phytonyms; 4. Cereal names of Indo-European
origin; 5. Innovations; 6. Borrowings. Also, all the lexical headings in chapters
III-IX are realized in the following way: C. Cereal names of Indo-European origin (here archaic names are listed first, the probable innovations follow them);
D. Other names attested in particular languages (here possible cereal names
with an archaic structure are mentioned before obvious innovations, whereas
wandering names and borrowings are listed finally). Also when analyzing lexical items I consistently indicate archaisms, innovations and borrowings, discuss
and present different opinions of scholars on these questions.

Sowa tries to instruct the author (p. 195): "For IE etymologies it seems absolutely useless to quote forms from all modern Indic languages if a form is attested as early as Sanskrit; the same applies to old and modern Iranian languages
and to Latin and the Romances languages. What is more, the modern forms very
often lack an intermediate reconstructed basis, so that the impression arises as if
the Kafiric forms would be direct heirs of Indo-European (or Indo-Aryan)". I cannot agree with Sowa's words for three important reasons. Firstly, the modern

names demonstrate numerous semantic changes (and this part of my study is praised by the reviewer, p. 200: "The semantic developments of cereal terminology form the really interesting part of this book"). Secondly, not all the modern names come back to the Sanskrit or Latin archetypes. Thirdly, Avestan was not a prototype for all the Iranian languages, as well as Sanskrit was not a language from which all the languages of India derive. Obviously the reconstruction of an intermediate form seems superfluous if the Sanskrit or Latin form is quoted above. However, I introduced the intermediate forms whenever it was possible or necessary (e.g. in the case of the Germanic, Celtic, Slavonic, Iranian, Nuristani, Dardic languages and so on). Sowa's term "very often" associates with the complete exaggeration (his words remain with no concrete example). Again and again he does not want to see these elements which are present in my work.

Sowa begins his polemics referring to the lexical and etymological questions (pp. 195-196): "This lack of commentaries, except for semantic ones, unfortunately has the consequence that in many cases Witczak's etymological proposals have to be rejected, due to morphological, phonological shortcomings or due to problems of the history of the languages involved (language contacts, loanwords)". Below (p. 196) he lists 6 examples taken exclusively from Celtic languages.

On page 196 Sowa writes as follows: "Welsh [g]wenith, Bret. gwiniz 'wheat' is probably not derived from the word for 'spring', as suggested by Witczak on page 42 (with a question mark; according to Witczak from *wes-H₂aros, cf. however commonly accepted *h₂ues-r/n-)". Sowa quotes two contradictory etymologies of this term: from Celtic *wo-nikto- 'das Ausgesiebte / sieved out' or from Welsh gwen adj. 'white' (< Celtic *windo-). According to him, two these explanations are better founded than the one preferred by me. Sowa questions my reconstruction *wesH₂aros, which can be securely reconstructed on the basis of the Tocharian, Armenian and Baltic appellatives. It derives evidently from the Indo-European name of 'spring-time', *wesH₂r̥ (gen. sg. *wesH₂nos), but Sowa maintains that the "commonly accepted" reconstruction must contain initial *H₂-. Unfortunately, this statement is false. Sowa follows undoubtedly Smoczyński (2001: 106), who derives the Indo-European name for 'spring(-time)' from the root *h₂wes- 'rozjaśnić się / to clear up, brighten'. Smoczyński's reconstruction is impossible for two reasons. Firstly, the suggested derivation is semantically improbable (*h₂wes- denotes 'dawn' or 'morning' or 'tomorrow', never 'spring-time'). Secondly, the reconstruction remains in complete disagreement with the lexical data. Initial *H₂- should be preserved as /a-/ in Palaeo-Balkan languages, whereas both Gk. ἔαρ n. 'spring' (< *wesH₂r̥) and Arm. garun 'id.' (where gar- derives from *wesH₂r̥) demonstrate no trace of the vocalic laryngeal allophone before *w-. Thus Sowa's words "commonly accepted" are obvious misinterpretation.

The Brittonic term for 'wheat' (Welsh *gwenith*, Bret. *gwiniz*) documents a different vocalism than *-o-* in the initial syllable, thus the first derivation for *wo-nikto-* seems doubtful. Its connection with Celtic *windos* adj. 'white' is possible, but hardly certain. The etymology introduces the geminate *-nn-* (< *-nd-*) and the development *i* > *e* in the position before nasal, cf. W. *gwyn* 'white', *gwenith* 'wheat'. The alternative explanation from the oblique stem *wesn-* 'spring-time' > Brittonic *wenn-* (see below, Mod. Ir. *errach* 'id.') is possible as well.[2] The final element *-ith* can derive from Celtic *[p]itwo-* 'cereal, crop', cf. OIr. *ith* 'grain, corn', W. *id*, Bret. *ed* 'cereals' (all from Celt. *[p]itu-*). Finally, I prefer the original semantics 'spring cereal' than 'white cereal' for some reasons presented in my paper on *Lithuanian Cereal Names* (Witczak 2000).

Sowa refers next to the second Celtic cereal name (p. 196): "OIr. *eorna* 'barley' (page 43f., 54) is compared with OIndic *yávah* 'grain, corn, barley', with a question mark as possible Celtic continuation of a formation *yewH₁os-* (m.) in a general meaning 'grain' (in fact, *yávah* seems to be *iéuo-*, without laryngeal, cf. also Gr. ζειαί < *ieu-ieh₂-* Watkins 1978, 595, in Witczak without any comment on word-formation); cf. however the proposal of De Bernardo Stempel, who interprets it as an heteroclitic *esor-n-yā*: to Irish *errach* 'the season of spring' (< *es-en*, *os-en* 'Erntezeit' [...])". The question must be differently clarified for four reasons. Firstly, Mod. Irish *errach* 'the season of spring, spring-time' (and Sc. Gaelic *earrach*) derives probably from *ferrach* (< Celtic *wesrāko-* < PIE. *wesH₂r* n. 'id.') by the irregular loss of initial *f-* in the sandhi conditions. This process appeared as early as in Middle Irish phase, e.g. Mod. Ir. *áinleóg* 'swallow', Scotish Gaelic *ainleag* and *fainleag* 'id.' (< OIr. *fannall* 'swallow' < Celt. *watnello-*, cf. W. *gwennol*, Corn. *guennol*, Bret. *gwennelli* 'id.'); Sc. Gaelic *fath*, dial. *ath-thalmhain* 'mole' (< Celt. *watu-*, cf. W. *gwadd* 'mole', Corn. *god*, Bret. *goz* 'id.'); Middle Irish *furáil* ~ *uráil* 'incitement, command' (< OIr. *iráil*); Mod. Ir. *fabhra* ~ *abhra* 'eyelid'; *fuar* ~ *uar* 'cold'. As Old Irish cereal name *eorna* 'barley' shows no trace of initial *f-*, de Bernardo Stempel's etymology cannot be treated as acceptable. Secondly, the traditional derivation from *yewo-* is given in many dictionaries and monographs (e.g. Stokes, Bezzenberger 1894: 223; Trautmann 1923: 107; Walde, Pokorny 1930: 202-203; Pokorny 1959: 512; Gamkrelidze, Ivanov 1984: 655; MacBain 1998: 156 < *yewo-rnyo-*). Thirdly, the existence of a laryngeal is firmly established on the basis of Lithuanian facts. Lith. dial. *jáujas* 'barn, granary' (1 AP) derives from IE. *yówHyos* or *yéwHyos* (Illich-Svitych 1979: 54), whereas Lith. *javaĩ* (pl.) 'grain' (2 AP) represents *yówHos* or *yéwHos* (Illich-Svitych 1979: 26). This laryngeal seems to be *h₁*, as suggested by the cognate Greek and Indic forms, listed below (both Common Gk. *ζεϜεhια and Indic *yavasī-* indicate

---

[2]   It is uncertain whether W. *cann* 'white, clear' derives from *kandos* or *kasnos*.

clearly *$yewh_1es$-$i\partial_2$). Fourthly, both Greek ζεά, ζειά, ζέα, ζέη (f., usually in pl.) 'Triticum dicoccum' and Cretan δηαί (f. pl.) 'barley' represent the archetype Common Greek *ζεϜ-εh-ια < *$yewh_1$-es-$i\partial_2$, which is confirmed by the Marathi form *javśī* (f.) 'the flax plant' (Turner 1966: 603, No. 10436), the feminine variant form of Marathi *javas* (m.) 'linseed plant', (n.) 'linseed' < Skt. *yávasa-* (m./n.) 'grass' < Skt. *yávaḥ* m. 'barley' (these two Sanskrit forms go back to IE. *$yéwh_1eso$- ~ IE. *$yéwh_1o$-, respectively). Fifthly, according to my opinion, the Indo-European cereal *$yewh_1os$ belonged originally to the masculine *o*-stem nouns. Sowa gives the wrong spelling of Sanskrit *yávah* [sic! twice repeated!]. Sowa seems to suggest to the reader of his review that these mistakes are present in my book. However, Witczak introduced the correct forms.

Sowa comments (p. 196): "OIr. *sacul*, MIr. *seagul* (p. 112) are obviously borrowings from Latin *sēcăle* through British Celtic. In Witczak's book such a possibility has not been signalled at all". Unfortunately, the reviewer misleads the reader twice. Firstly, the lexical entry begins with the following information: **3.** Lat. **sēcăle** 'rye' (> Gk., ??Alb., Celt., Rom., Gmc.). The sign > informs clearly that the Latin term was adapted into Greek and Albanian, as well as into the Celtic, Romance and Germanic languages. There is no necessity to repeat this obvious information by an additional comment. Secondly, I stressed in my analysis that "the distribution of the [Latin] word in question is undoubtedly connected with the Roman economic activity, thanks to which the rye was introduced to the cultivation in Italy, Greece, Pannonia and Anatolia" (in Polish; my translation). Even if Witczak did not signal the Latin origin of the Goidelic words for 'rye', it is clear that the above-mentioned phrase suggests it. But Sowa says outright that my opinion is different and incorrect.

Sowa agrees with me (p. 196) that OIr. *arbor*, gen. sg. *arbe* 'grain, corn' (gen. pl. *arbann*) represents an old heteroclitic noun, but he prefers "the traditional reconstruction" *h_2erh_3ur (Sowa's transcription) and derives it further from the verbal root *h_2erh_3- 'to plough'. However, Pokorny (1959: 63) gives the secondary nominal root *$ar(\partial)u$-, cf. Gk. ἄρουρα (Myc. *a-ro-u-ra*) 'Ackerland / corn-land'. This derivation was quoted in my book (p. 83) as uncertain.

According to Sowa (p. 196), W. *wtr* 'light corn, light grain' "seems to be a ghost-word". If so, then this ghost-word was introduced to the literature not by Witczak, but by earlier scholars, who were quoted on p. 119.

Sowa admits as follows (p. 196): "The equation of Hittite *parḫuena-* m. 'sort of wheat' and Gallo-Lat. *arinca* f. 'wheat' must be false, too (p. 103). Witczak gives 'sort of wheat, probably Triticum dicoccum Schrank' as the original meaning, noting that it should be interpreted as an Anatolian-Celtic isogloss. Both forms are supposed to ultimately go back to *$prHwen$-, the immediate Proto-Celtic pre-form being *$parwen$-$k\bar{a}$. The equation is problematic, on the one hand due to the dubious status of the Gaulish form (actually it is not clear if it is really Celtic [...]). On the other hand the Hittite form is not clear either, first of all semantically. It seems to mean something like 'all kinds of seeds' and appears with quantities". Both these problems, indicated by Sowa, are doubtful. In my comments I cited Pliny's opinion (*Nat. H.* 18, 81) on this cereal ("arinca Galliarum propria"), thus the Gaulish status of *arinca* seems relatively certain. Both Watkins (1975: 185-186) and Witczak (2003: 107) quote the Hittite noun *parḫuenaš* (orig. *o*-stem) in an extensive list of cereals among other kinds of wheat (e.g. Hitt. *ZÍZ-tar* 'kind of wheat', *še-ep-pi-it* 'id.', *par-ḫu-e-na-eš, e-wa-an* 'kind of barley', *kar-aš* 'kind of wheat (?)', *ḫa-at-tar* 'kind of wheat', *zi-na-il* 'id.'), thus the semantics of the Hittite word was originally determined and clearly limited to a concrete cereal meaning. The suggested equation is perfect semantically and phonologically acceptable. The loss of initial *$*p$-* is well attested in Celtic. Sowa admits that "the *$*u$* of the pre-form should not disappear – thus rather **$aruinca$* would be expected". However, there are numerous Continental Celtic forms demonstrating a regular (or irregular) loss of *$*u$*, especially in the pre-tonical position (Prósper 2002: 407-412), e.g. personal names *Doiterus, Doiderus, Doidena, Doidina, Doitena* and *Doviderus, Doviterus, Dovitena, Dovidena, Doviteina*, attested in Hispano-Celtic anthroponymy.

Another example of Sowa's hypercriticism refers to IE. *$*knt$-* (p. 197), attested both in the Anatolian and European subgroups with a cereal semantics. Sowa tries to explain Anatolian cereal name (Hitt. *kant-* 'a kind of cereal', Luw. *kant-* 'Einkorn, *Triticum monococcum* L.', he adds here Lyc. *$*xada$* 'Getreide' and the Lycian place-name *Kadyanda*, liter. 'reich an Getreide') "as a loan word from Indo-Iranian" (cf. Av. *gantumō*, OInd. *godhūma-*) without explaining the fate of the final element *-uma-*. Further he asks, why Van Windekens's (1976: 181) etymology of Toch. B *kanti* was omitted in my presentation. The reason is that Toch. B *kanti* 'a kind of bread' represents no cereal name. I must stress once more that I discussed the Indo-European cereal names, and not the Indo-European terms for 'bread'. This is why Van Windekens's derivation of Toch. B *kanti* from IE. *$*gnet$-* (or *$*gnedh$-*) was not mentioned in my book. All the possible equivalents with non-cereal meaning are given only in such a case, if they derive from (or are related to) a cereal name. I quoted Van Windekens's contribution in the bibliographical reference to the lexical heading, but I decided not to quote his etymology, as it was treated as doubtful by most competent tocharologists (e.g. by Hilmarsson 1996: 78 and Adams 1999: 139).

Sowa adds (p. 197): "Most bizarre is the reference to an unattested Lusitanian protoform (*$*kentēnom$*) for the Spanish and Portuguese forms. The way [in which] the form is quoted suggests that the proposal goes back to Meyer-Lübke. This is wrong. In Meyer-Lübke there is no mention at all of a Lusitanian origin of *centeno/centeio*. If the author assumes such an origin, he should state clearly [sic!] that it is his own view". This quotation is followed by a long passage referring to the Lusitanian language and its attestation. Unfortunately, Sowa's presentation is all wrong in this place. The text in Polish original runs as follows (p. 111, my translation): "Lat. **centēnum** (n.) 'rye, *Secale*' (André 1985, 55); Sp. **centeno**, Port. **centeio** 'id.' (Meyer-Lübke, RomEW nr 1811, 175) < Lusit. ***kentēnom***". It is clear that the reference indicates only evidence, and that the derivation from Lusitanian is suggested on the basis of the characteristic distribution of the Ibero-Romance appellatives and the suffix *-ēno-* (< IE. adjectival *-eino-*, cf. Lat. *-īnus*), whose substratal and Lusitanian (or "sorotapto" in his terminology) character was established many years ago by Joan Coromines (vel Corominas), the well known Catalonian linguist and etymologist. On p. 112 I wrote the following words on Lat. *centēnum*: "The distribution of this word in the Romance languages demonstrates that the term in question was borrowed from the Indo-European Lusitanians, who in antiquity occupied the western areas of the Iberian Peninsula". What is more, I indicated clearly that I disagree with the traditional etymology, which derives Late Latin *centēnum* from Lat. *centum* '100' (referring to Pliny, *Nat. H.* XVIII.16, 40, and to two modern dictionaries by Ernout and Meillet and by Buck, respectively), thus it would seem to be a clear indication that the Lusitanian attribution is my own proposal. What is more, also the words "the connection PROPOSED HERE" (p. 111) demonstrate unanimously that the reconstruction, which includes equivalents taken from Anatolian (cf. Hitt. *kant-* 'a kind of cereal', Luw. *kant-* 'Triticum monococcum L.'), Tocharian (cf. Toch. B *kanti* 'a kind of bread'), Late Latin and Romance (< Lusitanian), as well as Dacian κοτίατα ('Triticum repens'), represents my own achievement. Further Sowa tries to persuade the readers of his review that Witczak knows little or nothing about Lusitanian (sic!). This action bears witness to Sowa's one-sided criticism. He should indicate that Witczak wrote not only the article on the position of Lusitanian within the Indo-European language family (Witczak 2002), but also the first and only monograph on the Lusitanian language (Witczak 2005), which contains as many as 472 pages.

According to Sowa (p. 198), "The author does not try to verify the forms he cites. This is for example the case with Lat. *spelta*, mentioned as «Pannonian» by Hieronymus, attested for the first time in 301 A.D. (Ed. Diocl.)". The ancient distribution was correctly verified, though Sowa tries to reject it on the basis of single (sic!) Pannonian place name, whose etymology seems extremely doubtful (*Ulcisia* hardly derives from Alb. *ujk* 'wolf' and IE. *wl̥kʷos* 'id.'). The ancient sources give sufficient information on the separate status of the Pannonian language, which belonged neither to the Celtic subfamily, nor to the Germanic one (cf. Tacitus, *Germ.* 43.1: "Cotinos Gallica, Osos P a n n o n i c a   l i n g u a coarguit non esse Germanos"). It is, of course, possible that Pannonian *spelta* represents the basic *e*-grade of the root. I preferred to reconstruct **(s)pl̥t-* on the basis of the cognate Greek and Latin forms.

Sowa repeats with no justification (p. 198): "This lack of detailed analysis as well as the lack of commentaries is the main objection against this book" and he adds that "The only commentary follows Old Prussian *gaydis* 'Weizen' on page 99". In fact, most headings are accompanied by similar comments.

Further Sowa raises new objections to me (p. 198): "In the majority of the examples the author follows etymologies proposed long time ago, e.g. in Pokorny's IEW. New literature or the modern way of reconstruction have hardly been taken into account. Indo-European reconstructions often look old-fashioned, and unfortunately they do not lack some severe mistakes either. The most obvious example is the use of the laryngeals and apophony. Sometimes we find some monster forms, as e.g. *$d\mathring{r}HwaH_2$ (p. 83) with a laryngeal and a long sonant in one root". Sowa gives such a vague information as to (new) etymologies of the cereals, which were ignored in my book. He does not explain what new etymologies and works are omitted. He does not inform the reader which new publications were not taken into account. Thus his objections hang in the air and therefore I cannot defend myself. However, the reviewer should take into account that the published work was written in 1992-1995 and prepared to publication by the end of 1996. Of course, during the proof phase, which was made in the last quarter of 2003, I introduced a number of new references to some modern and most valuable publications (Mallory, Adams 1997), but the changes (additions) were by nature minimal. As far as I remember, little more than twelve new references were introduced (e.g. Braun 1998, Dolgopolsky 1998, Greppin 1996, Hilmarsson 1996, Jones-Bley, Huld 1996, Mańczak 1997, Renfrew 2001, Taracha 2000, Witczak 1997, 2000).

Sowa testifies to his ignorance, saying that Witczak's Indo-European reconstruction often looks "old-fashioned". My reconstruction seems hardly similar to the traditional (Brugmannian) Indo-European reconstruction, used in Pokorny's IEW, as I accept the progressive reconstruction with the laryngeals. The young linguist from Cracow seems to suggest that his reconstruction is better and newer, thus the reader is informed that I used an archaic, old-fashioned form. But if somebody would compare three ways of reconstruction, then he could conclude that the reconstruction used by Sowa is more traditional and my way of writing is innovative, modern and preferable, e.g.

Pokorny	*arə-*	'to plough'	Sowa	h_2erh_3-	Witczak	H_2arH_3-
Pokorny	*i̯eu̯o-*	'barley'	Sowa	*i̯éu̯o-*	Witczak	$yewH_1o$-s
Pokorny	*u̯l̥k^u̯os*	'wolf'	Sowa	*u̯l̥k^u̯os*	Witczak	$wl̥k^wos$
Pokorny	*reidh-*	'to press'	Sowa	*rei̯d^h-*	Witczak	*reidh-*

The glottalic reconstruction is – in my opinion – very doubtful and unverifiable and Sowa seems to show the full agreement with my position. Thus I cannot understand why my reconstruction of the Indo-European language "often looks old-fashioned". Rendering the mediae aspiratae as $*b^h *d^h *g^h *\hat{g}^h$ (against $*bh *dh *gh *\hat{g}h$) is an "artificial" innovation (Sowa used both scribal systems: IE. $*gned^h$- and IE. $*\underset{o}{n}dhi$, p. 197) and such a modernization of writing remains with no value.

As regards laryngeals, apophony and "monster forms", Sowa takes the writing $*d\bar{\underset{o}{r}}HwaH_2$ (p. 83 of my book), indicating correctly that this form ("with a laryngeal and a long sonant in one root") is impossible in Indo-European. However, the reviewer has himself prepared this fiction. The attested writing (p. 83) is $*d\check{\underset{o}{r}}HwaH_2$ with a long/short sonant (plus a laryngeal) and the successive repetitions of the same Indo-European appellative $*d\check{\underset{o}{r}}waH_2$ or $*d\underset{o}{r}waH_2$ (pp. 123, 127, 134, 141) clearly demonstrate that the laryngeal on p. 83 appears as a misprint. The cereal term is archaic and attested in five different subgroups of the Indo-European language family. It is obvious that the Baltic and Slavic appellatives contained originally short sonant $*\underset{o}{r}$ (which is guaranteed by the Balto-Slavic accentuation), whereas the Indic, Celtic and Germanic forms derived from its variant with the long sonant $*\bar{\underset{o}{r}}$. The variation of $*\underset{o}{r} \sim *\bar{\underset{o}{r}}$ cannot be explained with aid of the laryngeal theory and must be treated as a standard example of the Indo-European apophony.

Another example is IE. $*p\bar{u}rós$ m., $*p\bar{u}róm$ n. (o-stem) 'a kind of wheat', attested in Gk. πυρός 'id.', OInd. pūraḥ m. 'cake', Lith. pūraĩ (m.pl.) 'winter wheat (crops)', Latv. pûṛi (m.pl.) 'id.', Slavic $*pyrъ$ m. / $*pyro$ n. 'a kind of wheat'. According to Sowa (p. 198), Witczak "falsely interprets Lithuanian accentuation, stating that «it points to the apophonic length of the root [vowel] -u- and not to the lenghtening [so printed! – KTW] caused by laryngeal»" (thus $*p\bar{u}$- : $*pu$-). Consequently, he does not try to comment on the Greek and Indic length at all". Sowa believes that Greek πυρός represents IE. $*puH_2$-ro-s in the meaning 'the pure one, der Reine' (< IE. $*peuH_2$- 'reinigen') and "Lith. pūraĩ must surely be related". He signals that also his mentor Smoczyński (2001, 135) derives Lith. pūraĩ from $*puH$-ro-. Unfortunately, Sowa is completely wrong suggesting that Witczak's interpretation is based on the (secondary) Lithuanian accentuation. Many years ago Illich-Svitych (1979, 61) demonstrated that Lith. pūraĩ occurs with a secondary accentuation (4 accentual paradigm [= AP] in the standard language, both 2 AP and 4 AP in dialects). However, if the long vowel $*\bar{u}$ were original (as documented by the Indo-European lexical material) and the Indo-European archetype showed the oxytone stress, as indicated by Gk. πυρός, we could expect 1 AP as a result of Hirt's law (which operates when Baltic $*-\bar{u}$- derives from $*uH$) or alternatively 3 AP (if the long vowel $*-\bar{u}$- was created by apophony). The original East Baltic intonation is probably preserved in Latv. pûṛi. As the Latvian intonation ˆ indicates an expected length in the root and it corresponds exactly with Lith. 3 AP, and at the same time the Lithuanian nominals with original 3 AP are frequently replaced by forms with a mobile AP (cf. Illich-Svitych 1976, 65), the conclusion is obvious: East Baltic terms (Latv. pûṛi, Lith. pūraî) demonstrate an apophonic length of the root and correspond to Greek πυρός in the same way as Latv. pêds m. 'footprint', Lith. pėdas m. 'track' (3 AP) and OPruss. pedan 'ploughshare' (Illich-Svitych 1979: 56) are related to Gk. πηδός m. and πηδόν n. 'oar, blade of the oar' (< IE. *pēdó-, a vṛddhi formation derived from the root *pĕd-). The apophonic forms in Sanskrit and Greek require no explanation. Both examples, discussed by Sowa, demonstrate evidently that my opinion on the Indo-European apophony and the laryngeal lengthening is correct, and my two reconstructions were convincingly established. Sowa's objections are, in fact, imaginary.

On the same page the reviewer from Cracow reprimands me: "The same is the case with the equation of OIr. tuirenn and Arm. c'orean as if from *k̂p̑orya-nos 'wheat' (pp. 99-110). The author does not seem to understand the proper idea of «thorn», ascribing it a relevant role in the question on the archaic character of the lexeme, which is completely wrong" (p. 199). It is obvious that my view as to the Brugmannian "interdental spirants" differs diametrically from Sowa's opinion. He believes that "Thorn is rather an innovative phonetic variant, limited to certain contexts", though these phonemes (IE. *þ *đ *đh) never appear in the innovations (sic!), always in the archaic and basic vocabulary of the Indo-European language (see main IE. terms for 'earth', 'yesterday', 'bear', 'eye', 'fish' etc.) and demonstrate special, but regular reflexes in most Indo-European languages. Fifteen years ago I proposed my own solution on the basis of three probable comparisons (Witczak 1995: 225-226):

(1) IE. *đĝem- 'earth' (cf. Gk. χθών, OInd. kṣam-, Lith. žemė 'id.') ~ Kartvelian *diqa 'clay' ~ Afro-Asiatic *diq- 'clay, soil, mull' < Nostratic **diqE 'earth, clay' (Illich-Svitych 1971: 220, No. 69; Blažek 1989: 204);

(2) IE. *đĝh-uH- 'fish' (cf. Gk. ἰχθῦς, Arm. jukn, Lith. žuvìs 'id.') ~ Altaic *diga- (or *ǯiga) 'a kind of fish' ~ Afro-Asiatic *dg- (*dg̣-) 'fish' < Nostratic **digä 'fish' (Illich-Svitych 1971: 219, No. 67; Blažek 1989: 204);

(3) IE. *H₂ṛþ-k̂o- 'bear' (cf. Gk. ἄρκτος, OInd. ṛ́kṣa, OIr. arth, Hitt. ḫartaggaš) ~ Uralic *karči 'bear' ~ Dravidian *kar(a)ṭi 'bear' < Nostratic **ʕar(a)ṭi 'bear' (Blažek 1989: 208; Witczak 1995: 225).

The parallelism of these three developments seems striking. Though the Nostratic dentals **ṭ **ṭ **d yield normally *t *d *dh in Indo-European, the three above examples demonstrate convincingly that the continuation of the same dentals in the position before the Nostratic vowel *i is somewhat different (Nos. **ṭ > *ṭ' > IE. *þ; Nos. **ṭ > *ṭ' > IE. *đ; Nos. **d > *d' > IE. *đh). Thus it is not impossible to conclude that after its straightforward Nostratic ancestor Indo-European inherited some palatalized variants of the dental stops, which were preserved as the so called "interdental spirants". My opinion seems to be confirmed from the comparative point of view. Sowa's view on the "innovative" origin of the Brugmannian "thorns" remains with no justification. Thus the reader himself may estimate which of two positions is better founded. In this place I would like to emphasize that the dissimilarity of views is frequent in the scientific research, but it is inadmissible to say in a review that the opposite opinion is "completely wrong". In such cases it is preferable to use the phrase "I disagree with …".

Sowa assumes (p. 199) that "Sometimes the author does not quote a form as he found it in his source". This objection is, of course, perverse. Sowa seems to see a complete chaos, when I introduced the same logical schema of presentation: individual types of cereals, accompanied by lexical material, morphological and semantic commentary, etymologies, extra-Indo-European parallels. But Sowa requires me to introduce another chaos by quoting numerous forms with different way of reconstructions, e.g. glottalic *$p^{[h]}\bar{u}r$- (Gamkrelidze-Ivanov), pseudo-laryngeal *puHro- (Smoczyński), traditional *pūro- (Pokorny) and so on. It is an unusual requirement. Prof. Leszek Bednarczuk as an official reviewer of my Ph.D. dissertation wrote something quite opposite, namely he believed that one uniform and homogenous Indo-European reconstruction should be introduced in all places of my work. I agreed with Prof. Bednarczuk and introduced one homogenous transcription.

The reviewer presents something more than strong criticism, when he writes (p. 199): "Witczak very often only refers to other scholars' proposals but without quoting them". Sowa's words are not accompanied by any examples and they remain an insult to my accuracy and honesty.

Sowa believes that Witczak's "way of analysis can hardly satisfy the needs of modern Indo-European linguistics" (p. 199). He explains nothing, giving the following reference in footnote 8: "These are general objections against the methodology of Witczak presented also in other works, cf. Bichlmeier 2003, 214". This reference should not be introduced by a solid reviewer. Bichlmeier discussed my one article written in Polish (Witczak 2000a). He indicated my alleged methodological mistakes on the basis of the short English résumé. Bichlmeier (2003: 214) wrongly understood that I connect etymologically the Indo-European term for 'meteorite iron' *pālaku- (in my own reconstruction) with *peleku- 'axe', whereas I indicated only a morphological similarity. Of course, IE. *peleku- 'axe' (guaranteed by Skt. paraśu-, Iran. *parasu-/*paraθu-, Gk. πέλεκυς) cannot be explained from the view-point of the reconstructed Indo-European morphology, therefore it was assumed a long time ago as a borrowing (from Semitic?). However, Akkadian pilakku has a different semantics ('spindle', according to Falkner 1952: 26), thus there is no non-Indo-European form, which can be treated as a source form. The correspondences between Sanskrit, Iranian and Greek nouns are regular, thus most linguists believe that the word *pelek̂u- 'axe' existed in the late phase of Indo-European.

Also IE. *pālak̂u- 'iron', though attested in Mycenaean Greek *pa-ra-ku* (*u*-stem) 'a kind of metal', perhaps 'meteorite iron', Sanskrit *pāraśava-* (*o*-stem, orig. *u*-stem) 'iron', Old Persian *pār(a)θu-vat-* 'steel' (orig. 'full of iron'), Lusitanian *palaga* f., dimin. *palacurna* f. 'a golden lump' (according to Pliny), with further possible cognates in Hittite *ḫapalkiš* (*i*-stem) 'iron' and Tocharian B *pilke* 'copper', seems very strange morphologically (see Witczak 2009). At the same time the double *a*-vocalism suggests a borrowing from some unknown source. However, the regular development of *k̂ in the Indo-European languages (see Skt. *ś*, Old Persian *θ*, Greek *κ*, Lusitanian *c/g*, Anatolian *k*, Tocharian *k*) documents that the name in question goes back to the late phase of Indo-European as well. It is obvious in any case that Myc. Gk. *pa-ra-ku* corresponds exactly to the Sanskrit and Persian forms, both morphologically and semantically.

Sowa stresses (p. 200) that "The book lacks an index, which in the case of such a study, with quotations from almost every language, is quite strange. The author excuses himself for this shortcoming («Author's annotation» in the beginning), but this does not help at all the reader who wants to find individual words. What is more, some of the forms have been treated several times in different parts of the book. This gives the impression of chaos". Of course, I know that the lexical index of the quoted forms is a useful aid, but Sowa's words that "This chaos is the price for the chosen semantic principle" (p. 200) are completely misguided. It is obvious that C. D. Buck's (1949) dictionary prepared according to the similar semantic principle, with repetitions of the same forms under different headings and with no index of quoted lexical forms would be chaotic, too. At any rate in Sowa's opinion.

Sowa finds (p. 200) that "There are also inconsequences, as in the case of Greek *σῖτος* (p. 45). This occurs once in the company of OIndic *sītyam* 'grain' as a continuation of PIE *sīto-*, *sītyo-* 'cereal, grain', but strangely being interpreted as a «Pelasgian» element in Gk. On page 105 the form is treated as Minoan. Why then mentioned with an IE protoform? One could get the idea that Pelasgian, Minoan and IE are actually terms for the same concept". This quotation demonstrates clearly that Sowa had to read my book inattentively. The Greek name in question appears as early as in Mycenaean (Gk. Myc. *si-to*) and Minoan times (according to Ruijgh 1970: 172-173, the CEREAL ideogram, which is attested both in Linear A and B, was derived from the Linear AB sign *si* or alternatively from two signs *si-to*). It is evident that the name *σῖτος* derives probably from some Minoan substrate, attested in the Linear A texts. The so-called "Pelasgian" language is commonly treated as an Indo-European substrate, which was introduced to the Continental and Insular Greece before the arrival of the Greeks (see Danka 2005; 2007). If the word *σῖτος* belonged to the Indo-

European vocabulary, as suggested by my own comparison with Sanskrit *sī́tyam* 'grain' (lex.), Khowar *siri* 'barley' and Kalasha *šilĩ* 'millet' (Turner 1966: 767), then the preservation of the initial *s-* demonstrates non-Greek, but Indo-European origin of the word. The concept of "Pelasgian" seems hardly in disagreement with the suggested Minoan documentation. But the Indo-European language was spoken four or three thousands years earlier than "Pelasgian" or the Linear A language, spoken in Minoan times. My conclusion runs as follows: the word σῖτος derives from the Indo-European archetype **sītos*; it is attested as a CEREAL ideogram in the "Minoan" Linear A texts and it seems to be borrowed by the Greeks from a foreign ("Pelasgian") substrate. The difference can be described in the following way: Sowa excludes *a priori* the Indo-European character of Linear A texts, I find no strong arguments to deny or affirm it.

Sowa says as follows (p. 201): "Probably as typos should be classified statements such as e.g. «the existence of the Hurrian-Urartean substrate in Tocharian» (p. 38)". In this place I indicated that there are traces of foreign substrates in numerous Indo-European languages (e.g. a Dravidian substrate in India, a Hurro-Urartian one in the tongue of the Tocharians and Armenians, an Elamite one among the Persians). Further I mentioned a possible substrate (or substrata) in Italy, in Scotland (e.g. Picts), in Spain (e.g. Basque), in Scandinavia. He does not reject different ideas, apart from the foreign substratum in Tocharian. However, the hypothesis on the possible non-Indo-European substratum in Tocharian is a long-standing problem (see e.g. Krause 1951: 185-203; Bednarczuk 1972; 1983; Pobożniak 1977; Thomas 1985: 147-154; Winters 1988; Winter 1989), to which I myself contributed seventeen years ago (Witczak 1993: 165). In December 1990 at the third Warsaw Conference on "Orient and Aegean. Language, Religion, Culture" I presented plentiful lexical evidence for the ancient contacts between the Tocharians and the Hurro-Urartean tribes. It is my own hypothesis, based on Henning's interpretation of the Tocharians as the first Indo-Europeans in history (Henning 1978; Gamkrelidze, Ivanov 1989). My hypothesis on a possible Hurro-Urartean substrate in Tocharian has been recently discussed by V. Blažek and M. Schwarz (2007: 97-98; 2008: 59-60) with some critical (but not negative) remarks. Thus my hypothesis remains a scientific problem and not an illusion, as suggested by W. Sowa.

Sowa denies (p. 201) that the Polish term *archetyp* may refer to reconstructed stems, which "is not normally used in such a meaning" (at least in Cracow). But *archetyp* is commonly defined as 'pierwowzór, prototyp' in numerous Polish dictionaries, thus the sense is adequate and understandable. The word *archetyp* is frequently used by the historical-comparative linguists in Łódź, thus the observed difference may be regional.

Sowa states (p. 201): "Inexplicable are the author's very strong statements concerning the presumed acceptance of some of the used theories. This applies

especially to the problem of Nostratic. Witczak speaks about increasing numbers of western scholars who are convinced of the correctness of this theory. In
reality this is not the case at all. Witczak's Nostraticism is rather of an aprioristic,
glottogonic nature". Unfortunately, Sowa totally distorts my opinion on the
Nostratic theory and presents wrongly the use of the Nostratic parallels in my
work. Contrary to Sowa's insinuations, nowhere in my book is the Nostratic
theory treated as certain and completely credible. What is more, asking about
the origin of the first farmers I presented the Nostratic theory (pp. 20-22) with
great caution, calling it "controversial" (p. 21) and using the expressions like "It
seems / Wydaje się" (p. 22). If these phrases are "very strong statements", then
Sowa can safely say that Witczak is an uncompromising adherent of the Nostratic theory. My Nostraticism is neither "aprioristic" nor "glottogonic" (I do not
believe that Nostratic was the first language on the Earth or the first tongue was
invented by the neolithic farmers, as Sowa tacitly suggests). I accept this version
of the Nostratic hypothesis, which is based on the comparisons and reconstructions given by Illich-Svitych. In E. P. Hamp's opinion, the Nostratic theory,
created by Illich-Svitych and propagated by the Russian linguists, represents
far-fetched comparative studies accompanied by solid phonological rules and
scientific rigour. In his opinion, it cannot be proved positively today, but it cannot be rejected as false neither (cf. Hamp 1997). The Nostratic literature increases
every year. To the best of my knowledge, 18 collected studies on the Nostratic
themes were published during the last twenty five years in Germany and the
U.S.A., thus the Nostratic studies are developing successfully and the number of
scholars, who are interested in Nostraticism, is expanding, though Sowa denies it.

As I explained in the introduction (and briefly in the English summary),
under the heading "Nostratic parallels" I quote "external lexical parallels taken
from non-Indo-European languages together with a discussion as to whether we
deal with a possible common Nostratic ancestry, as opposed to general-cultural
terms adopted or borrowed, or with accidental correspondences" (p. 140). Thus
in the case of extra-Indo-European cereal names I tried to distinguish: [1] loan-
words in both directions (e.g. IE. > Semitic or Semitic > IE.), [2] similarities as
to form or shape or meaning, listed especially in the older, non-Nostratic literature
(I treated most of them as caused by chance), [3] possible or probable Nostratic
equivalents (I accept ONLY 8 comparisons, partially as possible alternatives). It
should be emphasized that a Nostratic derivation was taken into account mainly
in such a situation, when no Indo-European etymology was acceptable, e.g. IE.
*dhoHnaH$_2$ f. ($\bar{a}$-stem) 'grain, corn' was many times explained as a Semitic
borrowing *duhn- ('Sorgum vulgare Pers.') or a source form for Semitic or a related form. Thus my Nostraticism is neither exaggeratedly optimistic nor "irrelevant", as was suggested by Sowa, who gave the following comment in the
final part of his review (p. 202): "absolutely irrelevant Nostraticism could lead

the reader to the false idea that actually one may compare anything with anything, and that such is the right methodology". He suggests to the reader that Witczak compares "anything with anything", but the real situation is quite opposite.

Sowa adds that Witczak "quotes Semitic examples such as Arab. *ḥintat* 'wheat' (< *ḥanata* 'ripen') and Chad (Hausa) *gùndu* 'sort of millet', without specifying what Hausa *g* and Semitic *ḥ* could have in common. Then again he does not explain how it is possible to connect Sem. *ḥ* with «the fluctuation between *g* and *sk*»" (p. 201). Sowa presents the situation in the false light and thus he exhibits my Nostraticism as if in the distorting mirror. He does not inform the reader that my position is wholly sceptical (sic!) and that all the extra-Indo-European parallels are classified as "ambiguous / dwuznaczny" or "unclear / niejasny" (p. 97). The reviewer passed over in silence the fact that the comparison of the Semitic and Chadic forms was not made by Witczak, but quoted after Orel and Stolbova (1988: 80). What is more, Sowa had to know that in my opinion the discussed Hausa equivalent is far from being certain, as in footnote 1 I conscientiously stressed that the Semito-Chadic lexical connection was later rejected in a different work of the same authors (Orel, Stolbova 1995: 281, No. 1272), who preferred here a Semito-East Kushitic comparison (cf. Hadiya *hiṭe*, Kambatta *hiṭe*, Bambala *hanṭe* 'grass') instead of the Semito-Chadic one. I used the Hausa term (or alternatively the East Kushitic word for 'grass') to demonstrate the Afro-Asiatic status of the Semitic name for 'wheat' and at the same time to reject Ivanov's doubtful hypothesis that the Semitic *ḥant-* 'wheat' (cf. Arab. *ḥintat* 'id.') is a borrowing from Indo-Iranian **gantuma-* 'a kind of wheat'. Sowa agrees with this rejection, though he prefers an internal etymology of the Arabic term in question. It should be emphasized, however, that Sowa himself (and not Witczak) connects the Indo-European fluctuation **g ~ *sk* with the Semitic phoneme **ḥ*.

The Indo-European fluctuation **g- ~ *sk-* is not an unknown question. There are several appellatives of Indo-European origin, which show this variation in the initial position, e.g. numerous names for 'hornbeam (or oak)' come back to IE. **grābr̥ ~ *skrābr̥* (my reconstruction), cf. Bulg. *gábăr*, dial. *gáber* & *gábar*, Maced. *gaber*, dial. *gabar*, SC. *gràbar*, *gàbar*, *gràb* 'hornbeam, Carpinus betulus', Sloven. *grâb*, *gâber*, dial. *grâber*; Slovak *hrab*, Cz. *habr*, OCz. *habr*, *hrabr* 'id.', Pol. *grab*, LSorb. *grab*; BRus. *hrab*, Ukr. *hrab*, Russ. *grab* (< PSl. **grabrъ* 'hornbeam'); Palaeo-Maced. *γράβιον* n. 'torch', orig. 'Eichenholz'; Umbrian *Grabouie* dat. sg. 'Eichengott'; Mod. Gk. Epirotic *γάβρος*, *γράβος* m., *γραβούνα* f. 'hornbeam'; OPrus. *scoberwis* 'hornbeam', Lith. *skróblas* m., *skroblà* f., *skrobl(i)ùs*, Latv. *skâbardis*, *skâbarde* f. 'hornbeam'; Alb *shkózë* f. 'hornbeam, Carpinus betulus' (< PAlb. **skābardyā* = Latv. *skâbarde*). It is clear that the Slavic, Umbrian, Epiro-Macedonian forms go back to IE. **grābr̥*, the Baltic and Albanian items to IE. *$skr\bar{a}br$. The alternation *$gr\bar{a}br$ ~ *$skr\bar{a}br$ 'hornbeam' seems unexplainable from the view-point of traditional Indo-European phonology. However, the Nostratic hypothesis gives a possibility of explaining the problem of the initial alternation *g- ~ *sk-. It was suggested by Illich-Svitych and Nostratic linguists that Nostr. *k yields regularly IE. *g, whereas Nostr. *sk is preserved with no change (IE. *sk). Thus the Indo-European alternation *g- ~ *sk- may be caused by the s-movable effect, created as early as in Nostratic. Similar alternations *h- ~ *sk-, *p- ~ *st- and *f- ~ *sp-, which existed in Proto-Germanic, seem to result in Indo-European variants with and without the s-movable.

In Sowa's opinion each distant comparison is doubtful and worthless. His position reminds me of the opinion of one group of Slavists, who believe that two Slavonic languages are mutually related to each other and derive from a Proto-Slavonic idiom, but at the same time they completely reject the Indo-European relationship. The same observation can be made about a group of Turkologists, who are able to abandon the Altaic theory with no distress. In opposition to W. Sowa I accept no extremism.

Sowa finishes his review with hope that his "suggestions would lead to gain a fresh view on this doubtlessly interesting material, and could help others analyse these terms, which play a very important role in every society". I am afraid that no "new fresh view" was given by the rye-viewer.

A correct and fair review of my book on the Indo-European cereal names was given by Vaclav Blažek (2005). Sowa should learn to write unbiased reviews from the Czech linguist.

Krzysztof T. Witczak
Uniwersytet Łódzki
Zakład Językoznawstwa i Indoeuropeistyki
ul. Lipowa 81, IV p.
PL – 90-568 Łódź
[ktw@uni.lodz.pl]

References

Bednarczuk L., 1972, Elementy nieindoeuropejskie w języku tocharskim [Non-Indo-European Elements in the Tocharian Language], *SprOKrPAN* 16:2, pp. 416-418.

Bednarczuk L., 1983, Non-Indo-European Features of Tocharian, [in:] *Studia Indo-Iranica. Thaddaeo Pobożniak septuagenario ab amicis collegis soda-*

libus animo ablatum gratissimo, Wrocław – Warszawa – Kraków – Gdańsk – Łódź: Zakład Narodowy im. Ossolińskich, pp. 11-13.

Bichlmeier H., 2003, Review of Sharypkin (2000), *Kratylos* 48, pp. 213-215.

Blažek V., 2005, Review of Witczak (2003), [in:] *Sborník Prací Filozofické Fakulty Brněnské Univerzity (Studia Minora Facultatis Philosophicae Universitatis Brunensis)*, A 53, pp. 219-225.

Blažek V., Schwarz M., 2007 [2008], Tocharové. Kdo byli, odkud přišli, kde žili [Tocharians. Who They Were, Where They Came From and Where They Lived], [in:] *Sborník Prací Filozofické Fakulty Brněnské Univerzity (Studia Minora Facultatis Philosophicae Universitatis Brunensis)*, A 55, pp. 85-113. Published in English in *Lingua Posnaniensis* 50, 2008, pp. 47-74.

Buck C. D., 1949, *A Dictionary of Selected Synonyms in the Principal Indo-European Languages. A Contribution to the History of Ideas*, Chicago.

Danka I. R., 2005, De Pelasgis – Graeciae aboriginibus, *Živa Antika (Antiquité Vivante)* 55:1-2, pp. 131-137.

Danka I. R., 2007, *Pelazgowie – autochtoni Hellady. Pochodzenie, język, religia* [Pelasgians – an Autochthonous People of Greece. Their Origins, Language and Religion], Łódź: Wydawnictwo Uniwersytetu Łódzkiego.

Falkner M., 1952, Ist idg. **pelek̂us* ein akkadisches Wort?, [in:] *Studien zur indogermanischen Grundsprache*, hrsg. von W. Brandenstein, Heft 4, Wien: Gerold & Co., p. 26.

Gamkrelidze Th. V., Ivanov V. V., 1984, *Indoevropejskij jazyk i indoevropejcy. Rekonstrukcija i istoriko-tipologičeskij analiz prajazyka i protokul'tury* [Indo-European and the Indo-Europeans. A Reconstruction and Historical Typological Analysis of a Protolanguage and a Proto-Culture], vol. 2, Tbilisi: Izdateľstvo Tbilisskogo Universiteta.

Gamkrelidze Th. V., Ivanov V. V., 1994, Pervye indoevropejcy v istorii: predki tokhar v drevnej Perednej Azii [First Indo-Europeans in History: Ancestors of the Tocharians in the Ancient Near East], *Vestnik drevnej istorii* 1 (188), pp. 14-39.

Hamp E. P., 1997, A Far-Out Equation, [in:] I. Hegedüs, P. A. Michalove, A. Manaster Ramer (eds.), *Indo-European, Nostratic, and Beyond: Festschrift for Vitalij V. Shevoroshkin*, Washington: Institute for the Study of Man, pp. 94-105.

Henning W. B., 1978, The First Indo-Europeans in History, [in:] A. L. Ulmen (ed.), *Society and History. Essays in Honor of K. A. Wittfogel*, The Hague – Paris – New York: Mouton de Gruyter, pp. 215-230.

Illich-Svitych V. M., 1979, *Nominal Accentuation in Baltic and Slavic*, translated by R. L. Leed and R. F. Feldstein, Cambridge – London: MIT Press.

Krause W., 1951, Zur Frage nach dem nichtindogermanischen Substrat des Tocharischen, *KZ* 69:3-4, pp. 185-203.

Lehmann W., 1973, *Historical Linguistics. An Introduction*, New York.

MacBain A., 1998, *Etymological Dictionary of Scottish-Gaelic*, New York: Hippocrene Books (first published in 1896).

Mallory J. P., Adams D. Q., 1997, *Encyclopedia of the Indo-European Culture*, London – Chicago: Fitzroy Dearborn Publishers.

Orel V. E., Stolbova O. V., 1988, K rekonstrukcii praafrazijskogo vokalizma [On the Reconstruction of Proto-Afrasian Vocalism], *Voprosy Jazykoznanija* 1988:5, pp. 66-83.

Orel V. E., Stolbova O. V., 1995, *Hamito-Semitic Etymological Dictionary. Materials for a Reconstruction*, Leiden – New York – Köln: E. J. Brill.

Pobożniak T., 1977, Stanowisko języka tocharskiego [Position of the Tocharian Language], *SprOKrPAN* 20:1, 1976 (published in 1977), pp. 416-418.

Pokorny J., 1959, *Indogermanisches etymologisches Wörterbuch*, Bern – München: Francke Verlag.

Prósper B. M., 2002, *Lenguas y religiones prerromanas del occidente de la Península Ibérica*, Salamanca: Ediciones Univesidad de Salamanca.

Renfrew C., 1987, *Archeology and Language. The Puzzle of Indo-European Origins*, Harmondsworth: Penguin Books.

Rogowska E., 1998, *Kaszubskie nazwy roślin uprawnych* [Kashubian Names of the Domesticated Plants], Gdańsk: Wydawnictwo Uniwersytetu Gdańskiego.

Ruijgh C., J. 1970, L'origine du signe 41 (si) de l'écriture linéaire B, *Kadmos* 9, pp. 172-173.

Sędzik W., 1977, *Prasłowiańska terminologia rolnicza. Rośliny uprawne. Użytki rolne* [Proto-Slavic Agricultural Terminology. Domesticated Plants and Rural Applications] (Prace Slawistyczne t. 3), Wrocław – Warszawa – Kraków – Gdańsk: Zakład Narodowy im. Ossolińskich.

Sharypkin S. (ed.), 2000, *Miscellanea Mycenaea* (DO-SO-MO 1, Fascicula Mycenologica Polona), Olsztyn: Zakład Historii Starożytnej i Kultury Antycznej UWM.

Shnirelman V. A., 1989, Osnovnye ochagi drevnejshego prozvodjashchego khozjajstva v svete dostozhenii sovremennoi nauki [Main Foci of Early Food Production in the Light of Modern Advances], *Vestnik drevnej istorii* 1989:1, pp. 99-111.

Stokes W., Bezzenberger A., 1894, *Urkeltischer Sprachschatz*, Göttingen: Vandenhoeck & Ruprecht's Verlag.

Thomas W., 1985, *Die Erforschung des Tocharischen (1960-1984)*, Stuttgart: Franz Steiner Verlag.

Trautmann R., 1923, *Baltisch-Slavisches Wörterbuch*, Göttingen: Vandenhoeck & Ruprecht.

Turner R. L., 1966, *A Comparative Dictionary of the Indo-Aryan Languages*, London: Oxford University Press.

Walde A., Pokorny J., 1930, *Vergleichendes Wörterbuch der indogermanischen Sprachen*, Band 1, Berlin – Leipzig: Walter de Gruyter & Co.

Winter W., 1989, On a New Claim Concerning Substratum Influence upon Tocharian, *Central Asiatic Journal* 33:1-2, pp. 126-132.

Winters C. A., 1988, The Dravidian and Manding Substratum in Tocharian, *Central Asiatic Journal* 32:1-2, pp. 131-141.

Witczak K. T., 1993, Goths and Kucheans: An Indo-European Tribe?, *Lingua Posnaniensis* 35, pp. 163-169.

Witczak K. T., 1995a, Wenetowie i Ariowie w oświetleniu lingwistycznym [The Venetians and the Aryans in the Light of Linguistics], [in:] A. Otwinowski (ed.), *Materiały XVII Konferencji Młodych Językoznawców-Dydaktyków*, Bydgoszcz – Wenecja 22-24 maja 1990, Bydgoszcz: Wyd. WSP, pp. 189-196.

Witczak K. T., 1995b, 'Bear' in Indo-European, Uralic and Dravidian, [in:] A. F. Majewicz, T. Wicherkiewicz (eds.), *Linguistic and Oriental Studies from Poznań* 2, Poznań: Wydawnictwo UAM, pp. 223-228.

Witczak K. T., 2000, Litewskie nazwy zbóż [Lithuanian Cereal Names], *Acta Baltico-Slavica* 25, pp. 7-30.

Witczak K. T., 2000a, Mykeńska nazwa żelaza (*pa-ra-ku*) i jej indoeuropejska geneza [Mycenaean Greek Term for 'Iron' (*pa-ra-ku*) and its Indo-European Origin], [in:] Sharypkin (2000), pp. 53-61.

Witczak K. T., 2002, Pozycja języka luzytańskiego w indoeuropejskiej rodzinie językowej [The Position of the Lusitanian Language within the Indo-European Family], *Biuletyn Polskiego Towarzystwa Filologicznego* 58, pp. 5-22.

Witczak K. T., 2003, *Indoeuropejskie nazwy zbóż* [Indo-European Cereal Names], Łódź: Wydawnictwo Uniwersytetu Łódzkiego.

Witczak K. T., 2005, *Język i religia Luzytanów. Studium historyczno-porównawcze* [The Language and Religion of the Lusitanians. A Historical-Comparative Study], Łódź: Wydawnictwo Uniwersytetu Łódzkiego.

Witczak K. T., 2009, A Wandering Word for 'Hardened Iron, Steel'. A Study in the History of Concepts and Words, *Studia Etymologica Cracoviensia (FS Eugene Helimski)* 14, pp. 291-305.

Studia Etymologica Cracoviensia
vol. 15   Kraków 2010

Tomasz MAJTCZAK (Bochum)

OF LONG NIGHTS AND PHEASANT TAILS
("MAN'YŌSHŪ" 2802)*)

1. In the eleventh book of the "Man'yōshū" 萬葉集 ('Collection of a myriad leaves', after 771), the oldest extant anthology of Japanese poetry, under number 2802, there is included a poem of no certain authorship. The five verses, forming this tanka, read:

念友	OMOPE₂ do₂ mo
念毛金津	OMOPI₁ mo kanetu
足檜之	asipi₁[no₂]ki₂ NO₂
山鳥尾之	YAMADO₂RI NO₂ WO NO₂
永此夜乎	NAGAKI₁ KO₂NO₂ YO₁ wo

The poem does not pose any serious problems in interpretation or translation, and can be rendered into English as follows (for comparison, the Russian translation by A. E. Gluskina, 2001, II, 350, is also given):

Although I think [of you],	Тоскую о тебе,
I cannot think any longer –	Но тосковать не в силах
during this night	Ночь эту долгую
as long as the tail	Средь распростертых гор,
of a copper pheasant.[1]	Что тянется, как длинный хвост фазана…

Immediately after the final verse, the reader is informed, however, that "或本歌曰" *huò běn gē yuē* 'in a certain book the poem reads':

---

*) The present article was first published (alas, with some grave misprints) in *Beyond borders: Japanese studies in the 21ˢᵗ century. In memoriam Wiesław Kotański. Proceedings of International Conference, Warsaw, May 2006*, edited by A. Kozyra and I. Kordzińska-Nawrocka, Warszawa 2007: Nozomi, 212-218. It now appears in the correct form, with a few further additions and amendments.

[1] The conventional epithet (*makurakotoba* 枕詞) of the third verse has been omitted in the English translation because its meaning seems to have sunk into oblivion long before the compilation of this anthology (JKD-J, s.v. *asipi₁ki no₂*).

足日木乃 $asi\text{-}pi_1\text{-}ki_2\text{-}no_2$
山鳥之尾乃 $MOUNTAIN\text{-}BIRD\text{-}GEN.\text{-}TAIL\text{-}no_2$
四垂尾乃 $si\text{-}DROOP\text{-}TAIL\text{-}no_2$
長永夜乎 $LONG\text{-}ETERNAL\text{-}NIGHT\text{-}wo$
一鴨將宿 $ONE\text{-}kamo\text{-}FUT.\text{-}STAY\ OVERNIGHT$

Those five short lines constitute a stupefying mishmash of all three notational methods employed in the eighth century by the Japanese to commit to writing words of their own tongue. Thus, they contain:

1. semantograms, i.e. Chinese characters used in their original meanings to represent Japanese words, whose phonetic value can only be surmised but never determined with absolute certainty:
   山 'mountain', 鳥 'bird', 之 genitive marker, 尾 'tail', 垂 'to hang down, to droop', 長 'long', 永 'eternal', 夜 'night', 一 'one', 將 future marker, 宿 'to stay overnight, to spend the night'

2. phonograms, i.e. Chinese characters used for their phonetic value only, or rather, for their approximate Japanese pronunciation:
   乃 no_2 ← MC $*n\partial j'$ ‖ $*n\partial i^2$ > ModC *năi* '1. (*copula*) to be; 2. then, therefore; 3. your'
   四 *si* ← MC $*si^h$ ‖ $*sii^3$ > ModC *sì* 'four'
   乎 *wo* ← MC $*y\mathfrak{d}$ ‖ $*\hbar o^1$ > ModC *hū* '1. *interrogative, intensifying or exclamatory particle*; 2. in, on, at; with; from; to; than; by'

3. rebus writings, consisting of Chinese characters to which certain native morphemes were ascribed in Japan (as in point 1), but which were later on used for this Japanese phonetic value only, disregarding the original meaning:
   足 *asi* 'leg, foot' + 日 pi_1 'sun; day' + 木 ki_2 'tree' used for $asipi_1ki_2$ '?'[2]
   鴨 *kamo* 'duck' used for *ka* interrogative particle + *mo* emphatic particle.

It follows that the general sense of this poem, attributed in subsequent anthologies to Kakinomoto no Hitomaro 柿本人麻呂 (fl. ca 680-700),[3] is quite clear; but not all semantograms and rebuses are unambiguous enough for us to be able to read the whole of it aloud. Nevertheless, the verses are customarily interpreted as shown:

---

[2]   In the first poem the sequence is spelt with the combination of 足 *asi* 'leg, foot' and 檜 $pi_1no_2ki_2$ 'Japanese cypress, *Chamaecyparis obtusa* Endl.', the latter rendering pi_1ki_2 (the $-no_2-$ of the usual reading of this character must thus be omitted during deciphering, as marked above by the crossing-out).

[3]   The poem is also found in the "Shūi waka shū" 拾遺和歌集 ('Collection of gleanings of Japanese poetry', ca 1006), book XIII, number 778, and the "Ogura hyakunin isshu" 小倉百人一首 ('Ogura collection of single poems by one hundred poets', ca 1235-1241?), number 3.

asipi$_1$*ki*$_2$ *no*$_2$
YAMADO$_2$*RI NO*$_2$ *WO no*$_2$
siDARIWO no$_2$
NAGANAGASI YO$_1$ *wo // NAGAKI*$_1$ *NAGAYO*$_1$ *wo*
PI$_1$*TO*$_2$*RI ka mo NEMU*

2. Despite the above-mentioned difficulties, the fourth verse appears to be the only one whose actual shape causes any hesitation among Japanese scholars. The first version, *NAGANAGASI YO*$_1$ *wo*, is accepted in *Man'yōshū* (III, 245), *Man'yōshū CD-ROM ban* (2802G), JKD-J (s.v. *naganagasi*), KD (s.v. *naganagasi*), *Nijūichidai shū* (*Shūi waka shū*, 00778) and by Y. Nakamura (1999, s.v. *asifiki no* ...) and T. Komachiya (2003, 11), whereas *NAGAKI*$_1$ *NAGAYO*$_1$ *wo* is preferred by N. Sasaki (1999-2000, II, 39). It must be noted, however, that the editors of *Man'yōshū*, of JKD-J, as well as N. Sasaki permit of the other version, too. Moreover, in JKD-J, loc. cit., a third possibility is entertained, namely that of ⁺*NAGANAGAKI*$_1$ *YO*$_1$ *wo*, but since the adjective ⁺*naganaga-* is missing from all four dictionaries consulted (JKD-J, IKJ, KD, Nakamura 1999), its existence is highly dubious and the whole proposal can be rejected without a qualm. On the other hand, the variant reading offered in *Nijūichidai shū*, ⁺*NAGANAGASIKI*$_1$ *wo*, distorts the original text by ignoring the character 夜 'night' and therefore must not be treated seriously.

Consequently, one is left with two possibilities: *NAGANAGASI YO*$_1$ *wo* and *NAGAKI*$_1$ *NAGAYO*$_1$ *wo*. The latter can be unhesitatingly accepted, for it consists of an adjective *naga-* 'long' in its attributive form (*naga-ki*$_1$) qualifying a compound noun *naga-yo*$_1$ 'long/lengthy night' (← *naga-* + *yo*$_1$ 'night'), and in no detail does it violate the rules of Old Japanese grammar. It might, admittedly, be argued that the attribute is superfluous as it duplicates the meaning of the noun, but the redundancy is rather a question of style, not grammatical rules.

Quite a different case is *NAGANAGASI YO*$_1$ *wo*. It cannot be agreed to without any explanation or at least a short comment on the problems involved – and this is lacking in most places where the "Man'yōshū" poem is quoted. The adjective *naganagasi-* 'very long, interminable, dragging' is derived by reduplication and suffixation of the adjective-forming *-si-* from the already adduced *naga-* 'long' (cf. Sansom 1928, 101; Syromiatnikov 1981, 59; Martin 1987, 103), and in order to be able to function as an attribute it should receive the ending *-ki*$_1$, which is here conspicuously absent. The only interpretation offered to date is that "in Old Japanese the finitive form of adjectives [here, *naganagasi*, regularly from **naganagasi-si*] could also be used as an attribute [i.e. instead of *naganagasi-ki*$_1$]" (Nakamura 1999, s.v. *asifiki no* ...), or that in this poem "the suffix *-ki*$_1$ is omitted for metrical reasons" (Komachiya 2003, 11; *Nijūichidai shū*, *Shūi waka shū*, 00778). The other sources pass over the problem in silence.

Were it really for metrical reasons, then considering the usual techniques employed in classical Japanese poetry, one would rather expect the particle *wo* at the end of the fourth verse to be deleted.[4] As for the interchangeability of finitive and attributive, it still remains a most difficult conundrum (the issue is discussed at length in Martin 1987, 806-809). Hence, it is tempting to look for another possibility, and one which should undoubtedly be taken into account is that of an adjective-nominal compound (cf. Sansom 1928, 99-103; Syromiatnikov 1981, 52, 73-75; Martin 1987, 102-103; Bentley 2001, 139-140; Ikeda 1980, 54). It would seem quite plausible to treat the *naganagasi-* as an adjectival stem being the first element of a compound noun *naganagasi-yo$_1$* (which would thus be parallel in structure to, and synonymous with, *naga-yo$_1$* 'long/lengthy night' considered above). This solution has so far been proposed at least once, namely by J. Rickmeyer (2004, 52).

Yet there are some other, apparently analogous, instances that do not easily permit of such an explanation – as is the case with the following phrase from the "Kojiki" 古事記 ('Records of ancient matters', 712), closely resembling the one under consideration (*Kojiki* ..., 100-101; Philippi 1968, 6-8$_4$):

[...] 登富登富斯   [...] *to$_2$poto$_2$posi*
故志能久邇邇 [...]   *ko$_1$si no$_2$ kuni ni* [...]

[...] In the far-away
Land of Koshi [...][5]

Here, *to$_2$poto$_2$posi kuni* 'the far-away land' cannot be interpreted as a compound because of the intervening *ko$_1$si no$_2$* 'of Koshi', and anything along the lines of $^+$*to$_2$poto$_2$posi-ko$_1$si* 'the far-away Koshi' is difficult to conceive, to say nothing of the verse boundary. The question must thus stay unresolved.

3. There is, however, one more fragment of the poem which arouses suspicions, but has so far gone unnoticed. It is the second and third verses, *YAMA-DO$_2$RI NO$_2$ WO no$_2$ | siDARIWO no$_2$*, which taken as they stand, and translated into Modern Japanese as they usually are, make little sense: 'like the drooping tail of the tail of a copper pheasant' (*Man'yōshū*, III, 244: "山鳥の尾のしだり尾のように"). Omitting the first 尾 'tail' altogether, the way T. Komachiya does (2003, 11: "山鳥のたれ下がった尾のように" – 'like the drooping tail of a copper pheasant'), may work in a translation, but it does not explain the strange se-

---

[4]   The present author owes this remark to the students attending his course in Classical Japanese in 2005.

[5]   The credit for this and other examples goes to Professor Alexander Vovin of University of Hawai'i at Mānoa, who kindly drew the present author's attention to them.

quence of TAILs in the original. A praiseworthy solution appears fortunately in the Russian translation by A. E. Gluskina (2001, II, 350), where the second and third verses are regarded as two independent qualifiers to the phrase 'long night':

Ах, этой ночью, долгой, долгой,
Что тянется как хвост фазана, длинный хвост,
Средь распростертых гор,
Ах, эту ночь, возможно ль
Без милой одному уснуть?

This is also the interpretation adopted by Y. Nakamura (1999, s.v. *asifiki no ...*), who rendered the fragment into Modern Japanese as "山鳥の尾の、あの垂れ下がった長い尾のように" – 'like the tail of a copper pheasant, that long drooping tail' (note the comma and the insertion of *ano* 'that').[6]

Nonetheless, a different elucidation is also conceivable. As mentioned earlier, the poem is written in a mixture of semantograms, phonograms and rebuses. Which part is which must be decided by the reader. Accordingly, it is possible that the character 尾 'tail', used twice, is not to be understood semantographically, but stands merely as a rebus for the syllable *wo*, regardless of its meaning. In the third verse it must unquestionably be interpreted as *wo* 'tail' (hence, it does not matter whether one writes *siDARIwo no₂* or *siDARIWO no₂*), but not necessarily so in the second verse. There exist a number of Old Japanese morphemes pronounced *wo*, including five or six nouns, and at least one of them, namely 'male, man, husband', can be exploited here. The noun is used freely in Old Japanese poetry to specify the sex of animals, although elsewhere, to be sure, it appears in a different syntactic position (but cf. the poem by Fujiwara no Sadaie quoted below). The usage can be illustrated with the following poem by

---

[6] It seems the only possible explanation for the following poem as well ("Man'yōshū", VII, 1413):

庭津鳥	NIPA tu TO₂RI
可鶏乃垂尾乃	kake₁ no₂ TARIWO no₂
乱尾乃	MI₁DAREWO no₂
長心毛	NAGAKI₁ KO₂KO₂RO₂ mo
不所念鴨	OMOPOYENU ka mo

However comprehensible the initial three verses may be, the final two remain quite obscure, therefore no English rendering will be attempted here. The Russian translation by A. E. Gluskina (2001, I, 466) is also a mere conjecture, although probably not far from the truth:

У домашних птиц – у петухов,
И растрепанным бывает хвост
И опущен книзу иногда.
Как и у меня, у них спокойным сердце
Не бывает, верно, никогда!

Ōtomo no Yakamochi 大伴家持 (718?-785) found in the "Man'yōshū", XX, 4319 (the Russian translation is by A. E. Gluskina, 2001, III, 272):

多可麻刀能 $takamato_1 \, no_2$
秋野乃宇倍能 $AKI_1NO_1 \, no_2 \, upe_2 \, no_2$
安佐疑里介 $asagi_2ri \, ni$
都麻欲夫乎之可 $tuma \, yo_1bu \, \underline{wo\text{-}sika}$
伊泥多都良武可 $idetaturamu \, ka$

Is it perhaps that a <u>stag</u>,   Верно, вышел <u>олень</u> на поля
calling his mate, has gone out   И жену призывает с тоской, –
into the morning mist   Слышен голос его из густого тумана,
[hanging] over the autumn fields   Что завесою плотною встал поутру
of Takamato?   Над полями осенними там, в Такамато.

                                               (emphasis added)

    Given this, $YAMADO_2RI \, NO_2 \, wo \, no_2$ can be translated as 'of a cock copper pheasant'. The new solution just proposed is further corroborated by the fact that regarding the species in question, i.e. Japanese copper pheasant, *Syrmaticus* (or, *Phasianus*) *soemmerringii*, it is only the male that has a long tail worthy of mention (ranging from 42 to 98 cm), whereas the female's tail is considerably shorter (16-21 cm), and can by no manner of means be described as "drooping" (Imaizumi 1977).

    Finally, it must be noted that the compound *sidariwo* (← *sidar-* 'to hang down, to droop' + *wo* 'tail') appears four times in the collection of twenty-one imperial anthologies (the "Nijūichidai shū" 二十一代集), and one of them bears striking resemblance to the verses under consideration.[7] The poem, found in the "Shin kokin waka shū" 新古今和歌集 ('New collection of Japanese poetry of ancient and modern times', 1205), V, 487, was composed by Fujiwara no Sadaie /Teika 藤原定家 (1162-1241), "百首歌たてまつりし時" *FYAK^USYU NO UTA tatematurisi TOKI* – 'while presenting the hundred songs'[8]:

---

[7]   The other three occurrences are:
    – "Shin kokin waka shū" 新古今和歌集 ('New collection of Japanese poetry of ancient and modern times', 1205), book II, number 99,
    – "Shoku gosen waka shū" 續後撰和歌集 ('Later collection of Japanese poetry continued', 1251), book IV, number 221,
    – "Shin shoku kokin waka shū" 新續古今和歌集 ('New collection of Japanese poetry of ancient and modern times continued', 1439), book XIV, number 1417.
[8]   The question of whether those 'hundred songs' are the anthology "Ogura hyakunin isshu", whose compilation is ascribed to Fujiwara no Sadaie and in which the examined "Man'yōshū" poem is also to be found (see footnote 3), goes beyond the scope of the present article.

独ぬる   *FITORI nuru*
山鳥のおの   *YAMADORI no o* [pro: *wo*] *no*
したりおに   *sidario* [pro: -*wo*] *ni*
霜をきまよふ   *SIMO wokimayofu* [pro: *o*-]
床の月かけ   *TOKO no TUKIkage*

A beam of moonlight on the bed
mistaken for hoar frost that covered
the drooping tail
of a cock copper pheasant
which sleeps alone.

    It provides the final proof that not two tails are at issue, but a cock's tail. The second and third verses cannot be understood here as two independent qualifiers, the way it was done by A. E. Gluskina and Y. Nakamura with the other poem, for they differ in both form and syntactical characteristics (*no* versus *ni*).[9] If one does not want to return to the traditional 'drooping tail of the tail of a pheasant', which is hardly satisfying, then the first 尾 of the discussed phrase is better treated as a phonogram for *wo*, meaning 'male, cock'.

    4. Taking all the above into account, the poem from "a certain book" can be restored to its original sense as follows:

asipi$_1$*ki*$_2$ *no*$_2$
YAMADO$_2$*RI NO*$_2$ *wo no*$_2$ During the interminable night
siDARIWO no$_2$ resembling the drooping tail
NAGANAGASI-YO$_1$ *wo*[10]   of a cock copper pheasant
PI$_1$*TO*$_2$*RI ka mo NEMU*   shall I really sleep alone?

Tomasz Majtczak
Sektion Sprache und Literatur Japans
Fakultät für Ostasienwissenschaften
Ruhr-Universität Bochum
Universitätsstr. 150
D – 44801 Bochum
[75heizer@gmail.com]

---

[9]   That is probably what led Y. Nakamura (1999, s.v. *okimayofu*) to the mistranslation "ヤマドリの尾の長く垂れている尾の上に" – 'onto the long drooping tail of the tail of a copper pheasant'. The present interpretation of the whole poem diverges from his as well.

[10] Or, *NAGAKI*$_1$ *NAGAYO*$_1$ *wo* 'during the long, long night'.

Abbreviations, symbols &c.

SMALL CAPITALS   parts of a Japanese text written in Chinese characters used as semantograms, i.e. because of their meaning and not sound value

MC   Middle Chinese (sixth-tenth century AD, centring around AD 600; reconstructions according to Pulleyblank 1991 ‖ Tōdō 2001)

ModC   Modern Standard Chinese (*pŭtōnghuà* 普通話; after BKRS)

*   reconstructed, either comparatively or internally, or by both methods

⁺   constructed for the sake of argument (expected, postulated, searched for); hence, non-existent

> <   historical development

↠ ↞   borrowing

→ ←   derivation

"Man'yōshū" poems are quoted after *Man'yōshū* and *Man'yōshū CD-ROM ban*, other poems come from *Nijūichidai shū*.

Bibliography

Bentley, John R. 2001. *A descriptive grammar of Early Old Japanese prose*. Leiden – Boston – Köln: Brill, XVIII + 286 pp. (Brill's Japanese Studies Library, 15.)

BKRS = *Большой китайско-русский словарь по русской графической системе в четырех томах*. Составлен коллективом китаистов под руководством и редакцией Ильи Михайловича Ошанина. Москва: Наука. Том I, 1983, 553 с.; Том II, 1983, 1100 с.; Том III, 1984, 1104 с.; Том IV, 1984, 1062 с.

Brower, Robert H., Earl Miner. 1961. *Japanese court poetry*. Stanford, California: Stanford University Press, XVI + 527 pp. (Stanford Studies in the Civilizations of Eastern Asia.)

Gluskina 2001 = *Манъёсю. Японская поэзия*. Перевод с японского, вступительная статья, комментарии и приложения Анной Евгеньевной Глускиной. Москва 2001 (1971-1972): АСТ. Том I, 656 с.; Том II, 720 с.; Том III, 464 с.

Ikeda, Tadashi. 1980 (1975). *Classical Japanese grammar illustrated with texts*; first edition, second printing. Tokyo: The Tōhō Gakkai, VIII + 356 pp.

IKJ = *Iwanami kogo jiten* ['The Iwanami dictionary of older Japanese']. Edited by Ōno Susumu 大野晋, Satake Akihiro 佐竹昭広, Maeda Kingorō 前田金五郎; enlarged and revised edition, eighth impression. Tōkyō 1996 (1974): Iwanami shoten, XVIII + 1534 pp.

Imaizumi Yoshinori 今泉吉典. 1977. Yamadori ['Copper pheasant']. — *Sekai dai hyakka jiten* ['Great world encyclopaedia']. Edited by Shimonaka Kunihiko 下中邦彦. Tōkyō: Heibonsha. Volume 30: *mutsu – yusa*, 503.

JKD-J = *Jidaibetsu kokugo daijiten. Jōdai hen* ['Great dictionary of the Japanese language divided into periods. Old Japanese']. Edited by Omodaka Hisataka 澤瀉久孝 et alii; thirteenth impression. Tōkyō 2000 (1967): Sanseidō, LVIII + 904 + 190 pp.

KD = *Kogo daijiten* ['Great dictionary of older Japanese']. Edited by Nakada Norio 中田祝夫, Wada Toshimasa 和田利政, Kitahara Yasuo 北原保雄; compact edition, first impression. Tōkyō 1994 (1983): Shōgakukan, XXXII + 1936 pp.

Kojiki. Norito. Edited by Kurano Kenji 倉野憲司, Takeda Yūkichi 武田祐吉; twenty-first impression. Tōkyō 1977 (1958): Iwanami shoten, 465 pp. (Nihon koten bungaku taikei, 1.)

Komachiya Teruhiko 小町谷照彦 (ed.). 2003 (1994). *Hyōjun Ogura hyakunin isshu* ['Ogura collection of single poems by one hundred poets. Standard version']; fifteenth impression. Tōkyō: Bun'eidō, 128 pp.

Man'yōshū. Edited by Takagi Ichinosuke 高木市之助, Gomi Tomohide 五味智英, Ōno Susumu 大野晋. Tōkyō: Iwanami shoten. Volume I, second impression, 1957, LXIV + 375 pp.; Volume II, first impression, 1959, 479 pp.; Volume III, first impression, 1960, 481 pp.; Volume IV, first impression, 1962, 507 pp. (Nihon koten bungaku taikei, 4-7.)

Man'yōshū CD-ROM ban ['«Man'yōshū», CD-ROM edition']. Edited by Kinoshita Masatoshi 木下正俊; first edition. Tōkyō 2001: Hanawa shobō.

Martin, Samuel E. 1987. *The Japanese language through time.* New Haven – London: Yale University Press, VIII + 961 pp.

Nakamura Yukihiro 中村幸弘. 1999 (1996). *Benesse zen'yaku kogo jiten* ['The Benesse dictionary of older Japanese, provided with complete translation']; first edition, seventh impression. Tōkyō: Benesse Kōporēshon, 1375 pp.

Nijūichidai shū ['The collections of twenty-one eras'], xylographic version published in the fourth year of the Shōhō 正保 era [i.e., AD 1647], CD-ROM. Edited by Nakamura Yasuo 中村康夫, Tachikawa Yoshihiko 立川美彦, Sugita Mayuko 杉田まゆ子. Tōkyō 1999: Iwanami shoten. (Kokubungaku kenkyū shiryōkan dēta-bēsu, Koten korekushon.)

Philippi 1968 = *This wine of peace, this wine of laughter. A complete anthology of Japan's earliest songs.* Translated by Donald Philippi, with photographs by Kuzunishi Sōsei. 1968. New York: Grossman Publishers; Tokyo: Mushinsha, XX + 236 pp.

Pulleyblank, Edwin G. 1991. *Lexicon of reconstructed pronunciation in Early Middle Chinese, Late Middle Chinese, and Early Mandarin.* Vancouver: UBC Press, VII + 488 pp.

Rickmeyer, Jens. 2004 (1985). *Einführung in das Klassische Japanisch anhand der Gedichtanthologie Hyakuniñ isshu*; 3., verbesserte und erweiterte Auflage. München: Iudicium, 260 S.

Sansom, George B. 1928. *An historical grammar of Japanese.* Oxford: Clarendon Press. — Reprint: Richmond 1995: Curzon Press, XVI + 347 pp.

Sasaki Nobutsuna 佐佐木信綱 (ed.). 1999-2000 (1927). *Shinkun Man'yōshū* ['«Man'yōshū», newly annotated']; revised edition. Tōkyō: Iwanami shoten. Volume I, ninety-fifth impression, 2000, 449 pp.; Volume II, eighty-seventh impression, 1999, 355 pp. (Iwanami bunko, yellow, 5:1-2.)

Syromiatnikov, N. A. 1981 (1972). *The Ancient Japanese language* (Древне-японский язык). Translated from the Russian by Y. N. Filippov. Moscow: Nauka, 148 pp. (Languages of Asia and Africa.)

Tōdō Akiyasu 藤堂明保. 2001 (1978). *Gakken kanwa daijiten* ['The Gakken great Japanese dictionary of Chinese characters']; thirty-seventh impression. Tōkyō: Gakushū kenkyūsha, IV + 1740 + XC pp.